LE DIALECTE

ET LES

CHANTS POPULAIRES

DE LA SARDAIGNE

PARIS

IMPRIMERIE DE L. TINTERLIN ET Cⁱᵉ
Rue Neuve-des-Bons-Enfants, 3

LE DIALECTE

ET LES

CHANTS POPULAIRES

DE

LA SARDAIGNE

PAR

AUGUSTE BOULLIER

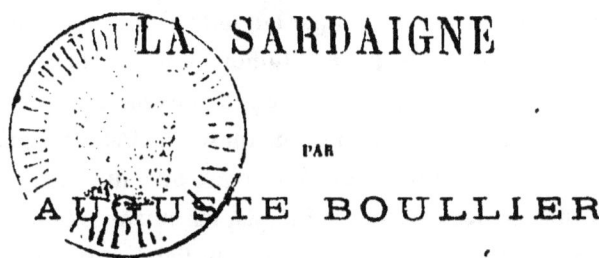

Veni, vidi.

———⟐⟐⟐———

PARIS
E. DENTU, LIBRAIRE-ÉDITEUR
GALERIE D'ORLÉANS, 17 ET 19, PALAIS-ROYAL
—
1864
Tous droits réservés

PRÉFACE

L'étude sur le dialecte sarde, par laquelle s'ouvre ce volume, a une portée plus générale que ne l'indique son titre. Si je ne me trompe, elle éclaire d'un jour nouveau la question encore controversée de l'origine des langues romanes. En effet, j'y signale l'existence de textes sardes des huitième, dixième, onzième, douzième siècles, les uns encore inédits, les autres récemment publiés, mais peu connus faute d'une publicité suffisante (1). Les plus anciens de ces textes ont tous les caractères qui distinguent les langues romanes du latin, et comme ils se sont produits dans un pays isolé, à l'abri de toute invasion et en dehors de toute influence germanique directe ou indirecte, ils prouvent évidemment que les langues romanes ont tiré de leur propre fond et n'ont pas emprunté aux Germains les traits essen-

---

(1) Au moment où ce volume s'imprimait, M. le C. Pietro Martini commençait la publication des textes sardes que j'ai cités et d'un certain nombre d'autres textes italiens, sardes et latins conservés à la Bibliothèque de Cagliari. (*Pergamene codici e fogli cartacei d'Arborea.*) Je ne saurais me prononcer sur l'authenticité de tous les textes annoncés par M. Pietro Martini. Beaucoup me sont inconnus ; les uns, parce qu'ils n'étaient point acquis encore par la Bibliothèque de Cagliari lorsque j'étais en Sardaigne, et d'autres parce que n'ayant pas trait à mes études, ils n'ont pas été de ma part l'objet d'un examen minutieux. J'avoue même, qu'*à priori*, quelques-uns m'inspirent des doutes ; mais je n'en ai aucun sur la lettre pastorale de 740, la Chronique sarde du neuvième siècle et les autres textes des onzième et douzième siècles qui importent seuls à la démonstration de ma thèse et sur lesquels je me suis appuyé.

tiels qui les caractérisent. Ce n'est point là une thèse neuve, mais la preuve dont je l'appuie est nouvelle et ne me paraît pas sans importance.

Du dialecte sarde aux chants populaires de la Sardaigne, quelle que soit la différence des sujets, la transition est naturelle. Car si l'un nous montre la langue telle que l'instinct la crée, avant que les littérateurs ne la fixent et que les grammairiens ne la règlent ou ne la déforment, les autres nous font voir la poésie sous sa première forme et dans sa première fleur, telle qu'elle jaillit d'âmes incultes et ardentes, avant que l'art ne l'épure ou ne la refroidisse. La langue et la poésie sont les deux manifestations à la fois les plus spontanées, les plus intimes et les plus complètes de la nature d'un peuple.

La partie philologique de ce volume ne s'adresse peut-être pas aux mêmes lecteurs que sa partie littéraire. Mais j'ai pensé que ceux qui reprocheraient à la première d'être trop aride, me vengeraient de ceux qui trouveraient la seconde trop frivole, et c'est ce qui m'a engagé à les réunir.

PREMIÈRE PARTIE

LE DIALECTE SARDE

LE

DIALECTE SARDE

I. Évolutions des langues. — Régularité de ces évolutions constatée à la fois dans la grammaire et dans le vocabulaire. — Formation des mots dans les langues dérivées.

II. Naissance des langues romanes. — Multiplicité des dialectes. — Distribution des dialectes par familles. — Apparition des langues littéraires. — Les langues romanes comparées entre elles. — Les causes de leurs analogies et de leurs différences. — Influence des invasions germaniques sur leur formation.

III. Le dialecte sarde. — A quel point de vue il doit être étudié. — Importance de l'étude des dialectes pour tout ce qui se rapporte à l'origine des langues. — Dialectes principaux de la Sardaigne. — Multiplicité des sous-dialectes. — Place du dialecte sarde dans la famille des dialectes italiens. — Ses analogies avec le latin. — Cinq cents mots à la fois sardes et latins. — Formation des mots sardes. — Rôle de l'accent latin dans cette formation. — Difficulté de remonter aux radicaux. — Lois de permutation des lettres dans la formation des mots sardes. — Deux tendances opposées. — Tendance novatrice. — Tendance conservatrice. — Sons des dialectes sardes étrangers au latin. — D'où ils viennent. — Influence de l'euphonie et de l'analogie dans la permutation des lettres. — Grammaire du dialecte sarde. — Sa ressemblance et ses différences avec la grammaire des autres idiomes romans. — L'article. — Les cas. — Les nombres. — Les auxiliaires plus nombreux en sarde que dans les autres langues romanes. — Particularités relatives au futur.

IV. Le dialecte sarde formé en dehors de toute influence directe ou indirecte des invasions germaniques. — Preuves historiques et philologiques. — Les textes sardes sont les plus anciens textes romans connus. — Texte de 740. — Chronique du neuvième siècle. — Textes publiés ou inédits des onzième, douzième, treizième, quatorzième et quinzième siècles. — Étude comparée de ces textes. — Lumières qu'ils jettent sur la formation des langues romanes. — Part de l'influence germanique dans cette formation. — De l'infiltration germanique dans les patois latins.

V. Histoire du dialecte sarde. — Son immobilité. — Influence de l'espagnol sur le dialecte méridional de la Sardaigne. — Part du grec dans la formation du vocabulaire sarde. — Caractères du dialecte sarde. — Ouvrages écrits dans ce dialecte.

Les langues changent incessamment comme les idées des peuples et leur état social. Pas plus que les institutions elles ne peuvent rester immuables, et au moment même où on les croit fixées, elles se transforment. Ces transformations s'opèrent de deux façons. Tantôt elles suivent une marche normale et régulière comme le train ordinaire des sociétés, comme les pulsations du cœur, et les contemporains qui participent à ce mouvement l'aperçoivent à peine, de même que le nageur, emporté par les flots, ne sent point la rapidité du courant auquel il se livre. Tantôt elles aboutissent à des secousses brusques et profondes qui, en agitant les hommes, renouvellent à la fois la forme et le fond de leur pensée. Mais de quelque nature que soient les évolutions que subissent les langues, soudaines ou progressives, radicales ou superficielles, et bien que ces évolutions restent toujours proportionnelles à celles de l'humanité, elles ne s'écartent jamais des règles inhérentes à la nature même du langage.

Les langues, en effet, comme les plantes et les animaux, ont en elles-mêmes une force, un principe, en vertu desquels elles grandissent, meurent, se reproduisent et auxquels elles ne sauraient se soustraire. Comme chez les êtres organisés, c'est leur constitution qui détermine avant tout leur développement. Créations spontanées de l'esprit humain, la raison, le caprice, le hasard peuvent bien agir sur elles, et l'histoire leur imprimer au passage la marque des événements; mais elles n'en sont pas moins régies par des lois régulières, absolues, fatales comme l'instinct qui les produit.

Cette régularité se retrouve à la fois et dans les éléments qui les composent, c'est-à-dire dans les mots, et dans les modes suivant lesquels ces éléments se combinent, c'est-à-dire dans la grammaire.

Non-seulement toutes les grammaires ont un fond commun (1), parce que l'esprit humain est partout identique; mais, destinées à exprimer, au moyen de formes variées, les rapports qu'ont les idées entre elles, elles emploient toujours les mêmes formes pour les mêmes rapports. En sorte que les règles grammaticales qui changent avec l'état intellectuel des peuples sont toujours les mêmes chez les peuples qui ont les mêmes idées, les mêmes sentiments, les mêmes besoins. La formation des mots ne suit pas des lois moins régulières. On ne peut pas remonter, pour constater ces lois, à la création des premiers radicaux ; car les premières

---

(1) « Unter allen Vœlkern der Erde, ist die Grammatik beinahe au einerlei Art gebaut. »
Herder *Ueber die Ursprung der Sprache*.

origines restent dans l'ombre, n'ayant pas de témoins qui les observent. Mais pour les créations postérieures, pour celles qui ont lieu aux époques historiques, la régularité est évidente. Ce ne sont point alors de nouveaux radicaux qui surgissent, ce sont les anciens qui se transforment; mais cette transformation s'opère d'une manière systématique qui n'a rien de capricieux ni d'arbitraire. Les terminaisons de la langue-mère se modifient d'une manière constamment analogue dans les langues dérivées, et les lettres se permutent suivant des règles fixes. Seulement ces analogies sont différentes et ces règles varient avec les familles de langues, et dans la même famille avec les branches, les groupes, les individus. Fixité du type et variété des espèces telle est la loi.

II

C'est suivant cette loi qu'a eu lieu la formation des langues romanes. Cette grande révolution linguistique s'est opérée dans son ensemble, avec la régularité qui préside à la gestation et à la naissance des animaux et dans ses détails avec la variété inépuisable que met la nature dans toutes ses créations.

Quand l'Empire romain s'écroula, le latin, déjà miné par les mêmes causes qui amenaient la dissolution de l'Empire, reçut un coup auquel il ne pouvait survivre, et peu à peu on le vit se décomposer puis mourir. Les règles qui le gouvernaient, de plus en plus mises en oubli, les mots qui le composaient détournés de leur sens habituel et parfois brutalement remplacés par des mots étrangers, rien ne le soutenait plus, et un jour vint où il cessa d'être parlé. Mais ce jour-là, d'autres langues naquirent et sous le vieil arbre desséché qui tombait, de jeunes rejetons apparurent

Ce qui se passa alors pour le Pouvoir, eut lieu pour tout le reste, et de même que chaque province, chaque ville se donnait un gouvernement, elle se donna aussi une langue. Chaque localité eut, à proprement parler, son dialecte. Mais comme les circonstances politiques, l'état social et intellectuel étaient au fond partout analogues sans être semblables, tous ces dialectes, sous les nuances qui les caractérisaient, gardèrent un fond commun et on les vit se grouper suivant leurs analogies en trois grandes familles correspondant aux trois grandes nationalités qui allaient naître en Europe des provinces de l'Empire romain : l'Italie, l'Espagne, la France. Dans aucune de ces familles, aucun d'eux n'eut d'abord de prépondérance, mais à mesure que les conditions et l'importance politique d'une localité changèrent, la condition du dialecte, qui y était parlé, changea aussi par rapport aux dialectes voisins. La langue d'oc s'effaça devant la langue d'oïl qui devint le français ; et le toscan, grâce au rayonnement intellectuel qu'exerçait déjà la Toscane au treizième siècle et au bonheur qu'il eut d'être illustré avant les autres dialectes italiens par deux écrivains de génie, fut adopté par l'Italie tout entière pour sa langue nationale (1). Ce fut là, disons-le en passant, une exception remarquable à la règle qui veut que le dialecte de la capitale devienne la langue littéraire d'un pays. Mais cette exception s'explique aisément. Car si Rome fut une capitale morale, elle ne fut jamais une capitale intellectuelle et politique, et si elle exerça sur l'Italie une influence plus grande que Florence, ce fut uniquement par la situation des papes dans la chrétienté, par la religion et l'Église. Or, la langue de l'Église étant morte, ne pouvait redevenir la langue d'un peuple vivant.

Parvenues ainsi sous l'influence de causes diverses à dominer les dialectes qui sont congénères à chacune d'elles, les trois langues romanes, l'italien, l'espagnol, le français, présentent, lorsqu'on les compare entre elles, un ensemble de caractères communs que l'observation la plus superficielle suffit à constater. Dans tous leurs traits généraux, dans ceux qu'elles ont empruntés au latin, comme dans ceux par lesquels elles s'en séparent, elles diffèrent à peine, et il ne pouvait en être autrement, puisque issues de la même souche et nées à la même époque, elles ont apporté en naissant la même constitution, et que, par conséquent elles étaient destinées au même développement. Si elles se

---

(1) Le dialecte toscan a réellement constitué le fond de la langue italienne. Toutefois l'italien littéraire n'est pas le toscan; il a fait un assez grand nombre d'emprunts aux autres dialectes de la Péninsule.

Voyez Dante : *De vulgari eloquentia*; et le comte Perticari : *Del amor patrio di Dante e del suo libro intorno il volgare eloquio. Parte seconda, in cui si dichiarano le origini et la storia della lingua comune italiana. Opere*, T. I. Bologna, 1838.

distinguent, ce n'est que par la physionomie, comme des sœurs (1), et ces nuances leur viennent du dehors, des pays dans lesquels elles se sont formées, des circonstances qui ont influé sur elles.

L'Italie, l'Espagne, la France, formaient chacune un groupe de nationalités distinctes qui avaient été étouffées, mais non pas détruites par la conquête romaine. Ces nationalités reparurent après la chute de l'Empire, comme un rocher battu par les flots quand la marée se retire. Leur résurrection ne fut pas assez complète pour que les éléments grecs, étrusques, ibériques, celtiques entrassent pour une grande part dans la formation de l'italien, de l'espagnol, du français, mais elle ne laissa pas que d'exercer une action notable, et le caractère que chacune des races avait conservé sur le sol où elle s'était primitivement établie, réagit sous l'uniformité de la langue introduite par la conquête et la modifia diversement. Aux différences morales des races s'ajoutèrent les différences physiques du sol et du climat, et les différences bien plus importantes du développement social, et, sous cet ensemble d'influences, on vit les langues issues d'un type commun, aboutir à trois grandes familles d'idiomes divers.

Dans la création de ces trois idiomes en général et de chacun d'eux en particulier, les invasions germaniques n'ont joué qu'un rôle secondaire. Elles ont agi indirec-

---

(1) Nec facies, omnibus una
Nec diversa tamen, qualis decet esse sororum.

tement sur eux, sans doute, car les pays dans lesquels les Germains ont fondé leurs plus durables établissements, sont ceux dont la langue s'est le plus éloignée du latin. Mais elles n'ont fait pénétrer dans leurs grammaires aucune forme propre aux langues germaniques, et elles n'ont introduit dans leurs vocabulaires qu'un nombre assez restreint de mots (1).

Aussi, loin d'admettre que les langues romanes sont du latin parlé par des Germains, je crois au contraire que sans les invasions germaniques, les langues romanes seraient nées de même, sinon à la même époque, auraient, dans leur ensemble, suivi les mêmes évolutions et se seraient constituées sur les mêmes bases.

III

En étudiant le dialecte sarde à l'aide des lois que je viens de rappeler, je ne me bornerai pas à l'examiner en lui-même, et dans le groupe des dialectes italiens; j'exposerai en quels points il confirme et en quels points il modifie les principes généraux que l'examen comparé des autres idiomes romans a permis d'établir, et je rechercherai s'il n'éclaire pas d'un jour nouveau la ques-

(1) Il y a dans toutes les langues romanes réunies environ neuf cent trente mots d'origine germanique sans compter les dérivés. Sur ces neuf cent trente mots, il y en a environ trois cents qui sont communs à chacune de ces langues. Le français en a quatre cent trente qui lui sont propres, l'italien cent trente. Ainsi l'italien a en tout quatre cent trente mots d'origine germanique, le français sept cent trente.

tion encore controversée de la formation de ces idiomes.

Les dialectes d'une langue ont la plus grande importance pour tout ce qui se rapporte aux origines. Car, eux seuls la représentent avec l'ensemble des formes sous lesquelles elle est née, et ils la représentent quelquefois sous quelques-unes de ses formes les plus anciennes.

En dehors d'Alghero, colonie d'Aragonais qui parle encore le catalan, de l'île de Saint-Pierre qui est restée génoise, et de l'île de la Madalena qui est restée corse, il y a en Sardaigne trois dialectes principaux, celui de la Gallura, celui du Campidano, et celui du Logudoro. Le dialecte Gallurese, qui est parlé dans la partie septentrionale de l'île jusqu'à Porto-Conte, Sassari, Sorso, Tempio et Terranova, n'est pas proprement sarde. Il a plus d'analogie avec le toscan que maint dialecte de la péninsule italienne. Dans quelques cantons il ressemble beaucoup au corse, dans d'autres il se rapproche du génois. C'est un italien corrompu et mêlé de sarde. Il peut se diviser en deux : le dialecte de Sassari et celui de Tempio, différant l'un de l'autre en ce que l'un change les consonnes initiales des radicaux, tandis que l'autre les conserve sans les changer. Le dialecte du Campidano et celui du Logudoro constituent la langue sarde proprement dite. Le premier, qui est parlé à Cagliari, à Oristano, à Iglesias, à Tortolí, du cap Spartivento à Belvi, a gardé quelque empreinte des dominations pisane et espagnole. Le second, répandu dans le centre de l'île, loin des villes importantes et des ports de débarquement, ne se trouvant ni sur la route des invasions, ni sur celles du commerce, est resté plus pur d'altérations et de mélanges. Tous deux sont représentés par autant de sous-dialectes qu'il y a de villages (1). Mais ces sous-dialectes se distinguent plutôt par des nuances de prononciation et des permutations de lettres que par des différences dans le vocabulaire et la grammaire (2).

(1) Sur la distribution des dialectes et des sous-dialectes sardes, voyez la carte insérée par M. le chanoine Spano, dans son *Ortografia sarda : Carta de sa Sardigna juxta sos dialectos suos*. Ce n'est point ici le lieu de parler, même sommairement, des travaux de M. le chanoine Spano, et de dire le zèle, l'activité, la science qu'il lui a fallu, parmi les soins nombreux qu'entraîne la direction de la Faculté (*Università*) de Cagliari, pour recueillir les antiquités et les médailles de la Sardaigne, suffire presque seul à la rédaction périodique du *Bulletino archeologico della Sardegna* et rédiger pour l'Académie des Sciences de Turin, dont il est un des membres les plus distingués, son contingent de mémoires. Je me contente de rappeler que l'étude du dialecte sarde n'eût guère été possible avant la publication de son excellente grammaire et de son dictionnaire italien-sarde et sarde-italien (*Ortografia sarda*, 2 vol. in-8°, Cagliari. 1840. *Vocabolario sardo-italiano e italiano-sardo, coll'aggiunta dei proverbi sardi*, 2 vol. in-4° Cagl., 1851-52). Je suis heureux d'ajouter que M. le chanoine Spano se propose de publier bientôt un supplément à son Dictionnaire, qui contiendra près d'six mille mots nouveaux, et un Dictionnaire étymologique du dialecte sarde, que sa connaissance des langues européennes et orientales rendra infiniment précieux à tous ceux qui s'occupent de philologie, et indispensable à ceux qui se livrent à l'étude comparative des idiomes romans.

(2) Le prince Louis-Lucien Bonaparte ne classe pas les dialectes de la Sardaigne de la même manière que le chanoine Spano. Il admet trois grandes divisions géographiques en dialecte sarde méridional ou cagliaritano; dialecte central ou logudorese; et dialecte septentrional ou gallurrese. Mais il divise le dialecte septentrional en deux : le septentrional de Tempio et le septentrional de Sassari. M. le chanoine Spano considère le Tempiese et le Sassarese comme de simples sous-dialectes ou variétés. Le prince Louis-Lucien Bonaparte les regarde au contraire comme deux dialectes distincts. Car, bien qu'ils appartiennent au même groupe et aient de grandes analogies, ils présentent entre eux cette différence capitale que

Composée ainsi d'un ensemble de dialectes variés, la langue sarde se trouve un peu partout en Sardaigne sans être précisément nulle part, et, à proprement parler, elle n'est point une langue, car aucun de ses dialectes n'a de prééminence incontestée sur les autres. Aucun d'eux n'a résonné de préférence sur la lyre des poëtes ou sur les lèvres des orateurs et après avoir reçu la consécration du génie n'a été adopté définitivement par les écrivains. L'idiome sarde est resté un dialecte, comme la Sardaigne est restée une province. Il n'a point été soumis à ce travail de fusion d'où sortent à la fois les peuples et les langues. Il est resté divisé et local comme les intérêts et les passions du pays où il est parlé, obs-

le dialecte Tempiese est le seul des dialectes sardes qui ne change pas les consonnes initiales, tandis que le dialecte Sassarese les change plus qu'aucun autre. Le prince Louis-Lucien Bonaparte veut bien m'annoncer qu'il « se propose de faire paraître un travail comparatif sur ce changement des « consonnes initiales qui a lieu dans les dialectes sardes exactement « comme dans les langues celtiques. » Le prince, dont les ouvrages ont une si haute importance pour l'étude comparative des langues européennes, a déjà publié dans les quatre dialectes sardes, méridional, central, septentrional tempiese et septentrional sassarese, l'histoire de Joseph, c'est-à-dire les chapitres XXXVII et XXXIX—XLV de la Genèse; le livre de Ruth; le Cantique des Cantiques; la Prophétie de Jonas. Il a également publié l'Evangile de saint Mathieu dans les dialectes méridional, central et septentrional tempiese, et il publiera en 1864 le même Evangile en dialecte septentrional sassarese, avec des notes destinées à faciliter la comparaison entre le sassarese écrit et le sassarese tel qu'il est parlé; car l'orthographe des dialectes sardes et particulièrement du sassarese n'est pas du tout phonétique. Pour compléter la série de ses publications relatives aux différents idiomes de la Sardaigne, le prince fera paraître encore Sanson, Lazare, la parabole de l'Enfant Prodigue et celle du Semeur, non-seulement dans les quatre dialectes, méridional, central, septentrional tempiese et septentrional sassarese, mais dans le dialecte d'Alghero qui est le catalan presque pur, dans le dialecte de l'île de San-Pietro, qui est le génois presque pur, et dans le dialecte de l'île de la Madalena qui est une variété du corse méridional.

cur comme les destinées dont il devait être l'interprète.

S'il fallait lui assigner une place dans la famille italienne, je dirais qu'il appartient, avec le napolitain et le sicilien, au groupe des dialectes méridionaux (1). Cependant, s'il diffère moins de ces dialectes que des autres dialectes italiens, il en diffère encore assez, il a des caractères assez particuliers pour mériter qu'on le range dans une classe à part.

De tous les idiomes issus du latin, c'est lui qui est resté le plus voisin du type primitif. Il a conservé un grand nombre de mots qui n'ont subi aucune altération depuis le temps d'Ennius et de Caton (2). A Bitti, et dans quelques villages de la Barbagia, on retrouve à chaque instant la langue des premiers colons romains sur les lèvres des paysans. Et l'on a pu écrire d'assez longues pièces de vers sardes qui sont d'un latin très-correct, sinon très-élégant (3). Cette immobilité partielle et relative de la langue ne tient pas seulement à

---

(1) Voyez *Beitræge zur Kenntniss der Neapolitanischen Mundart*. F. Wentrup, in-4°, Wittemberg, 1855.

(2) Ces mots sont à peu près au nombre de cinq cents.

(3) Canto pro quale causa
Gemat Sardinia misera.
De tristu vultu et lacrimas
Mandet inconsolabiles, etc.

(*Ode faite par le Père Madao à l'occasion du départ d'un vice-roi de Sardaigne.*)

Melani nomen celebre,
Cantet superba Kalaris
Et Sarda terra applaudat
Cum jucunda memoria, etc.

(*Ode à la louange de l'archevêque Melano.* P. Madao.)

l'empreinte ineffaçable que la longue domination de Rome avait laissée sur l'île. Elle tient surtout à l'isolement dans lequel a vécu la Sardaigne. Les envahisseurs se sont toujours arrêtés devant les montagnes boisées de l'intérieur, la civilisation commence à peine à y pénétrer, et les habitants qui s'y étaient retirés y ont gardé intactes, avec leur indépendance, la langue et les coutumes de leurs pères. Dans les plaines mêmes et sur les côtes, les modifications de la langue n'ont été ni aussi profondes ni aussi rapides que dans le reste de l'Europe, l'état social s'étant transformé lentement, et le peuple ayant toujours gardé jalousement son dialecte comme un patrimoine sacré, sans adopter les langues officielles des maîtres étrangers.

Les mots sardes qui ne sont pas latins viennent à peu près exclusivement du latin. Sous la forme nouvelle qu'ils ont revêtue, ils ont tous conservé l'accent qu'ils avaient primitivement. Les syllabes non accentuées dans le radical latin ont disparu ou se sont contractées (1). Mais la syllabe accentuée s'est conservée comme un fondement inébranlable, comme le cœur

> Deus qui cum potentia irresistibile,
> Nos creas et conservas cum amore
> Nos substentas cum gratia indefectibile,
> Nos refrenas cum pena et cum dolore,
> Cum fide nos illustras infallibile,
> Et nos visitas cum dulce terrore.
> Cum gloria premias bonos ineffabile,
> Malos punis cum pena interminabile, etc.
>
> (*Poème sur la divine Providence*. P. Madao.)

(1) En général, les langues romanes contractent peu et rarement les syllabes qui précèdent la syllabe accentuée. C'est dans le français que cette

même du mot. Il n'y a pas d'exception, et si l'on croit parfois en apercevoir, c'est qu'on ignore la vraie forme latine d'où le mot sarde est immédiatement dérivé. Cette forme, en effet, est loin d'appartenir toujours au latin littéraire ; le plus souvent elle est intermédiaire et transitoire, et ayant été peu ou point écrite, elle ne nous est pas parvenue. L'accent, dans le dialecte sarde, est à peu près le même que dans les mots italiens correspondants. Le plus souvent il porte sur la pénultième ou l'antépénultième, quelquefois sur la dernière syllabe ; mais ce dernier cas est rare et se présente seulement si le mot est étranger et d'importation moderne ou s'il y a eu apocope, c'est-à-dire suppression de la dérnière syllabe du mot latin.

La règle de l'accentuation fournit ainsi un moyen de remonter à la syllabe accentuée des radicaux. Pour saisir sur le vif la formation de la langue, il reste à savoir comment les syllabes non accentuées se sont modifiées en passant de la langue-mère à la langue dérivée. Pour cela il faut d'abord connaître les radicaux. C'est un point très-délicat et très-difficile. Il n'est pas de langue romane, en effet, à la formation de laquelle plusieurs langues n'aient concouru. Or, le plus souvent ces langues formatrices, appartenant également au groupe aryen, tiennent du sanscrit un grand nombre de radicaux communs, et l'on peut être embar-

---

contraction a lieu le plus fréquemment et le plus complètement. Mais elle est souvent postérieure à la première période de la formation de la langue. En sarde comme en italien, cette contraction est fort rare.

rassé pour déterminer à laquelle d'entre elles certains mots romans se rattachent. Parfois même on est en face d'une difficulté plus grande, car on ne connaît pas ou on connaît à peine les langues formatrices ; et ignorant par conséquent la forme primitive du mot générateur, on ne peut le suivre dans ses transformations. C'est ce qui arrive pour le français. Il n'y a guère qu'une centaine de mots celtiques qui nous aient été conservés ; et lorsqu'on veut rattacher un mot français à un radical celtique, on est obligé de rechercher ce radical dans le gaëlique, le kymrique ou le bas-breton, et nécessairement, dans ces idiomes dérivés, on ne l'y retrouve plus que sous une forme secondaire et altérée.

Même dans les mots sardes dont l'origine latine est évidente, il n'est pas aisé, à cause de l'incertitude et des variations de l'orthographe, d'expliquer toujours systématiquement, la permutation des lettres. L'orthographe est une représentation conventionnelle des sons. Or, souvent cette représentation varie beaucoup avec le temps pour les mêmes sons de la même langue. On écrivait autrefois Dieu, *Diex* — yeux, *yex* — beaux, *beax* — sœur, *suer* — autre, *altre*, et aujourd'hui encore, bien que la langue française ait une orthographe uniforme, elle a des façons fort différentes de figurer des sons identiques et des manières très-différentes de prononcer les mêmes lettres. A plus forte raison en est-il ainsi du dialecte sarde. Comme il a été peu écrit, que sa grammaire et son vocabulaire n'ont été dressés que de nos jours, rien n'a contribué à fixer son orthographe, et il était impossible que son orthographe fût fixée, le dialecte lui-même ne l'étant pas. On trouve donc les mêmes mots écrits de façons fort diverses, suivant l'âge des manuscrits. Et de nos jours même, sans parler des nuances de prononciation qui existent pour le même mot de village à village, et qui légitiment jusqu'à un certain point des différences d'orthographes, il n'est pas rare de voir le même mot écrit différemment par les gens qui le prononcent de même, les uns, suivant une orthographe plus conforme à l'étymologie, et les autres en adoptant une plus conforme à la prononciation.

Les mots se présentant ainsi sous une forme mobile, on comprend combien il est parfois difficile de saisir la permutation de lettres qui a présidé à leur formation. Cette permutation ne s'est pas moins accomplie suivant des lois régulières, et peut être exposée systématiquement, si on laisse de côté les exceptions, si on se borne aux traits généraux et si l'on compare toujours la prononciation et l'orthographe des mots.

C'est ce que nous allons faire en rapprochant les mots sardes des mots latins dont ils dérivent, et des mots italiens auxquels ils correspondent.

La tendance que je constate d'abord, celle qui est la plus générale dans la formation du dialecte sarde, consiste à adoucir les sons et à transformer en consonnes faibles les consonnes fortes du latin. Cette permutation a lieu dans toutes les syllabes, aussi bien dans celle

qui est accentuée que dans celles qui ne le sont pas.
Ainsi le C et le Q latin et italien se changent en G :
Causa, *Cosa* devient *Gosa;* Qualitas, Qualità, *Gualidade*. Le T se change en D. Au lieu de Fatum on écrit
Fadu; au lieu de Tempus, Tempo, *Dempu;* au lieu de
Pietra, *Pedra*. Le P s'adoucit, Pauper, Povero devient *Boveru*. L'F est remplacé par un V. Le latin
Finis fait en italien Fine, en sarde *Viné*. Ce changement est fréquent pour les radicaux qui commencent
par F; et s'il n'est pas toujours figuré par l'orthographe, il est toujours sensible dans la prononciation,
lorsque l'F est précédé d'une voyelle formant la terminaison d'un article, d'un adjectif ou d'un pronom, par
exemple : *Sa mala Vortuna* pour Fortuna ; *Unu Vlori*
pour Flos, Fiore. Le C latin et italien se change tantôt
en Z : *Zibu, Fazile;* tantôt en ZZ : *Brazzu* pour Braccio,
Bracchium. Il se conserve en prenant la prononciation
de l'S français, lorsqu'il provient d'un mot latin terminé
en *Cium : Officiu*, prononcez Offissiu. Enfin, lorsqu'en
latin il est précédé d'une voyelle et suivi d'un E ou d'un
I, il se change en gh : *Paghe* pour Pace ; *Faghere* pour
Facere. C'est encore là un adoucissement du son. Car en
latin le C était toujours dur. Cicero, Cera se prononçaient *Kikero, Kera*, et on disait *de Kem* et *undeKim*
dont Deghi et Undighi sont les formes adoucies. A
Bitti, l'ancienne prononciation *deKe* s'est conservée.
Le Z comme son adouci du G est fréquent en sarde. On
dit *Zente* pour Gente, Gens ; *Aranzu* pour Arancio. Dans
les mots latins dont la terminaison *Leum, Lius, Lneum*,

est devenue *Glio*, *Gno* en italien, le sarde met quelquefois Z. Oleum fait *Oglio*, en italien, *Ozu* en sarde; Filius, Figlio, *Fizu*; Balneum, Bagno, *Banzu*. D'autres fois le sarde au lieu du G italien redouble l'L : Palea, Paglia, *Palla*; Mulier, Moglie (anciennement Mogliere), *Mulleri*, en quoi il reste beaucoup plus voisin du latin. La tendance générale à adoucir les sons se manifeste encore par plusieurs permutations de lettres. L'L, précédé d'une consonne, se change souvent en I, comme en italien et à peu près dans les mêmes mots : Plus, *Più*, *Pius*; Flumen, *Fiume*, *Fiumen*. Ce qui est plus remarquable et plus particulier à la langue sarde, le C, le G et le Q se changent quelquefois en B, soit au commencement, soit dans le corps des mots : Cultellus, Coltello, *Bulteddu*; Cattus, Gatto, *Battu*; Lingua, *LimBa*; Acqua, *aBBa*; Quatuor, Quattro, *Battor*. Lorsque deux consonnes différentes se suivent dans le corps d'un mot, la première tend à devenir semblable à la seconde. Ainsi L précédé d'un R devient R. En italien on dit Ciarla, en sarde *Ciarra*. N précédé d'un R devient R. Du latin Inferi, Infernus, l'italien tire Inferno et le sarde *Inferru*. R précédé d'un S se change quelquefois en S : Dorsum, Dorso, *Dossu*.

Le dialecte sarde ne se contente pas de changer les consonnes fortes en faibles; il tend à supprimer certaines consonnes, à multiplier les voyelles et à les accoupler, et c'est là la seconde tendance générale qui a présidé à la formation de son vocabulaire. Cette tendance, loin d'être contraire, est conforme à la première. Car le concours des voyelles est aussi un adoucissement des sons, et loin d'être toujours désagréable à l'oreille, il est fréquent dans les langues les plus harmonieuses. Le dialecte sarde s'y complaît plus que tout autre. Dans le corps des mots, il retranche les consonnes qui se trouvent entre deux voyelles. De Fabula, Favola il tire *Fa-ula ;* de Tabula, Tavola, *Ta-ula.* Au lieu de Naves, Aves, il dit *Aes, Naes ;* de Crudus il dérive *Cruu;* de Medicus, *Meigu;* de Pediga, *Peiga;* de Ego, *Eo* (1). Lorsqu'un mot commence par un S suivi d'une autre consonne, il prépose à l'S une voyelle euphonique : *Istudiu* Studio, Studium ; *Ispatiu*, Spazio, Spatium. Cette prosthèse est du reste commune aux langues romanes et plus fréquente en français qu'ailleurs. Il y en a mille exemples : *Esprit, Espèce, Estomac, Escalier*, et le génie de la langue y est si enclin, que le peuple l'a fait dans les mots où la grammaire ne l'admet pas ou ne l'admet plus : *Estatue, Esculpteur*. Les substantifs et les adjectifs latins qui sont terminés au nominatif singulier par une consonne, perdent cette consonne en passant dans le sarde. Pour ceux qui étaient terminés en *Us* il n'y a qu'une seule exception, *Deus*. On dit *Bonu, Die, Pretiu*. C'est là, du reste, une forme qu'on trouve souvent dans l'ancien latin, qu'on rencontre plus d'une fois dans Ennius et dans Plaute, et qui, après avoir été considérée comme élégante, fut regardée plus

---

(1) Dans le vieux français on disait *roont* pour rond, de *rotondus ;* en napolitain, la solution de L en O est fréquente dans le corps des mots Balzano, *Baozano.*

tard comme vulgaire (1). La suppression de la consonne initiale est plus remarquable. Elle n'est pas rare en Sarde dans les mots qui commencent par un B, un V ou un D, lorsqu'ils sont précédés d'un mot finissant par une voyelle. La consonne supprimée est alors remplacée par une légère aspiration, on dit *Bellu 'Oe* pour *bellu Boe; sa 'Este* pour *sa Veste; sa 'Omu* pour *sa Domu; su 'Inari* pour *su Dinari* (2). L'aphérèse n'est pas rare dans les autres idiomes romans, mais elle porte presque toujours sur une voyelle. L'italien dit : *rena* de *arena;* le français, *boutique* de *apotheca*. En napolitain elle produit des formes plus remarquables. Elle amène très-souvent, par exemple, la suppression de l'i devant l'n, *'Ngiuria* pour *Ingiuria*.

A côté de la tendance novatrice qui s'est exercée de la façon que nous venons d'exposer, il y a eu dans la formation du dialecte sarde la tendance conservatrice qui souvent a eu des effets tout opposés, et s'est manifestée surtout par le maintien dans la nouvelle langue de sons étrangers, rudes et sifflants. On sait que rien n'est plus persistant chez un peuple et plus difficile à déraciner que les habitudes de sa prononciation. Quand une nation est conquise, lors même qu'elle adopte complé-

---

(1) Quod subrusticum videtur, olim autem politius, postremam literam detrahebant. Ità enim loquebantur : *qui est omnibu princeps; vita illa dignu*, etc.   (Cic.)

(2) Dinari, en italien Danaro (argent), du latin Denarium. On remarquera que je choisis autant que possible pour exemples, les mots qui ont une forme analogue en italien, en latin et en sarde, et qui sont le plus aisément intelligibles au lecteur français sans le secours d'une traduction.

tement la langue de ses vainqueurs, elle ne peut plier tout d'un coup son organe aux exigences du nouvel idiome ; elle le prononce à sa manière et elle y introduit des sons appartenant à l'idiome qu'elle abandonne.

Ainsi les sons étrangers au latin, qui ont pénétré dans les langues romanes, sont un héritage des races primitives qui habitaient l'Italie, l'Espagne, la Gaule, et non point une importation postérieure. Ce n'est pas des Arabes que les Espagnols tiennent la Jota, car la Jota est plus fortement marquée dans les parties de la Péninsule qui ont toujours conservé leur indépendance, et elle n'existe point dans la langue portugaise, quoique le Portugal ait été soumis aux Arabes comme l'Espagne. La Jota a donc passé des anciens idiomes ibériques dans l'espagnol, sans disparaître au passage dans le latin. Un fait analogue a eu lieu en Sardaigne. Les langues que les colons Phéniciens, Grecs, Étrusques, Carthaginois avaient longtemps parlées dans l'île, en disparaissant devant le latin, ne s'effacèrent pas complétement, et elles ont laissé dans la bouche des habitants des habitudes de prononciation qui ont persisté jusqu'à nos jours. Ce sont les africismes que signalait Cicéron, et qui, bien que difficiles à noter pour les yeux, sont aisément perceptibles pour une oreille exercée. Les Sardes prononcent le double D à peu près comme le Th anglais. Ce son revient souvent sur leurs lèvres, car il existe dans tous les mots dérivés du latin qui ont remplacé les deux L par un double D : Pellis, Pelle, *Pedde;* Mollis, Molle, *Modde;* dans les diminutifs où les deux D correspondent aux deux LL italiens : *Homineddu :* et dans quelques mots où le D simple est précédé d'un N : *Comandu, Comando.* Les Siciliens prononcent le double D de la même façon. Dans un grand nombre de cantons du Logudoro, le C et le G précédés d'un S, d'un L ou d'un R, comme dans *Pascha, Marcu, Algu, Larghesa,* ont un son analogue au chi grec ou à la Jota espagnole. Dans quelques autres, à Bitti, à Nuoro, à Oroteddi, on prononce le double T comme un Théta, quand ce double T n'existe point dans le radical latin : *Rattu,* Ramo, Ramus ; *Matta* (ventre). Le C initial est souvent aspiré. Cette aspiration est vraisemblablement un héritage des Étrusques ; car elle existe en Toscane dans les syllabes *ca, co, cu* : *C*apitale, si *C*uro, et plus d'un provincial l'introduisait dans la prononciation latine, comme nous l'apprend l'épigramme de Catulle :

*C*homoda dicebat, si quando comoda vellet,
Dicere et *h*insidias Arrius insidias.

Dans le dialecte méridional, le C initial, lorsqu'il est précédé d'un mot finissant par une voyelle, prend le son d'une sorte d'X aspiré. Ce son est assez difficile à émettre pour que les Sardes en aient fait un jour, dans un soulèvement, un signe de reconnaissance pour leurs nationaux. Tous ceux qu'on soupçonnait d'être étrangers devaient prononcer le mot *Ciciri* (pois chiches), et s'ils s'en tiraient mal, étaient regardés comme Piémontais.

A côté de ces sons étrangers, il y en a d'autres dans le sarde qui appartiennent à l'ancien latin, que les soldats et les colons romains apportèrent dans leur patois au moment de la conquête, et qui restèrent dans les dialectes provinciaux, tandis qu'ils s'adoucissaient et s'effaçaient dans le latin littéraire. Ainsi, contrairement à la tendance qui change les fortes en faibles, il y a un certain nombre de mots qui ont conservé un B où le latin a mis un V. *Bacca, Belu, Bentu*, par exemple pour Vacca, Velum, Ventum, doivent être considérés comme des formes antiques datant de l'époque où les Romains n'avaient point assoupli leur rude idiome, et peut-être, comme les Grecs, n'avaient point encore le V dans leur alphabet.

Enfin, contrairement à ce qui a lieu dans tous les autres dialectes italiens, le sarde conserve souvent à la fin des mots l'S et le T latin : Fiza*s*, Corpu*s*, Miremu*s*, Flore*s*, Es*t*, Istima*t*, Fini*t* (1).

Les quelques permutations de lettres qui, dans le dialecte sarde, ne s'expliquent ni par le maintien de l'ancienne prononciation ni par la tendance à adoucir les sons, si elles ne sont pas des exceptions, s'expliquent par l'analogie. Si l'L se change en R et en D, et réciproquement si le D se change en L, *Artu* pour Alto, *Daxare* pour Laxare, n'est-ce pas parce que les sons représentés par ces trois lettres sont souvent très-voi-

---

(1) Ces règles, ainsi que les suivantes, quand elles ne sont pas communes à tous les dialectes sardes, s'appliquent spécialement au dialecte logudorese, qui doit être considéré comme le type de la langue.

sins, et parce que la permutation ayant quelquefois lieu entre elles dans un sens opposé, pour adoucir les sons, l'instinct populaire est porté à les prendre indifféremment l'une pour l'autre ; ou bien parce qu'une de ces lettres subissant quelquefois, pour d'autres raisons, une permutation analogue, est en quelque sorte entraînée par l'analogie. L'euphonie veut que l'L précédant un R se change en R ; et l'habitude de cette substitution amène ensuite le changement de l'L en R devant les autres consonnes : *Carcai* pour Calcare ; *Carza* pour Calza ; *Artu* pour Altus. Dans les mots latins qui sont terminés en *lius, leum, lneum*, le sarde, comme nous l'avons vu, introduit quelquefois un Z : Filius, *Fizu* ; Balneum, *Banzu*. Par suite, l'analogie le conduit à changer en Z l'I des terminaisons analogues, Arium et Orium, l'I étant considéré comme l'équivalent de l'L, et, par conséquent, ayant les mêmes affinités. De Cinctorium il tire *Chintorza* ; de Laboratorium, *Laboradorzu* ; de Cursorium, *Cussorza*.

Telles sont dans leur généralité, les lois qui ont présidé à la formation des mots dans le dialecte sarde. Ces mots une fois nés, il reste à examiner comment ils se combinent, à quelles formes grammaticales ils sont soumis. Après le vocabulaire, la grammaire.

Le dialecte sarde a une grammaire conforme à celle des autres langues romanes, et comme ces langues il diffère surtout du latin par le caractère plus analytique qu'il a pris en plusieurs de ses parties. Il a, comme elles, l'article qui était inconnu au latin :

seulement il ne le tire pas, comme le français, l'italien et l'espagnol, du pronom latin *ille*. L'article sarde est au singulier *su, sa*, et au pluriel *sos, sas*. Les textes sardes du huitième et du neuvième siècle, nous le montrent en voie de formation, tantôt déjà dégagé du pronom tantôt encore confondu avec lui, et prouvent qu'il est dérivé du pronom *ipse*. (1) Cette dérivation paraît contraire à la règle en vertu de laquelle la syllabe accentuée des mots latins se conserve dans les dérivés sardes. Car la syllabe accentuée dans *ipse* devrait être *ip*. Mais je ferai remarquer que s'il y a là anomalie, cette anomalie est commune aux autres langues romanes qui ont tiré leur article du pronom *ille*. En effet, si la forme ordinaire de leur pronom personnel, *il, egli, ella, elle*, est tirée de la syllabe initiale de *ille*, c'est la syllabe finale de ce même *ille*, qui a donné naissance à leur article *le, lo, la*. Et j'ajouterai que l'anomalie n'est peut-être qu'apparente. Car on trouve dans les comiques latins la première syllabe de *ille, illa, illum*, comptée comme brève, on la voit même disparaître dans la composition de *ellum, ellam* pour *en illum, en illam;* on rencontre fréquemment *ste, sta, sti*, pour *iste, ista, isti*, et par conséquent on peut

---

(1) Et *ipsu* premiu qui hat a dari in su chelu.

(*Lettre pastorale de* 740, *en sarde*.)

Et de tempu de *ipsu* noraxe filiu sunt norakes ki sunt in *ipsa* insula pro suo nomine, ki erant de post locos de orationes ad sole et sepulchros de *ipsos* patres et capos de *ipsos* pastores et sacerdotes ad moro de *ipsos* Egyptios.

(*Chronique sarde du neuvième siècle.*)

regarder ces pronoms comme des enclitiques. (1) Par la même raison *sus, sa, sum*, n'est que la forme secondaire de *ipse*, et il est souvent employé comme tel dans Ennius et dans Plaute. (2)

On sait que les langues romanes ont supprimé les cas, et expriment à l'aide de prépositions les rapports que le latin exprimait à l'aide de simples désinences. La langue d'oc et la langue d'oïl ont seules gardé un reste de la déclinaison latine et des six cas latins en ont conservé deux, le cas sujet et le cas régime. Le même mot avait chez elles deux formes: Solaus, Solel; Bar, Baron; Suer, Seror; Emperere, Empereor, qui dans le français se sont réduites à une seule: soleil, baron, sœur, empereur. Le dialecte sarde a adopté les mêmes prépositions que les autres langues romanes, et par conséquent a suprimé aussi les cas. Cependant il lui en reste une trace. Il modifie au régime la terminaison des noms en *er* et en *en*, et y ajoute un *e* : Cadaver, Nomen, Samben, font au régime cadaver*e*, nomen*e*, sambene, (3). De plus il donne la terminaison *i* du génitif latin à des substantifs en *u*, attributifs d'un autre substantif, lors-

---

(1) Voyez : *Étude sur le rôle de l'accent latin dans la langue française.* Gaston Paris. 1862.

(2)   Ut *sam* servare decet rem.
            (ENN.)
  Priusquam *sam* discere cœpit.
            (Id.)

(3) On trouve de même crimene dans l'ancien français :
De crimene en laie curt par dreit plaider ne deit.
(*Vie de saint Thomas* citée par Ampère, *Formation de la langue française* p. 61.)

Comme forme des cas obliques, il nous est resté autrui, devant lequel on a, à tort, mis les prépositions à, de.

qu'ils sont joints à un adjectif et le précèdent immédiatement, il dit cori mannu, mani longu.

Les substantifs et les adjectifs, qui ont ainsi, sauf ces rares exceptions, une forme constante à tous les cas, prennent une forme différente suivant les nombres. C'est l'S qui en sarde comme en français est le signe caractéristique du pluriel. La désinence la plus habituelle est pour le singulier *u*, et *a*, pour le pluriel *os* et *as*. Le pluriel dérive incontestablement de l'accusatif pluriel latin. Le singulier pourrait venir du nominatif singulier latin par la suppression de la consonne finale S, M, qui avait lieu fréquemment, comme nous l'avons vu, dans l'ancien latin. Cependant je crois plutôt qu'il vient comme dans les autres langues romanes de l'ablatif en O par la permutation, très-justifiable, de l'O en U (*ou*). La dérivation de l'ablatif est évidente dans les noms en *amine* dont la terminaison était *amen* en latin et devient *ame* en italien : Ossa*mine*, Bestia*mine*. La dérivation du génitif est rare. Il y en a pourtant des exemples : *Nosaturus*, nous, de nostrorum; *Bosaturus*, vous, de vostrorum; *Ipscro*, leur, de ipsorum.

Relativement aux verbes, le dialecte sarde diffère du latin en ce qu'il emploie des auxiliaires au lieu de flexions pour former certains temps à l'actif et au passif. (1) Il diffère des autres langues romanes en ce qu'il

---

(1) Dans son *Origine et formation de la langue française*, Imprimerie impériale, t. III, 2ᵉ édit., 1858, page, 241 et suiv. M. Albin de Chevallet a très-bien démontré que *a priori*, il n'est pas admissible que les langues

se sert d'un plus grand nombre d'auxiliaires, et y a recours dans un plus grand nombre de cas. Les auxiliaires ordinaires dans les langues romanes sont : être et avoir (1); le sarde y joint devoir et tenir, *dovere* et *tennere*. On sait que ces auxiliaires existent également dans les langues germaniques qui ont *werden*, *willen*, *müssen*, et dans l'anglais qui a *schall* et *will*.

En latin le futur se formait à l'aide d'une flexion; mais on se servait quelquefois du verbe *habere* joint aux infinitifs, pour indiquer l'intention ou l'obligation d'exécuter, dans un temps futur, l'idée exprimée par ces infinitifs. De là, à l'idée d'employer le verbe *habere* joint aux infinitifs pour marquer le futur, la transition était naturelle; elle eut lieu. Le futur, dans les langues romanes, ne se forme pas, comme on pourrait le croire, à l'aide d'une simple flexion ajoutée au radical. Il se compose de l'infinitif des verbes suivi du présent de l'indicatif du verbe *avoir*, aimer-*ai*, aimer-*as*, aimer-*a*,

---

romanes aient emprunté l'idée des auxiliaires aux langues germaniques. En effet, jusqu'au huitième siècle et même au delà, il est très-rare de trouver des verbes auxiliaires en tudesque (J. Grimm. *Deutsche Grammatik*), tandis que dès le sixième et le septième siècle, on trouve *esse* et *habere* dans le latin, employés fréquemment avec une fonction analogue à celle des auxiliaires être et avoir. M. de Chevallet (*Ibid.*) a fort bien fait remarquer aussi que *esse* servait d'auxiliaire en latin dans les verbes passifs, pour plusieurs temps. Le rôle joué par l'auxiliaire être dans les langues romanes, n'a été qu'une extension du rôle que jouait *esse* en latin; quant à *habere*, il était souvent employé dans les meilleurs auteurs latins avec un participe passé, dans des cas assez analogues à ceux où nous employons le verbe avoir. Domitas *habere* libidines. Cicéron *de Orat.* (L. I, C. XLIII). Cur hoc nomen in adversariis *scriptum habebas*? Cic. *Pro Roscio* (XLVI), etc.

(1) Voyez plus loin ce que je dis du valaque.

partir-*ò*, partir -*ai*-partir-*à*. L'agglutination est maintenant complète. Mais, dans le principe, la séparation du verbe *avoir* et de l'infinitif, avait lieu quelquefois, sinon toujours. On en trouve des exemples en portugais, en espagnol et dans la langue d'Oc. Au fond, la formation du futur dans le dialecte sarde, est la même que dans les autres langues romanes. Seulement, l'agglutination du verbe avoir avec l'infinitif n'a pas eu lieu. Et ce qui sans doute a empêché cette agglutination, c'est que l'auxiliaire a été mis avant l'infinitif, au lieu d'être placé après. On ne dit pas en sarde : j'aimer-ai, mais j'ai à aimer : *hapo a amare;* je serai, mais j'ai à être : *eo hap' a essere.* Cette forme est, comme on voit, beaucoup plus voisine du latin, et elle nous fournit un exemple du premier pas fait par les idiomes romans dans la formation de leur futur (1). Elle n'appartient pas du reste exclusivement au dialecte sarde. Le valaque et le roumanche ont aussi recours à des auxiliaires pour former leur futur. Pour j'aurai, le valaque dit : *io voiu ave,* et le roumanche : *iou veng ad haver* (2).

(1) Le futur, dans le dialecte Gallurese, est un temps simple comme en italien. La terminaison est en aggiu, terminaison qui se trouve quelquefois sous la forme aggio dans les anciens textes italiens : Magnaraggiu, saraggiu, abaraggiu; je mangerai, je serai, j'aurai. Cette forme correspond à celle du latin abo, qui n'est elle-même que la contraction d'Habeo. Habeo, j'ai, est en Gallurese, aggiu.

(2) Le grec moderne forme le futur comme le valaque au moyen du verbe vouloir. En français on trouve en germe cette forme composée du futur dans plusieurs locutions : je dois aller demain au bal; je vais partir dans cinq minutes.

Le conditionnel, qui manque en latin et qui existe en sarde, comme dans toutes les langues romanes, y a pris une forme analogue à celle du futur, et se compose avec l'imparfait des verbes *devoir* et *avoir*. Je mangerais, se dit *dia mandighare*, dans le dialecte du Logudoro, et *hemu a pappai*, dans le dialecte méridional. Cette forme analytique du futur et du conditionnel est très-ancienne et remonte à l'origine de la langue. Le texte de 740, que j'ai déjà cité, en fournit des exemples (1). Le passé défini, qui manque en latin, existe en sarde comme dans les autres langues romanes ; par contre, le passé indéfini manque dans le dialecte méridional. Dans le sous-dialecte parlé en Barbagia (2), l'impératif se forme à l'aide d'un auxiliaire. On ne dit pas : *beni*, viens ; mais *faghes a benner*.

Dans toutes les autres parties de sa grammaire, le dialecte sarde est conforme aux langues romanes. Il ne tire pas directement, comme le latin, le comparatif du positif, à l'aide d'une flexion : il le compose avec le positif et les adverbes *pius, mancu*. Quant au superlatif, il ne l'a pas décomposé comme le français ; il l'a conservé, comme l'italien, sous la forme synthétique qu'il avait en latin, et le tire du positif à l'aide de la terminaison, *ssimu rrimu* : prudentissimu, saluberrimu. Comme les autres langues romanes, il a perdu le neutre ; comme elles, il a supprimé un grand nombre

---

(1) Et ipsu premiu qui *hat a dari* in su chelu. La récompense qu'il donnera dans le ciel.

(2) District montagneux du Logudoro.

de désinences latines et leur a substitué des prépositions et des conjonctions qui, pour la forme, se rapprochent beaucoup des prépositions et des conjonctions italiennes. Enfin, comme les autres langues romanes, il a rejeté les suffixes *e*, *iter*, *ice*, qui servaient ordinairement au latin pour former ses adverbes, mais qui, n'étant pas accentués, n'établissaient pas entre l'adjectif et l'adverbe une distinction assez sensible à l'oreille, et il a remplacé ces suffixes par le mot, *mente*, qui est naturellement accentué, et qu'il ajoute au féminin des adjectifs.

IV

Tel est, dans ses traits généraux, le dialecte sarde. Dans la construction de son vocabulaire et dans les lois de sa grammaire, il se comporte comme toutes les autres langues romanes. Il a donc dû naître dans les mêmes circonstances, traverser les mêmes phases, obéir aux mêmes lois de formation.

Le point essentiel, dans l'histoire de cette formation, est de savoir où les langues romanes ont pris les caractères qui les distinguent du latin.

D'où viennent au dialecte sarde ces caractères? Les a-t-il empruntés aux idiomes germaniques? Directement, ce n'était pas possible; car la Sardaigne, séparée du continent italien par la mer, n'a pas été, comme l'Italie, soumise aux invasions des peuples du Nord. Les Longobards ne l'ont jamais occupée ; et si les Ostrogoths l'ont tenue pendant deux ans sous leur domination, ils ne s'y sont pas établis, et, par conséquent, n'ont pu exercer aucune influence sur son état social et sur sa langue. Mais si le dialecte sarde n'a pas pu emprunter directement aux idiomes germaniques les caractères qui le distinguent du latin, n'a-t-il pas pu les recevoir d'eux indirectement par l'intermédiaire de l'italien ? Non, et il y en a deux raisons péremptoires : la première, c'est qu'il avait déjà tous ces caractères dès le milieu du huitième siècle et probablement bien avant, et que, depuis la chute de l'Empire romain jusqu'au neuvième siècle, l'Italie continentale a entretenu peu de rapports avec la Sardaigne et n'a pas eu sur elle d'action profonde et suivie ; la seconde, c'est que la Sardaigne a devancé les autres parties de l'Italie dans la formation de son dialecte, et que, de toute l'Italie, c'est elle qui a les plus anciens textes en langue vulgaire à nous montrer.

S'il était vrai que les invasions germaniques eussent eu une grande part à la naissance et au développement des langues romanes, il est clair que la Sardaigne, étant restée à l'abri de ces invasions et n'ayant pu ressentir que de seconde main et fort tard leur influence, le dialecte sarde ne serait pas né ou serait né un des derniers. Or, c'est le contraire qui a eu lieu. Le dialecte sarde est celui qui apparaît le premier dans le monde moderne et le seul qu'on puisse étudier dans une suite non interrompue de monuments, depuis le huitième siècle jusqu'à nos jours.

Nous avons, de l'an 740, une lettre (1) écrite par l'un des évêques de l'île aux fidèles de son diocèse, pour les exhorter à rester fermes dans leur foi et à suivre l'exemple de leurs pères et de leurs pasteurs qui, dans les guerres contre les Sarrazins, n'ont jamais reculé devant le martyre. Cette lettre nous fait assister à la fois aux premiers bégaiements de la langue et aux premiers efforts de la nationalité, qui apparaissent en même temps comme pour affirmer la patrie en face de l'ennemi. Les habitants, abandonnés à eux-mêmes, menacés dans ce qu'ils ont de plus cher par les invasions mahométanes, courent aux armes pour se défendre, et le clergé, se mettant à leur tête, sent le besoin, pour universaliser la guerre sainte, de s'adresser à tous dans la langue de tous. Le dialecte populaire de la Sardaigne devient ainsi l'organe de la résistance populaire et sacré par de sanglants sacrifices, prend dès lors ses lettres de noblesse et paraît sur la scène. S'il y paraît avant les dialectes italiens, c'est que le rôle des dialectes est toujours proportionnel à l'initiative des masses, et l'avénement d'une langue contemporain de l'avénement d'un peuple; et que, sur

---

(1) Cette lettre a été imprimée en 1846, peu après sa découverte, par le C. Pietro Martini, membre de l'Académie des sciences de Turin, qui a accompagné le texte d'une dissertation sur l'origine et la valeur du manuscrit et sur l'importance des renseignements historiques qu'il fournit. *Pergamena d'Arborea illustrata,* Cagliari. Tiré malheureusement à un très-petit nombre d'exemplaires et introuvable.

le continent italien, le peuple, au huitième siècle, n'avait pas eu encore l'occasion de sortir de l'ombre. La voix, la langue, qui retentit dans l'histoire, est celle des classes de la société qui ont mis la main dans les événements.

A partir du huitième siècle, la série des textes sardes n'est plus interrompue. Au neuvième, nous en trouvons un plus important, à beaucoup d'égards, que la lettre pastorale de 740. C'est le fragment d'une chronique rédigée par un Sarde qui avait été emmené prisonnier en Palestine, et qui, de retour en Sardaigne, écrivit, par ordre du roi, le récit des invasions dont il avait été témoin avant sa captivité (1). Nous avons encore du neuvième siècle une poésie de Gitilino Corya d'Ollolai. Le onzième nous fournit une proclamation de Saltaro, juge de Gallura (2). Du douzième, nous avons des poésies inédites de Bruno de Thoro (3), qui a laissé aussi des vers italiens (4); du treizième, une proclamation d'Ottoccorre, juge de Gallura, et des diplômes, des donations, des actes publics ou privés qui, sous le rapport

---

(1) Cette Chronique a encore été publiée par M. Pietro Martini, qui a rendu de si grands services aux études historiques dans son pays. *Testo di due codici cartacei d'Arborea del secolo XV*, Cagliari. Timon, 1856. Le texte, qui avait été défiguré par d'ignorants copistes, a été restitué avec une habileté au-dessus de tout éloge, par M. Pillitu, employé aux archives de Cagliari.

(2) Publié par M. Martini, *Pergamena d'Arborea*, 1846.

(3) Conservé en manuscrit à la Bibliothèque de Cagliari et déchiffré par M. Pillitu. Tous ces manuscrits, et plusieurs autres que M. Martini a bien voulu mettre à ma disposition, ont été acquis par la bibliothèque de 1845 à 1863, et étaient, avant, complétement inconnus.

(4) Bruno de Thoro de Cagliari a vécu, ainsi que Lanfranco de Bolasco, de Gênes, à la cour de Constantin Ier, juge d'Arborea, mort en 1127. Tous

de la langue, sont beaucoup moins importants que les textes précédents, car ils se renferment dans un cercle d'idées, et par conséquent de mots, qui est fort étroit et ils reproduisent toujours les mêmes formules traditionnelles et les mêmes termes de chancellerie. Entre le douzième et le quatorzième siècle se placent deux fragments de chroniques (1). Au quatorzième siècle, nous rencontrons le monument le plus important de l'histoire de Sardaigne, la Carta de Logu, qui après avoir été d'abord la Charte de l'un des judicats de l'île, devait être plus tard et est restée presque jusqu'à nos jours le Code de l'île entière; un sonnet anonyme; trois sonnets et un long poëme rimé, de Torbeno Falliti; enfin un poëme en l'honneur d'Ugo V, divisé en quatre chants et composé de deux mille cinquante-huit vers. Au quinzième siècle, nous trouvons une poésie de Costantino de Tola, l'histoire d'Éléonore d'Arborea de G. Cubello, et les règlements de Nicolò Doria, relatifs au port et à la douane de Castel-Sardo dont il était seigneur (2).

deux ont écrit des vers italiens et seraient, ainsi, les deux plus anciens poëtes italiens connus. Les vers de Lanfranco ont été publiés et commentés par M. Pillitu. (*Poesie italiane del secolo XII, appartenenti a Lanfranco de Bolasco.* Cagliari, 1859, in-8°.) Ceux de Bruno de Thoro, encore inédits, seront publiés très-prochainement par M. Martini. Les vers de Lanfranco et ceux de Bruno se trouvent dans deux des manuscrits que la Bibliothèque de Cagliari a acquis récemment et dont j'ai parlé plus haut. Je n'ai pas besoin d'en signaler l'importance pour l'histoire de la langue et de la littérature italiennes.

(1) Ces fragments de chroniques font partie de cahiers manuscrits du quinzième siècle; ils sont déposés à la Bibliothèque de Cagliari, avec la version manuscrite de M. Pillitu. M. Martini a bien voulu me communiquer l'original et la version.

(2) Tous ces textes vont être publiés, par M. Pietro Martini, sous le titre de *Pergamene Codici e fogli cartacei di Arborea*. M. Pietro Martini dé-

Dans les siècles suivants, les textes deviennent assez nombreux pour qu'il ne soit plus nécessaire d'en faire une mention spéciale.

En examinant avec soin et en comparant entre eux ces différents textes, on voit que dès le huitième siècle le dialecte sarde était tout formé. Dans la lettre pastorale de 740, la construction latine a déjà fait place à la construction romane. Les désinences ont été remplacées par des prépositions. Le futur a pris la forme composée qui caractérise la langue. L'article est né et se montre tantôt sous sa forme définitive, tantôt encore enveloppé dans le pronom (1). En un mot, le dialecte a dès lors tous ses caractères distinctifs, tous les caractères particuliers aux langues romanes ; et comme il n'a encore subi aucune influence étrangère, il est clair qu'il n'a pas emprunté au dehors ces caractères, qu'il les a tirés de son propre fonds, qu'ils étaient contenus en germe dans le latin et qu'ils en sont sortis naturellement par suite d'une simple évolution organique.

Il y a du développement isolé et local du dialecte sarde un exemple curieux.

---

crira les manuscrits, racontera l'histoire de leur découverte, discutera leur authenticité, et commentera successivement chacun des textes en faisant ressortir l'importance des renseignements historiques qu'ils fournissent. La première partie de ce travail, aussi important que difficile, vient de paraître. (Cagliari, Timon, 95, p. grand in-4°.) Elle contient l'introduction. La seconde paraîtra au mois de mai 1864. L'ouvrage aura quatre parties.

(1) Sous ce rapport la chronique du siècle suivant paraît moins avancée, car l'office de l'article y est toujours rempli par le pronom, différence importante quoique minutieuse, mais qui est due peut-être uniquement soit dans l'un, soit dans l'autre texte, à l'inintelligence des copistes.

On sait que, dans les langues romanes, le nom des différents mois de l'année est à peu près semblable et dérive des mêmes radicaux latins. Eh bien, à cet accord général, le dialecte sarde fait exception et il a pour plusieurs mois un nom particulier tiré des usages et des traditions insulaires. Il appelle le mois de septembre, *Cabidanni* (caput anni), sans doute parce que les Sardes, comme les Hébreux, plaçaient à cette époque le commencement de l'année (1). Il donne au mois de juin le nom de *Lampadas*, nom qui, par sa double signification (2), peut rappeler aussi bien les éclairs de ce mois fécond en orages, que les feux de joie par lesquels on avait l'habitude de célébrer dans l'île la fête de saint Jean-Baptiste. Pour lui, juillet est le temps du battage, *Triulas*. Octobre est, selon les dialectes, l'époque de la fête de san Gavinu, *Sanctuaini*, ou bien le mois dans lequel on fume les terres, *Meseladaminis*. Décembre est Noël, *Nadale*, ou, par un ressouvenir des temps païens, le mois des ides, *Meseidas* (3). Dans quelques cantons novembre s'appelle *Sanctandria*, la Saint-André ; dans quelques autres, le vendredi est le jour de la Cène, *Cenabara*. Ainsi la philologie confirme, en un point secondaire, le témoignage de l'histoire, et prouve

---

(1) Le mois de décembre était appelé, dans la langue d'oïl, mois de l'aire ou de l'air (*æra*), devenu plus tard mois de Delair, ce qui signifiait mois où commence l'année. L'usage qui fixe le commencement de l'année au 1er janvier, date en France de Charles IX. Édit de 1563, enregistré au Parlement en 1567.

(2) Lampe, feu, éclair, illumination. En italien, *lampi*, éclairs; *lampeggia*, il fait des éclairs.

(3) Ides de décembre.

que le dialecte sarde s'est formé spontanément, isolément, en dehors de toute impulsion étrangère.

Mais si le dialecte sarde qui apparaît le premier dans l'histoire s'est constitué ainsi en vertu de sa propre force, ne doit-on pas en conclure qu'il en a été de même des autres langues romanes. Si, dès qu'il apparaît, il a tous les caractères qui distinguent les langues romanes du latin et s'il n'a pu emprunter ces caractères aux idiomes germaniques, n'est-il pas évident que les autres langues romanes ont dû se comporter de même, posséder en elles la même force créatrice, et que, sans les invasions, tout en restant plus voisines du latin, elles auraient passé par les mêmes phases générales et auraient suivi les mêmes lois de formation. Les invasions ont eu pour effet de précipiter la chute du latin, et de laisser ainsi un plus libre jeu à la force organique qui devait en tirer les idiomes romans. Elles ont créé un milieu favorable à l'éclosion de ces idiomes, mais elles n'ont pas concouru directement à leur génération.

Du reste, si l'influence germanique a été secondaire, elle n'a pas été nulle et je ne prétends pas la nier. Je crois même qu'elle a commencé, bien avant les grandes invasions, à s'exercer plus ou moins sourdement sur toutes les langues romanes. Plusieurs siècles, en effet, avant la chute de l'Empire, l'Italie et les provinces avaient reçu un grand nombre de Germains à titre d'esclaves, de colons et de soldats. Mêlés au peuple, ces barbares en apprirent la langue ; mais ils l'apprirent mal, la prononcèrent défectueusement, la corrompirent en y mêlant la leur, et dès lors on vit pénétrer dans les patois latins quelques expressions nouvelles destinées à passer plus tard dans les langues romanes. Les textes sardes des huitième et neuvième siècles, sur lesquels je me suis déjà appuyé, fournissent un exemple de ce genre d'infiltration, car ils contiennent quelques mots d'origine germanique qui ne peuvent s'y être introduits par une autre voie (1).

Et comme ce qui est vrai d'un idiome roman, doit être, pour les points que ces idiomes ont de communs, vrai de tous, c'est là, après bien d'autres preuves, une preuve nouvelle que toutes les langues romanes nées sous la forme de dialectes multiples sont, comme le dialecte sarde, sorties immédiatement des patois latins. Elles en sont sorties sans secousses, progressivement, et, à vrai dire, elles ne sont que le prolongement, la continuation de ces patois (2), lesquels s'étaient modi-

---

(1) Dans le glossaire attribué à Isidore, glossaire qui appartient à la fin du sixième ou au commencement du septième siècle, on trouve déjà quelques mots latins d'origine germanique. Voyez F. Diez. *Grammatik der romanischen Sprachen*.

(2) Si l'on en croit M. P. Martini, dans un manuscrit inédit qui va être publié par ses soins, un écrivain des premières années du dixième siècle rapporterait des vers improvisés par un pasteur du Logudoro, dans le palais de Marcus Ticinus, préfet de l'empereur Dioclétien en Sardaigne :

    Sardos sumus humiles, berveces pascimus omnes
    Per alios in montes, non per nos bivimus homnes,
  . . . . Etc.

et il ajouterait : ces vers ont été composés « *in ipsa antiqua nostra lingua que sic est comune ad ipsos rusticos romanos comodo etiam de Sardis* QUE EST IPSA PRESENTE USQUE AD OHIE, *excepta variacione de temporu et de secula et de hominu de literas qui meliorant.* » Ce témoignage, s'il est authenti-

tiés plus rapidement que le latin littéraire sous l'influence de causes plus énergiques et s'étaient déjà radicalement transformés, lorsque celui-ci conservait encore comme langue écrite une apparence de fixité et de vie.

V

L'examen attentif des textes sardes du huitième et du neuvième siècle, nous montre que la langue dans laquelle ils sont écrits, sauf quelques nuances de prononciation et quelques permutations de lettres, est la même que celle qu'on parle de nos jours dans le Logudoro. On trouverait difficilement je crois un autre dialecte qui, dans l'espace de onze cents ans, ait subi aussi peu de changements. Il n'en a pas été de même dans le

que, serait des plus importants. Qui se serait attendu, en effet, à voir un Sarde du dixième siècle nous dire que la langue qu'il parle n'est rien autre, sauf quelques modifications introduites par le temps, que le latin rustique, et qui aurait pu penser que nous trouverions ainsi, dans un texte si voisin de l'origine des langues romanes, la confirmation historique de nos idées sur cette origine? L'opinion traditionnelle des Sardes sur la formation de leur dialecte serait encore clairement exprimée dans le passage suivant de Gavino di Marongiu, qui aurait écrit, en 1414, en parlant du roi de Sardaigne, Gialetus : (Gialetus règne de 687 à 722.) « Pertalche hae fato molti cossi (cose) bene una cum li di ti fradeli de logi o studio e arti, e specialmente eciam de cose sarde e *a dato gramatica cum articuli novi a la lingua sarda che ante erano a forma de latino rustico che no volia li diti articuli.* » Ce passage est extrait d'un manuscrit inédit, qui sera publié, ainsi que le précédent dans les *Pergamene, codici et fogli cartacei d'Arborea*, par M. P. Martini. Ne connaissant ni les textes ni les manuscrits dont ils sont tirés, je ne saurais me prononcer sur leur authenticité; mais j'avoue qu'à priori je serais disposé à en douter.

reste de l'île où il y avait plus de ponts, plus de routes, moins de montagnes, où les invasions et les dominations étrangères ont laissé une plus profonde empreinte.

Le dialecte méridional a accueilli des formes et des mots espagnols, il a supprimé plus de consonnes, s'est assoupli et s'est modifié davantage. Dans le Nord le dialecte primitif a reculé devant les invasions pacifiques ou armées des Corses et des Génois, et l'italien corrompu qu'elles apportaient avec elles, après s'être mélangé au Sarde, est devenu le dialecte Gallurese. C'est probablement entre le douzième et le treizième siècle que ce changement s'est opéré, car au onzième, le texte dont nous avons signalé plus haut l'existence prouve qu'on parlait encore dans la Gallura la même langue que dans le Logudoro.

Les nuances qui séparaient originellement les dialectes sardes étaient faibles. Elles se sont accentuées peu à peu avec le temps, suivant les influences qu'ils ont subies, chacun d'eux ayant suivi sa pente et aucun centre de culture littéraire ne les ayant rapprochés autour d'un type commun (1).

Je tiens pour certain que c'est l'espagnol qui a intro-

(1) L'unité des langues est le résultat tardif d'une lente élaboration. Les langues débutent par une extrême variété de dialectes. Ces variétés ne s'effacent, ne se fondent que peu à peu, à mesure que la langue littéraire se forme et pénètre profondément dans toutes les couches de la population, et, tout en diminuant, elles persistent en face et au-dessous de la langue littéraire sous forme de patois. Dans les limites d'un type général dont elles ne peuvent s'écarter, d'un organisme qui est la condition même de leur nature et de leur existence, on voit à l'origine, se produire dans les langues presque autant de nuances qu'il y a de villages et de groupes d'hommes, et si l'isolement entre ces groupes était complet, ces

duit dans les dialectes sardes l'auxiliaire *tenner* comme synonyme de avoir, car je n'en ai pas trouvé d'exemple avant l'époque de la domination aragonaise. L'espagnol dit *tener*, le portugais *ter*, le sarde *tenner*. L'introduction d'un auxiliaire dans une langue est remarquable, car ce n'est pas celle d'un simple mot, mais d'une forme grammaticale. Quant aux mots germaniques que le sarde a de communs avec les autres langues romanes, il les a aussi reçus en partie à la même époque ou un peu avant, de seconde main, soit par l'intermédiaire de l'italien, soit par l'intermédiaire de l'espagnol. Pour quelques-uns de ces mots, le fait est facile à vérifier; car ils ont gardé quelque chose de leur physionomie étrangère, et n'étant pas nés au moment de la formation du dialecte sarde, ils n'ont pas obéi aux lois qui ont présidé à cette formation.

Les éléments étrangers, du reste, sont rares dans le dialecte sarde, et en passant de l'examen des anciens textes à l'étude de son vocabulaire, on reconnaît qu'il est composé presque tout entier de radicaux latins. Il a bien emprunté quelques mots au grec, mots qui sont comme un souvenir vivant des premières colonisations; mais c'est une grave erreur de porter, comme le fait le

---

nuances s'accentueraient de plus en plus et finiraient par constituer des différences profondes. Mais le contact les atténue, la multiplicité des relations les émousse ou les efface, et à côté des causes qui tendent à perpétuer la diversité, d'autres causes agissent pour introduire l'uniformité. C'est de la force relative de ces causes opposées que le résultat dépend. En France, par exemple, l'unité de langue est beaucoup plus grande qu'en Allemagne et en Italie.

P. Madao (1), le nombre de ces mots à trois mille ; car la plupart d'entre eux ont en latin et en grec le même radical emprunté à la même souche, le sanscrit, et quelques-uns, bien que leur forme ait plus d'analogie avec celle des mots grecs qu'avec celle des mots latins correspondants, dérivent pourtant régulièrement des mots latins en vertu des lois de permutation. Ainsi, dans le dialecte méridional, la terminaison des infinitifs en *ai* n'est pas calquée sur la terminaison analogue de l'infinitif grec. Elle dérive du latin *are* par le changement de l'*e* final en *i*, et par la suppression de l'*r* entre deux voyelles : *narrai*, *pappai*. Quant aux traces qu'a pu laisser dans la langue l'établissement des Phéniciens et la domination des Carthaginois, elles sont sensibles, je crois, dans la prononciation, mais elles sont bien douteuses et en tout cas bien rares dans le vocabulaire.

Le dialecte sarde vrai « latin bâtard » n'a pas la souplesse suave de l'italien, « il ne se fond pas comme « les baisers sur une bouche de femme ; il ne glisse pas « comme s'il ne devait être écrit que sur du satin (2). »

---

(1) L'ouvrage du Père Madao, *Saggio di un'opera intitulata : Ripulimento della Lingua Sarda*, Cagliari (1782), est d'ailleurs fort important et a eu le mérite d'être le premier travail écrit sur le dialecte sarde.

(2) Expressions de lord Byron en parlant de l'italien :
    I love the language, that soft bastard latin
    Which melts like kisses from a female mouth,
    And sounds as if it should be writ on satin,
    With syllables which breathe of the sweet south
    And gentle liquids gliding all so pat in
    That not a single accent seems uncouth.
                  BEPPO, XLIV.

Comme il a conservé quelques consonnes finales, qu'il substitue souvent au son de l'O, le son plus sourd de l'U (*ou*), et qu'il a gardé quelques aspirations assez rudes, il ne saurait, bien qu'il recherche en mainte occasion le concours des voyelles, égaler l'harmonieuse douceur de la langue de Pétrarque. Mais s'il ne se prête pas à des modulations aussi variées, aussi délicates, s'il n'a pas pour l'oreille le même éclat sonore, s'il est plus uniforme et moins gracieux, il a en revanche quelque chose de plus austère, de plus grave et de plus fort; et dans la chaire, lorsqu'il est prononcé par une bouche qui ne précipite pas ses paroles, défaut trop ordinaire aux Sardes, on découvre en lui une ampleur, une énergie, une majesté qui semble le prédestiner à l'expression des grandes choses. Il lui manque la précision qui ne s'acquiert que par une longue culture. Mais il est riche en images qui n'attendent, comme des diamants bruts, que la main de l'artiste; il est brillant comme le soleil de la Sardaigne, et il garde comme un vague parfum de la vie pastorale dans les landes fleuries.

Toutefois la richesse, la force, l'antiquité d'un dialecte ne suffisent pas à le tirer de son obscurité. Tant qu'un peuple, tant qu'un homme ne s'est pas révélé par quelque action d'éclat, tant qu'il n'a pas produit au dehors les dons que le ciel lui a donnés en partage, on l'ignore. Il en est de même d'une langue. Les grands écrivains la consacrent et l'illustrent en même temps qu'ils la font. Ils l'universalisent par leur génie et la rendent digne de l'étude des autres peuples. Quand le dialecte toscan résonne sur les lèvres éloquentes de Dante, il sort de la foule, il devient l'italien littéraire, il s'élève parmi ses pareils à un rang dont il ne déchoira plus. Le dialecte sarde n'a pas eu le bonheur de servir d'organe à un grand homme, et il était difficile qu'il l'eût; car les conditions politiques, qui sont nécessaires à l'éclosion d'une littérature, lui ont été refusées. Lorsqu'au douzième et au treizième siècle la langue d'oc et la langue d'oïl eurent cette floraison printanière qui rendit un moment la langue et la littérature de la France européenne, c'est que la France alors était en plus d'un point à la tête de l'Europe. On admirait, on imitait, on traduisait ses poëtes de même qu'on subissait l'ascendant de ses rois. Lorsqu'au quatorzième siècle, le cycle de la littérature italienne s'ouvre si brillamment, c'est que l'Italie est exubérante de vie et qu'elle cherche dans toutes les voies et sous toutes les formes, dans les arts, dans les lettres, dans le commerce, dans la politique, l'emploi de la force que lui donne la liberté. De grandes pensées, de grands désirs la tourmentent, tourment fécond, et elle cherche à les réaliser par la parole aussi bien que par l'action. A ce peuple agité, à ces esprits en éveil, à ces républiques naissantes, il faut un organe, et l'on voit éclore comme sous un souffle puissant, toute une légion d'artistes et de poëtes. Jamais la Sardaigne ne s'est trouvée dans de semblables conjonctures. Non-seulement elle n'a pas été appelée à jouer un grand rôle, mais elle a presque toujours été entraînée dans l'orbite d'une autre nation. A peine eut-elle conquis son indépendance qu'elle fut de nouveau en proie aux invasions et disputée par les conquérants, tour à tour ou tout ensemble pisane, génoise, aragonaise, espagnole, autrichienne, piémontaise, elle ne fut jamais sarde. Ne s'appartenant pas, elle n'a pas eu de littérature qui lui appartînt. Il en est de certains peuples comme de ces oiseaux qui sont trop fiers pour chanter en cage. L'énergie même que la Sardaigne mit à défendre son individualité sous les dominations étrangères, ne permit pas qu'à défaut d'une littérature nationale, une autre littérature s'y développât, et les littératures espagnole et italienne tour à tour greffées sur ce sauvageon rebelle, ne portèrent que des fruits médiocres.

En dehors des diplômes manuscrits et de quelques chansons inédites, on ne compte pas plus d'une trentaine d'ouvrages en langue sarde. Ce n'est qu'au commencement de ce siècle que Porru a fait une grammaire et un dictionnaire du dialecte méridional, et il n'y a pas quinze ans que M. Spano nous a donné la grammaire et le dictionnaire du dialecte central (1). Et si le passé est si pauvre, que sera-ce de l'avenir? Maintenant que la facilité des communications, la fusion des intérêts et des États autrefois séparés rapprochent plus étroitement la Sardaigne de l'Italie, ne faut-il pas s'attendre à ce que, devant l'expansion cha-

---

(1) Dans son dictionnaire, M. Spano, tout en s'attachant spécialement au dialecte du Logudoro, donne souvent les formes et les mots des autres dialectes.

que jour grandissante de l'italien littéraire, le dialecte sarde rétrograde de plus en plus et soit de plus en plus négligé? Un seul refuge lui restera, et pour peu de temps : l'âme et la bouche du peuple. Et à vrai dire, c'est aujourd'hui comme autrefois son vrai domaine. Où se produirait un dialecte populaire, quand il ne peut plus avoir la prétention de devenir une langue, sinon dans les chants populaires?

DEUXIÈME PARTIE

LES

CHANTS POPULAIRES

DE LA SARDAIGNE

LES

CHANTS POPULAIRES

DE

LA SARDAIGNE

Caractère général de ces chants. — La religion en Sardaigne. L'amour en Sardaigne.

I. CHANTS RELIGIEUX. — La poésie religieuse en Sardaigne. Son expression littéraire, son expression populaire. — Histoire de Joseph. — Les processions en Sardaigne. — Invocations. — Adoration des Mages. — Cantiques. — La légende et le miracle en Sardaigne. — L'idée de l'enfer en Sardaigne. — La Madone. — Prière du soir de l'enfance. — La femme et la Vierge. — Défauts de la poésie religieuse en Sardaigne. — La poésie religieuse des Hébreux. — Influence de la persécution sur la Poésie religieuse. — Le Christ et les scènes évangéliques. — Utilité morale de la poésie religieuse en Sardaigne. — L'art religieux en Sardaigne. — La Poésie religieuse et le caractère du peuple sarde.

II. CHANTS HISTORIQUES ET CHANTS DE GUERRE. — Causes de la rareté des chants historiques en Sardaigne. — L'épopée en Italie. — Chant de la guerre de l'indépendance en 1848. — L'amour de la guerre chez les peuples germaniques et chez les races latines. — Chant de guerre contre la féodalité.

III. LA POÉSIE DOMESTIQUE EN SARDAIGNE. — Les fêtes champêtres. — Le Ballu tundu. — Les bergers poëtes. — Sérénade. — Le communisme dans la chanson. — Le Voyageur et la Fortune. — La Senora et le manant.

IV. CHANTS D'AMOUR. — L'amour en France, l'amour chez les peuples du Nord, l'amour en Sardaigne. — Préludes et superstitions de l'amour; la jeune fille et le coucou. — La beauté. — La déclaration. — L'hyperbole et la passion. — L'indifférence. — La plainte. — L'incertitude. — La subtilité en amour. — Les premiers gages d'amour. — Caractère de l'amour à ses débuts. — L'amour et le peuple. — L'amour et la chevalerie. — L'inquiétude et le reproche. — L'amour et l'argent. — L'amour et la grande dame. — Les caprices en amour. — La résignation. — La vanité et l'amour. — L'amour mutuel. — Les rêves et l'impatience de l'amant. — L'amant timide. — L'amant qui s'enhardit. — Les faveurs et les désirs. — L'amant audacieux. — Le dénouement. — L'amour heureux. — Les serments d'amour. — Les bonnes fortunes. — La fidélité. — La brouille. — Les envieux. — Déclin de l'amour. — La jalousie et son aiguillon. — La jalousie et ses souffrances. — La jalousie en Sardaigne. — La vendetta. — Le bandit et sa maîtresse. — Le départ. — Les premiers effets de la séparation. — La colombe et le message amoureux. — La douleur et l'amour. — La trahison. — La femme délaissée. — Les souvenirs d'amour. — L'abandon et la mort. — L'amour dans l'Inde, en Grèce, en Turquie. — L'amour chrétien. — L'amour dans la poésie populaire et dans la poésie littéraire, en Sardaigne.

V. LA SATIRE ET LE BURLESQUE DANS LES CHANTS POPULAIRES DE LA SARDAIGNE. — La femme et le mariage. — Les petits profits du mariage à trois. — Les femmes en quête de maris. — Les prêtres en quête de femmes. — Le clergé sarde. — Le clergé napolitain. — Les confesseurs confessés par un faux pénitent.

VI. LA POÉSIE PASTORALE EN SARDAIGNE. — La poésie pastorale aux époques de décadence. — L'idylle aux champs. — Les cérémonies du mariage en Sardaigne. — La poésie dans la vie. — La brebis, idylle populaire. — Le berger qui ne se contente pas de tondre, qui mange ses brebis. — L'idylle dans Théocrite, Virgile et Meli. — Les improvisateurs en Sardaigne. — Le métier d'improvisateur. — Le progrès et son revers.

VII. LA MÉLANCOLIE DANS LES CHANTS SARDES. — Les aspirations de l'homme et ses désillusions. — Le besoin d'aimer. — L'amour. — L'amitié et ses mécomptes. — La tristesse chez le peuple. — La tristesse chez les poëtes populaires.

VIII. NINNIAS. — Chants réservés aux femmes. — Chants des nourrices. — Les rêves des mères. — Ninnias corses. — Nannarismata de la Grèce. — Ninnias du petit Jésus ou Noëls.

IX. ATTITIDOS. — Les attitadoras sardes et les preficæ. — L'oraison funèbre en Sardaigne. — Epicedio. — La poésie de la mort en Sardaigne, en Bretagne. — Formes différentes de l'attitido. — Attitido d'une jeune fille, d'un évêque. — L'attitido et le drame. — L'attitido profane et l'attitido religieux. — La vengeance et le meurtre en Sardaigne. — Les mœurs en France au seizième siècle.

X. Les Bandits. — Le banditismo et ses causes. — Le bandit et la prison. — Le point d'honneur du bandit. — Les femmes et le bandit.

XI. Une représentation dramatique en plein air. — La passion de la poésie en Italie. — L'importance des chants populaires en Sardaigne comme étude de mœurs. — La difficulté de recueillir les chants populaires. — Les chants populaires commentés par le peuple. — Les difficultés et les défauts des traductions.

XII. Caractères généraux de la poésie populaire. — Caractères particuliers aux chants sardes. — Absence de l'élément fantastique et historique. — Pas de légendes et pas de souvenirs historiques. — Pas de chants anciens; conséquences. — La forme dramatique dans les chants populaires de la Bretagne et de la Grèce. — La forme lyrique dans les chants sardes. — Les chants domestiques de la Sardaigne comparés aux chants du Nord. — Le style des chants sardes. — Leur charme et leurs défauts. — De l'influence espagnole sur la poésie sarde. — Les mœurs sardes comme commentaire des chants sardes.

Les chants populaires de la Sardaigne ressemblent aux autres chants populaires de l'Italie (1). Ils ont le même caractère général et sortent des mêmes sources. Ils ne revêtent jamais cette forme narrative fréquente en Espagne, plus fréquente encore en France et dans les pays germaniques, qui souvent fait d'une chanson une véritable petite épopée. Ils n'empruntent presque rien à l'histoire. Ils ne s'inspirent ni des grands événements qui ont agité l'Europe, ni des luttes ardentes que la Sardaigne a soutenues contre les Maures. Ils n'ont rien d'historique. Ils ne peignent ni les joyeuses chevauchées des barons, ni les ardeurs sauvages de la guerre, ni le choc des lances sur les cuirasses bril-

(1) Dans le système général, comme dans les détails de sa versification, le dialecte sarde suit les mêmes lois que l'italien. Sauf quelques rares exceptions, il fait porter dans les vers l'accent sur les mêmes syllabes, il a, comme lui, toutes les variétés de mètres, depuis le vers de douze jusqu'à celui de deux syllabes, et il préfère également le vers de onze et celui de sept syllabes.

lantes, ni le déchaînement brutal des passions qui passent par le crime avant d'aller s'éteindre dans le cloître. L'influence germanique a été nulle sur cette terre toute latine. La force n'y a jamais été admirée pour elle-même. Les châteaux-forts y ont eu comme ailleurs leurs assauts, leurs fêtes, leurs châtelaines ; ils n'y ont pas de légendes. Leurs vieux murs, en s'écroulant, n'ont point conservé d'esprit familier qui les hante. Leurs ruines sont inanimées. Les exploits dont ils ont été le théâtre n'ont pas laissé derrière eux, dans la mémoire des hommes, cette traînée lumineuse qui plus tard enfante de beaux récits merveilleux, voie lactée qui s'épanouit en étoiles. On sent que la féodalité, si elle s'est implantée en Sardaigne, n'est pas dans l'esprit de la race. Elle a pesé sur le corps du pays, elle n'a rien inspiré à son âme. La poésie, comme la langue, comme la civilisation tout entière, est sortie des traditions antiques et du christianisme. Elle est presque exclusivement amoureuse, religieuse et domestique.

Pour elle, la religion n'est pas ce sentiment profond, triste et timide, que l'homme du Nord éprouve en face de Dieu, et le culte austère par lequel il cherche à s'en rapprocher. C'est une vision de l'imagination qui lui montre au haut d'un ciel entr'ouvert et dans un nimbe d'or, une Madone souriante et un Christ bénissant. L'Italie se confie dans la douceur attendrie du Nouveau-Testament plutôt qu'elle ne s'incline devant les foudres de l'Ancien. Ce n'est pas Michel-Ange avec son Christ vengeur et son Moïse terrible, qui représente son génie et satisfait ses aspirations. C'est bien plutôt Raphaël ou Vinci ou Titien, lorsque, sous le rayon divin dont ils les éclairent, ils lui font retrouver dans la Vierge la femme, et dans le Christ l'enfant. Le Dieu qu'elle chante, comme celui qu'elle peint, n'est pas le Dieu de l'inflexible justice, mais celui de l'infinie miséricorde. Il ne vit pas loin des hommes dans un inaccessible isolement. Il se communique à la terre par ses saints, ses martyrs et ses vierges, légion sacrée qui porte sur elle comme un reflet de la divinité. Ce christianisme plutôt gracieux que grave, plutôt dévot que pur, s'épaissit encore (1), on le comprend, en descendant des sphères élevées et en traversant les imaginations populaires, et les chants qu'il inspire à la Sardaigne, pleins d'une sereine confiance, ne se font remarquer ni par la profondeur du sentiment ni par l'originalité du caractère. Ils roulent presque toujours dans le même cercle d'idées et ils échappent difficilement à la monotonie.

L'amour, qui est une source d'inspirations plus variées, parce que c'est un sentiment plus personnel, est en Sardaigne, sauf quelques nuances, ce qu'il est dans tous les pays méridionaux, une passion ardente et grave, un plaisir où la part de l'âme est toujours grande. Le Sarde ne s'éprend pas inutilement d'un vague idéal, comme ces nations frileuses qui rêvent du soleil devant un ciel triste et froid. Son soleil est plein d'éclat et son

---

(1) L'expression est de Madame de Sévigné.

amour de folle impétuosité. Où l'homme du Nord se replie, lui s'épanche. Il regarde en souriant un ciel qui lui sourit. S'il sent son cœur bondir, il ne s'effraie pas, il ne tente point de dompter en lui la nature, il suit le penchant qui l'appelle, et il associe la Madone et les saints au succès de ses amours. La brise est si tiède, le printemps si parfumé, la terre si féconde, les belles filles ont tant d'éclairs dans leurs yeux noirs! Pourquoi ne pas s'abandonner au plaisir de vivre, et, quand la réalité est si douce, se consumer en rêveries? Ce qu'on possède, à quoi bon l'imaginer? Si des obstacles traversent sa passion, le Sarde les attaque de front, au risque de s'y briser. Il ne se morfond point dans une inactive douleur et ne se livre pas à de vains gémissements. Comme un taureau blessé, il se précipite sur ses rivaux, impitoyable et furieux. Plus violent que tendre, mais d'une violence qui n'exclut pas la délicatesse, son âme est trop sérieuse pour se jouer en ces caprices fugitifs qu'un regard allume, qu'un autre regard éteint, et dont l'esprit gaulois fait ses délices. La Sardaigne n'est pas le pays des plaisirs faciles, d'autant plus doux qu'ils sont défendus. Elle est le pays des graves et solides amours, qui s'épuisent parfois par l'excès même de leur ardeur, mais qui se réduisent rarement à n'être que l'échange passager de deux fantaisies.

I

On a publié, sous le nom de *Chants populaires de la Sardaigne*, des poésies religieuses qui roulent sur l'existence de Dieu, la naissance du Christ, celle de la Vierge, la Foi, l'Espérance, la Charité, la Contrition, ou sur des généralités morales et philosophiques, le repentir, la mobilité de la fortune, la Providence, les misères de la condition humaine (1). Quelques-unes de ces poésies ne manquent ni d'élévation dans la pensée, ni de force dans l'expression. Il y a de la grandeur dans la pièce suivante, que je prends au hasard :

. . . .

« — Limon pétri des plus viles matières, plus fragile que le verre, souviens-toi que tu passes comme le vent ; et pendant qu'il en est temps, faible et pauvre esprit, tourne ce qui te reste de vie vers le monde éternel, infini que le temps ne peut atteindre.

. . . .

« — A l'heure où le ciel se colore sous les premières lueurs de l'aube, les fleurs humides encore des pleurs de la nuit paraissent vigoureuses et fraîches ; elles perdent leur fraîcheur et se fanent quand le soleil ardent a pompé la rosée de la terre.

. . . .

« — Telle est la plante de la vie : tendre et fraîche à son aurore, en peu d'années elle se sèche, et quand le temps s'est écoulé, qu'étais-je, se dit-elle, et que suis-je ? où est allée ma force ?...

(1) Ce sont les principaux titres des poésies publiées sous le nom de *Canti popolari della Sardegna*, Cagliari. 1833, un vol. in-18.

. . . .

« — Nous ne sommes point nés pour rester ici-bas ; la terre n'est qu'une entrée et un passage, élevons nos cœurs et nos désirs au delà des rayons du soleil, et pleurons les fautes commises dans cette chanceuse traversée de la vie, où sur la poupe et la proue de notre esquif, l'onde frappe furieuse à chaque vague.

. . . .

« — Souviens-toi, ô mon âme, que bientôt tu dois quitter la prison où tu es captive, et tu ne sais ni quand ni comment aura lieu le départ, et tu ne peux ni reculer ni fuir ; la journée est courte et le soir est venu qui t'indique que l'heure du voyage approche.

. . . .

« — . . . . Songe, âme prisonnière, à ce moment terrible, foule aux pieds tes ennemis et tu obtiendras la palme de la victoire.

. . . .

« — Mais tu ne peux, pauvrette, ayant été si longtemps abattue, t'élever seule sans la faveur et la grâce divine. Bien qu'il soit tard, repens-toi, et tout en larmes, invoque la reine qui porte un diadème et un manteau d'étoiles, la mère de ce roi qui gouverne la terre et qui dirige la lune et le soleil.

. . . .

« — Douce médiatrice, recours des pécheurs, source de piété, rose unique entre toutes les fleurs, tabernacle éternel, prodige d'honneur, que mes cris montent jusqu'au trône où, assise dans ta majesté, tu vois à la fois le présent et passé.

. . . .

« — Intercède pour moi, douce Marie, auprès du Dieu puissant, auprès de ton fils bien-aimé.... »

Ces strophes, qui perdent, à être ainsi détachées, presque tout leur mérite, ont dans l'original une grande vigueur de jet et se déroulent avec une ampleur et une grâce facile. Mais le poëme dont elles font partie, de même que les poëmes analogues, en dépit du titre qu'on leur a donné, n'a rien de populaire. Ni les uns ni les autres ne sont éclos sur les lèvres d'un chasseur ou d'un soldat, à l'ombre des orangers ou des chênes. Ils ne sont pas nés dans les solitudes où les pâtres promènent leurs rêveries. Ils ont été composés dans le cabinet ou dans la cellule, par des lettrés ou des moines qu'un sentiment patriotique a portés à écrire dans leur dialecte maternel. Les plus anciens datent de la fin du seizième siècle, et ils n'ont la naïveté de sentiments ni des âmes, ni des époques incultes. Ils n'ont pas été adoptés par le peuple. Ce ne sont pas plus des chants populaires que les chœurs d'Athalie. Je les range dans la même classe que *la Vie et le Martyre de saint Antiochus; la Vie de saint Éphise; la Vie, le Martyre et la mort des glorieux martyrs Gavinu, Brothu et Gianuari*, poëmes plus précieux pour la langue que pour la littérature. Ils n'ont rien de plus spontané ni de plus naïf que cette Bible en vers du chanoine Dore, heureusement inédite, dont les jeunes bergères de l'île auraient peut-être fait leurs délices, comme Madame de Maintenon encore enfant savourait, en gardant les dindons de sa tante, les quatrains de M. de Pibrac.

Parmi les poésies religieuses qui sont vraiment populaires en Sardaigne, il y en a quelques-unes de remarquables. L'histoire de Joseph, qui circule manuscrite dans toute l'île, et que les mères enseignent comme une leçon pieuse à leurs filles, est pleine dans sa simplicité d'une émotion poignante. La douleur de Jacob, les remords de ses fils sont peints avec une pathétique vigueur. On sent des larmes dans la voix du vieux patriarche, lorsqu'il s'écrie :

Il n'y a plus de consolation pour moi,
Depuis que ce fils chéri
A été atteint par la mort.
Nuit et jour
Je le pleure,
Et mes sanglots
T'accusent,
Fortune cruelle.
Si je ne succombe à ma douleur,
Que mon deuil soit sans trêve !
Avoir conservé Benjamin,
Fils de Rachel la belle,
Ne me console point.
C'est toi, toi, qui étais mon unique étoile
O mon Joseph bien-aimé.
Qui t'a brisé ainsi,
Bâton de ma vieillesse,
Plante rare ?

. . . .
Comment se fait-il, dites,
Racontez-moi comment
Ce tigre féroce l'a déchiré ?
Personne ne t'a écouté,
Pauvre faible enfant ;
. . . .
Et il me semble t'entendre,
Gémissant, implorant secours,
Criant, père ! père !
A chaque pas que fait
Cette bête cruelle,
Je t'entends appeler
En pleurant, Juda ton frère.

. . . .
Laissez-moi de grâce
O mes fils, laissez-moi
Pleurer et souffrir,

Jusqu'à ce que je meure,
A force de pleurer.

C'est surtout dans les églises et les processions que les chants religieux ont leur place marquée. Ces processions sont parfois de vrais pèlerinages. Elles s'accomplissent en famille et durent plusieurs jours. Les joies profanes s'y associent aux joies sacrées. Les Sardes ne croient pas qu'il soit nécessaire d'être triste pour être dévot et de s'ennuyer par amour de Dieu. Ils mêlent, comme en Bretagne, les danses aux cantiques pieux (1), et à cela je ne vois pas grand mal; car les plaisirs innocents qu'ils prennent sous les yeux de tous, les éloignent des plaisirs moins purs qui ont besoin de l'ombre et de la solitude. C'est pour se divertir d'ailleurs, autant que pour prier, qu'ils viennent aux fêtes. Or, les fêtes ont sur eux une action salutaire qui rappelle en petit l'influence des jubilés au moyen âge. Elles les font sortir de leur isolement, elles les mettent en contact, elles les échauffent, les éclairent, élargissent l'horizon de leur pensée. Toute grande réunion d'hommes est féconde, surtout dans les pays où la population est clairsemée et où les occasions de se voir sont rares. Il en sort toujours lumière et chaleur; il y circule une sève qui fait fermenter les intelligences et qui élève le niveau des plus grandes comme des plus humbles.

(1) Il n'y a pas cent ans, qu'en Bretagne, dans les pardons, on dansait dans les églises pour faire honneur au saint dont on célébrait la fête. On se contente aujourd'hui, comme en Sardaigne, de danser devant la porte des églises.

Il y a, parmi les chants de procession et d'église, des chants généraux qui ne sont que d'ardentes prières; l'élan d'une âme vers Dieu, c'est-à-dire vers un consolateur, le cri d'un cœur blessé par les épreuves de la vie, qui cherche au ciel un refuge, un appui; l'angoisse d'une conscience qui aspire au bien et qui gémit sur ses égarements :

> Ingrat pécheur
> Que je suis !
> Je reconnais, je confesse mes fautes,
> Pitié, Seigneur !
> . . . .
> Donnez-moi, Seigneur, mon Dieu,
> Un cœur bon et saint,
> Qui pleure tant et tant
> Que toute tache s'efface
> De ce cœur coupable (1).

ou bien :

> Seigneur ! pitié
> De ce pauvre malheureux
> Enseveli au plus profond
> De l'abîme de perdition !
> Tendez-moi la main,
> Écoutez-moi, Seigneur, mon Dieu (2).

---

(1) Spano. *Canzoni sacre,* II, 9.
(2) Spano. *Canzoni sacre.* XVIII, 81.

Les recueils de poésies populaires sardes sont très-récents. Le petit volume publié, en 1833, à Cagliari, sous le titre de *Canti popolari della Sardegna*, ne contient presque rien de vraiment populaire. Il en est de même des *Canti popolari dei classici poeti sardi*, de l'abbé Tommaso Pischedda, un vol. in-4°, Sassari, 1854. Comme le titre l'indique, ce sont des extraits des poëtes classiques, popularisés par leur mérite, plutôt que des chants populaires. Les *Canzoni popolari ossia Raccolta de' Poesie Tempiesi*, un vol. in-8°, Sassari, 1859, se restreignent à un seul dialecte, celui de Tempio, et contiennent beaucoup de poésies qui ne sont pas populaires. Il

Mais chaque solennité a aussi son chant spécial.
Quelquefois c'est une scène évangélique, par exemple
l'adoration de Jésus par les bergers et les rois. Car la
poésie populaire, comme la peinture, aime ce spectacle où éclatent tous les contrastes, la naïveté de
l'enfance et la majesté des vieillards, les splendeurs
du trône introduites dans une étable, la puissance
rendant hommage à la pauvreté, les vanités terrestres
s'inclinant devant la grandeur morale, tous les rangs
confondus dans l'égalité de la même adoration :

> Rois de l'Orient,
> Venez en Israël,
> Pleins d'un amour fidèle,
> Voir le Tout-Puissant ;
> Cette étoile brillante
> Vous servira de guide.
>
> Les bergers ont prophétisé,
> Gens simples et innocents ;
> Ils adorent le Tout-Puissant
> Et lui portent leurs présents.
> O Rois, oublierez-vous
> Le fils de Marie ?
> . . . .
> Jésus vous convie

appartenait à M. le chanoine Com. G. Spano, qui a eu le mérite d'ouvrir
à l'érudition sarde plusieurs voies nouvelles, de publier le premier un recueil de chants populaires, appartenant aux différents genres cultivés en
Sardaigne et aux nombreux dialectes qu'on y parle. Ce recueil, malheureusement sans notes, dont l'impression a commencé l'année dernière et dont
l'auteur a bien voulu nous communiquer successivement les feuilles
sera bientôt complet et formera un volume in-8° divisé en deux parties
(*Canzoni popolari della Sardegna. Canzoni sacre; Canzoni profane*. 1863
Cagliari). Je lui ai emprunté un grand nombre de chants.

Avec amour ;
N'oubliez pas
De l'honorer de vos dons.
. . . .
Les Rois à cet avis
S'empressent de partir ;
Et somptueusement vêtus,
Souriant et joyeux,
Ils adorent le précieux trésor.
. . . .
Les Rois de l'Orient ;
O Jésus, viennent te visiter ;
Reçois avec bonté leur tribut ;
C'est de la myrrhe, de l'encens et de l'or.

Le plus souvent le chant religieux prend la forme d'une invocation, il fait l'éloge d'un saint et implore son intercession :

Modèle de pureté,
Martyre illustre et glorieuse,
Sainte Victoire, pleine de miséricorde,
. . . .

Par la grâce que vous reçûtes
Étant encore païenne,
Lorsqu'à la foi chrétienne
Pour la première fois vous fûtes appelée ;
. . . .

Par ce cœur si doux,
Si pieux, si aimable,
Ouvert à tous,
Plein d'une si suave miséricorde
Et d'un si tendre amour,
Par ce cœur tout bonté ;

Par cette charité que
Vous montriez aux affligés,

Quand pour les secourir,
Jusqu'à vos habits vous vendiez,
Et que généreusement
Vous leur en donniez le prix ;

Par cette joie ineffable
Que vous éprouviez dans vos contemplations,
L'esprit emporté
Comme un aigle au vol hardi,
Jusqu'au trône adorable
De la bienheureuse Trinité ;

Par cette haine déclarée
Aux pompes du monde
Et à toutes les joies
Que réservent
Aux épouses de haut rang,
La richesse et la fortune ;

Par cet assaut violent
Auquel on vous soumit,
Vous faisant souffrir
Et la soif et la faim,
Long tourment horrible
De la plus cruelle barbarie ;

Par cet esprit serein,
Tranquille, inébranlable,
Par ce visage toujours calme
Au sein d'une mer pleine
D'orages et de tempêtes ;

Par cette joie extrême
Que vous éprouviez,
Lorsque victorieuse des tourments
Le moment vint
D'entrer dans l'éternité ;

Par ce chaste sang virginal
Que vous avez versé,

. . . .
Par la blessure mortelle
Qu'au cœur vous avez reçue,
Par la victoire qu'à la fleur de l'âge
Vous avez remportée;

Sainte et miséricordieuse Victoire,
Consolez-nous dans nos peines (1).

Ce cantique en l'honneur de sainte Victoire ne célèbre que des vertus humaines et sociales. Il en est de même des autres cantiques sardes. La légende y apparaît rarement (2), et quand elle s'y montre, c'est pour ainsi dire dépouillée de merveilleux. Il est curieux, en effet, d'observer l'impression produite par le miracle sur les intelligences populaires en Sardaigne. Inhabituées à la réflexion et étrangères à la science, le miracle n'a pas pour elles de difficultés plus grandes que les faits au milieu desquels elles vivent. Il ne leur paraît pas plus obscur que les accidents les plus simples de l'ordre physique. Il ne les embarrasse pas davantage, tout étant égal devant leur complète ignorance. Elles y croient sans peine, précisément parce que le surnaturel est pour elle très-naturel; et quand elles l'admettent dans la poésie, elles le traitent sur le même pied que les réalités les plus palpables. Cette tendance à réduire l'idéal à leur taille et à expliquer humainement le divin, tendance qui tient à la difficulté extrême qu'ont tous les esprits, et surtout les esprits bornés, à sortir

---

(1) Spano. *Canz. sac.* XII, 53.
(2) Voy. *Cantique de saint Vincent*. Spano. *Canz. sac.*

d'eux-mêmes, est remarquable dans les descriptions que les poëtes populaires de la Sardaigne nous ont données de l'autre monde.

Le monde invisible nous attire tous. Le penseur, au moment même où il en déclare les mystères insondables, cherche à les sonder, et le peuple accepte les tableaux que lui en trace la fantaisie des lettrés et des théologiens, avec d'autant plus de complaisance que ces tableaux l'emportent plus loin de l'existence pénible dont il porte le poids, et le vengent plus complétement des injustices et des misères dont il souffre ici-bas. L'image qu'on se fait de l'autre monde varie dans la même religion avec les progrès de la société et les lumières de la conscience. Elle n'est rien autre, en effet, qu'une conception plus ou moins épurée de l'idéal, la mesure des aspirations de l'humanité. Pendant les cinq premiers siècles qui suivirent la mort du Christ, l'idée de l'autre monde resta toute spirituelle. L'horreur du paganisme était encore si vive que les imaginations planaient bien au-dessus de la terre et ne lui empruntaient qu'à regret des couleurs pour peindre les joies du ciel et les tourments de l'enfer. Mais lorsque, l'une après l'autre, les voix éloquentes des Pères de l'Église se furent éteintes, que les lumières diminuèrent, que les temps devinrent plus malheureux et plus sombres, et qu'avec la domination des Germains la barbarie envahit la société, alors tout s'abaissa et se matérialisa. Le paradis ne fut plus qu'une terre enchantée où toutes les délices rêvées, où toutes les joies des sens et des cœurs se trouvent réunies ; l'enfer ne fut plus qu'une terre désolée où les supplices les plus cruels sont comme à plaisir accumulés. Bien des esprits, depuis cette époque, se sont dégagés des liens de ce réalisme grossier. Mais combien y sont encore retenus ! Écoutez cette description populaire de l'enfer sarde :

Je suis demeuré
Trois jours en enfer.
. . . .

J'ai vu
Les peines qui dans ces sombres profondeurs,
Pour l'éternité préparées,
Attendent les plus grands pécheurs.
. . . .
J'y ai vu un feu dévorant
Que je ne puis vous peindre,
. . . .
Des grilles, des chaînes,
Des fers, des marteaux, des tenailles, des menottes,
. . . .
Et de fauves animaux informes
Qui dans les flammes mugissent.
J'ai vu pendant trois heures se succéder
Des éclairs mêlés de tonnerres et de foudres,
De gémissements, de plaintes, de hurlements,
De grands cris douloureux, holà ! hélas !
. . . .
J'ai vu le palais de Lusbé,
Tout entouré de murailles d'or,
Gardé par de nombreuses sentinelles ;
A sa droite et à sa gauche sont des démons.
Trois, chaque jour, lui font la cour,
Le conduisent à la procession
En litière de gala dorée,
Puis l'assistent pour son audience,
Maudissant Dieu

Dans des termes si infâmes
Que le cœur en frémit,
Maudissant la Vierge Marie,
Les saints et les saintes,
Toute la cour céleste
Et le jour du jugement universel.
. . . .
. . . .
J'ai vu des démons précipiter les coupables
Au plus profond des tourments,
Leur disant : Jouissez bien dans les flammes,
. . . .
Éternellement vous y serez plongés
De la tête aux pieds.
. . . .
J'ai vu des empereurs et des reines,
. . . .
Des seigneurs, des chevaliers,
Et nuit et jour dans la peine,
Des pères, des capucins, des prêtres.
J'en ai vu qu'on met
Bouillir dans des chaudières,
Et auxquels on donne à boire pour les consoler
Du plomb fondu et de la poix.
. . . .
J'ai vu l'ange tombé
Du ciel dans cet enfer,
. . . .
Pleurant son horrible péché,
Et tant que Dieu sera Dieu,
Condamné à brûler toujours (1).

Cet enfer, moins le génie, est l'enfer du moyen âge, tel que l'a peint Orcagna, tel que l'ont figuré dans leurs fresques sublimes Luca Signorelli et Michel-Ange. Mais tandis que les images tracées par le pinceau de

---

(1) Spano *Canz. sac.* VII, 21.

ces grands hommes, loin d'emprisonner la pensée dans le cercle étroit des réalités qu'elles nous montrent, l'emportent bien au delà dans les espaces infinis, le poëte sarde ne nous laisse rien à deviner, ne nous fait rien rêver au delà de ce qu'il décrit, et sa description elle-même n'est pas riche. Elle reste bien au-dessous des réalités terribles que l'histoire nous laisse entrevoir dans les salles de torture des tribunaux et dans les cachots de l'inquisition. Elle ne déploie pas cette fécondité dans l'horrible dont l'imagination espagnole semble avoir gardé le secret (1). Elle n'est qu'un grossier enluminage auprès de ce tableau si sombre et si lumineux à la fois, où Dante, après nous avoir fait frémir, sait si bien nous faire pleurer, où il nous repose avec un art si accompli de la terreur par la pitié. C'est à peine si elle mérite d'être comparée à l'ébauche incomplète de Frà Jacomino (2), dont quelques traits ont inspiré peut-être le grand poëte florentin.

Il y a, dans les chants populaires de la Toscane, une description de l'enfer, qui, pour l'énergie et la grâce, est bien supérieure au chant sarde. J'en extrais les stances suivantes dignes de la *Commedia;* je ne les traduis pas, de peur de leur ôter leur saveur dantesque :

Sono stato all'inferno e son tornato :
Misericordia, la gente che c'era!

(1) Tableaux de martyres. Valdes Real, à Séville, Ribera, etc.
(2) *De Babyloniæ civitate*, poëme en dialecte véronais, extrait des manuscrits de la Bibliothèque de Saint-Marc, à Venise, et publié, pour la première fois, par Ozanam : *Documents inédits pour servir à l'histoire littéraire de l'Italie du huitième au treizième siècle.*

. . . .
V'era una stanza tutta illuminata
E dentro v'era la speranza mia.
Quando mi vedde, gran festa mi fece
Et poi mi disse : dolce anima mia,
Non ti arricordi del tempo passato,
Quando tu mi dicevi : anima mia ?
. . . .
Ora, mio caro ben, baciami in bocca
Baciami tanto ch'io contenta sia.
È tanto saporita la tua bocca!
Di grazia, saporisci anco la mia.
. . . .
Ora mio caro ben che m'hai baciata,
Di qui, non isperar d'andarne via (1).

La poésie religieuse, en Sardaigne, tourne plus volontiers ses regards vers le ciel que vers l'enfer, et elle a parfois, dans la prière, un accent élevé et pénétrant qui lui manque dans le drame. C'est la Vierge qui lui fournit ses plus heureuses inspirations. La Vierge est la Dame aux pieds de laquelle tout le monde s'agenouille, que tous les cœurs adorent, au service de laquelle on s'engage, comme on faisait au moyen âge, pour les nobles châtelaines. On lui voue ces sentiments tendres, exaltés, ardents, qu'ont exprimés si souvent les trouvères, et qui sont peut-être à la fois trop célestes pour la terre, trop terrestres pour le ciel. Dès l'âge le plus tendre, c'est elle qu'on apprend à implorer, en attendant qu'on la mette de moitié dans ses passions et dans ses plaisirs. Écoutez cette prière du soir de l'enfance :

---

(1) Dans N. Tommaseo. *Canti popolari Toscani*, *Corsi*, *Illirici*, *Greci* 4 vol. in-8. Venezia, 1841-42.

Mon lit a quatre coins
Et quatre anges s'y placent,
Deux au pied, deux à la tête.
Notre-Dame est à mon côté
Et me dit : dors et repose,
Ne crains pas le méchant,
Ne crains pas une mauvaise mort.

Ange séraphin,
Ange aux blanches ailes,
Esprit saint,
Vierge Marie,
Soyez en ma compagnie.
Ange de Dieu,
Mon gardien,
Éclaire-moi, cette nuit,
Garde-moi, défends-moi,
Je me recommande à toi (1).

Ce chant est en lui-même insignifiant. Mais mettez-le dans la bouche d'une enfant à laquelle son aïeule le fait réciter le soir devant l'image de la Madone, et qui, pieusement agenouillée, pense à ses bons anges en jouant avec sa croix d'or, il prend de suite du charme et de la grâce. Il est vrai, d'ailleurs, par sa naïveté même. C'est bien ainsi que doit prier une petite fille habituée aux pompes du culte espagnol, n'ayant dans l'esprit d'autre image du ciel que celle qu'elle a vue dans les tableaux des églises ou qu'elle a retenue des premières leçons d'un vieux prêtre. Tendre vierge, la Vierge du ciel est pour elle une seconde mère plus puissante, qui dans sa robe d'or, la tête ceinte d'étoiles, sourit d'en haut aux enfants de la terre, douce

---

(1) Spano. *Canz. sac.* V, 18.

mère qu'on caresse plus qu'on ne la craint, mais à laquelle on parle, comme aux reines, à genoux. Plus tard les sentiments s'élargiront, mais ils ne changeront pas. La petite fille, devenue grande, parlera à la Madone avec non moins d'abandon, avec une égale confiance, quoique avec plus d'amour. Elle l'admirera dans sa grandeur, dans sa bonté, dans sa beauté ; elle s'écriera :

> O chaste corps, ô âme pure,
> Tu as changé les pleurs en joie,
> Tu as brisé la prison obscure,
> Par toi le paradis s'est ouvert.
> Le Dieu qui gouverne la nature,
> Dans tes entrailles a pris les traits
> D'un mortel, et avec un ineffable bonheur
> La terre t'appelle sainte mère de Dieu.
> . . . .
> L'ombre d'une faute n'a jamais approché
> De ton chaste sein de vierge ;
> Si à l'ange tu as donné un doux consentement,
> C'est avec la pleine assurance de ton innocence.
> . . . .
> Quelle femme, plus que toi, eut jamais en partage
> Les dons de l'amour et de la beauté ?
> Quelle mère entre toutes les mères brilla
> Jamais de tant d'amour et de noblesse (1) ?
> . . . .

Quelquefois l'adoration est plus tendre et plus passionnée. Elle a des élans plus vifs et des prosternements plus humbles :

> Aimable Marie,
> Ma joie et mon bonheur,
> A toute heure

---

(1) Spano. *Canz. sac.* XVI, 74.

J'invoque ton nom.

. . . .

Je l'invoque
Et quant paraît l'aurore
Et quand disparaît le soleil ;
Toujours dans le cœur et sur les lèvres,
J'aurai ton nom, ô Marie !

. . . .

. . . .

J'ai toute confiance
Qu'en t'invoquant avec componction,
A tout instant de la vie
Jusqu'à l'agonie,
En criant : Marie ! Marie !
Mon âme a droit d'espérer.

. . . .

Tu la présenteras toi-même
Au Dieu tout-puissant,
Disant à ton divin fils :
Sauve cette âme ; elle est mienne (1).

La confiance ne peut guère être plus complète, mais elle peut devenir encore plus intime. Le pêcheur attendri qui a ouvert son âme, cherche à son tour à pénétrer dans l'âme de Marie, et comme il s'est efforcé de faire descendre la Vierge jusqu'à lui, il tâche à son tour de remonter jusqu'à elle. Car c'est seulement par ce que l'homme met de terrestre dans le ciel qu'il s'y rattache, et par les sentiments humains qu'il prête à la divinité, qu'il conserve des liens avec elle. Pour lui le fini et l'infini ne peuvent se passer l'un de l'autre :

Ma Dame, pourquoi cachez-vous
Votre visage plus blanc que la neige ?
Dites-nous, ma Dame, pourquoi
Portez-vous ce manteau noir ?

(1) Spano. *Canz. sac.* XXI, 87.

. . . .
. . . .
Ma Dame, levez
Un peu votre manteau
Et dites-nous
D'où vient votre désespoir.

Aurait-on par hasard traîtreusement
Saisi votre fils,
L'aurait-on par hasard
Lié comme un larron ?
S'il en est ainsi, c'est avec raison,
Hélas ! que vous voilez votre visage.
. . . .
. . . .
L'a-t-on par hasard,
Faussement accusé,
Et malgré son innocence
Condamné à mort ?
S'il en est ainsi
C'est avec raison que vous gémissez.
. . . .
L'a-t-on par hasard battu
Frappé de verges ?
L'a-t-on vêtu de haillons
Et couronné d'épines ?
Si vous avez subi ces épreuves,
Restez, restez voilée.
. . . .
. . . .
Seriez-vous, par hasard, ma Dame,
Cette mère désolée,
Pleine d'un si profond désespoir,
Qu'on appelle Marie,
Un abîme de douleurs
Et de tristesses ?
. . . .
Dites-nous, ma Dame,
Pourquoi portez-vous ce manteau noir (1)

---

1) Spano. *Canz. saci* XXXII, 38.

Voilà un exemple de cette familiarité avec laquelle les Sardes s'entretiennent avec le ciel et traitent comme un événement intime qui daterait d'hier et se serait passé dans un cercle étroit, les sentiments et les faits que nous sommes habitués à considérer à travers la vénération évangélique et l'auréole du miracle. Comme tous les Italiens, ils font de la Madone leur divinité domestique, ils lui ouvrent une niche et lui consacrent une place dans leurs appartements les plus intimes, ils la font descendre du ciel pour la mêler aux détails de leur vie, ils l'implorent sans scrupules dans leurs moins légitimes désirs.

Le défaut essentiel de cette poésie religieuse, c'est que son cadre est trop étroit et son horizon trop restreint. Elle ne perce pas la voûte des églises pour monter dans les espaces sans limites. Elle est trop humaine. On n'y sent pas assez Dieu, et son Dieu n'est pas assez grand. Elle ne le fait pas planer comme l'esprit infini au-dessus de l'univers, partout invisible et présent, vêtu de lumière, entouré sur son trône d'une ronde d'étoiles, écoutant dans sa gloire l'hymne éternel que chantent les montagnes, les vallées, les fleuves, la nature entière dans toutes les pulsations de sa vie (1). Elle cache trop Dieu derrière les saints, et l'abaisse trop au niveau de l'homme. Elle se réduit trop à n'être qu'une prière émue et touchante, mais sans grandeur. Au lieu d'être à la fois l'écho du ciel et du monde, elle

---

(1) Expressions des Psaumes.

se borne trop à un vague et doux murmure de louanges et de plaintes. Elle ne met pas assez en relief le contraste éloquent de la puissance divine et de notre néant. Elle ne laisse pas éclater assez haut les cris d'angoisse des malheureux, qui, du fond de leurs souffrances, implorent la pitié de la Providence ou maudissent ses décrets. Il n'y a que la poésie religieuse des Hébreux qui soit montée à cette hauteur. Mais pourquoi, avec une idée si élevée de Dieu, les Hébreux avaient-ils une religion si étroite? Comment réduisaient-ils le Dieu un à n'être plus qu'un Dieu national? Ils concevaient la divinité, ils ne comprenaient pas l'humanité.

En même temps que la hauteur des conceptions, il a manqué aux poésies religieuses de la Sardaigne le sacre de la persécution. Elles auraient sans doute plus de force et plus d'élan si elles avaient quelquefois aidé à vaincre ou à mourir, si elles avaient accompagné les soldats au combat et les martyrs au supplice. Quand un peuple défend ses autels contre une invasion ennemie, sa foi se confond avec sa nationalité, et ces deux sentiments fortifiés l'un par l'autre éclatent en cris de guerre et en chants de victoire, faisant de la prière le prélude des combats, des hymnes pieux un encouragement au sacrifice, transformant en face de la mort les fidèles en héros. Quand une secte est persécutée, les cantiques qui sont le symbole de sa croyance deviennent aussi le drapeau de sa résistance, le soutien de son énergie et de sa résignation, le plus sûr appui de sa faiblesse. Ils lui enseignent à souffrir sans plier, et ils lui montrent au-dessus des douleurs passagères, les immortelles récompenses, au-dessus des bourreaux qui torturent, les chérubins qui, du haut du ciel, tendent aux courageux une palme et leur tressent une couronne. Les chants sardes ne sauraient avoir ces ferveurs saintes, ces extases sublimes. Ils ne sont pas nés au milieu des luttes.

Ils sont calmes, souriants, pleins de confiance comme les épanchements d'âmes heureuses. Nous avons vu avec quelle familiarité ils s'adressent à la Madone. Ils traitent le Christ de même. Le pécheur agenouillé à ses pieds, ne reste pas plongé dans un recueillement timide ou dans une silencieuse adoration. Il ne se contente pas d'implorer, il interroge :

— Pourquoi vous a-t-on encloué,
O Rédempteur ?
. . . .

— C'est pour toi, pécheur.
Qu'on m'a crucifié.
. . . .
. . . .
C'est pour toi que de chaînes
On m'a lié,
Et qu'à de cruels supplices
On m'a condamné.
. . . .

— Pourquoi sur le balcon
Pilate vous donna-t-il en spectacle ?
Vos membres déchirés
L'emplissent de pitié.
Les rochers seraient émus !

Mais l'homme est plus dur ;
Il rit ! . . . .
. . . .

— C'est pour toi que Pierre
Lâchement m'a renié,
Et que Judas
Traîtreusement m'a livré ;
C'est pour toi qu'au visage
Malcus m'a frappé ;
. . . .
Pour toi, qu'on m'a dépouillé
De mes vêtements ;
Pour toi, qu'à une colonne
On m'a lié.
. . . .
—Pourquoi d'un gibet
Vous a-t-on chargé ?
Pourquoi avec des larrons
Vous a-t-on crucifié,
Encloué ?
. . . .
Pourquoi de cruels soldats,
De fiel et de vinaigre,
Vous ont-ils abreuvé ?
Et pourquoi dans les larmes
Votre mère reste-t-elle plongée ?
. . . .

— C'est pour toi que d'épines
On a couronné ma tête.
. . . .
C'est pour toi que souffrant,
Je portai ma croix
Et qu'à terre je tombai.
. . . .
C'est pour toi qu'au bruit des trompettes.
Parmi les soldats agités
Et les rochers émus,
Je fus exécuté.

Ma mère me suivait,
Pleine d'anxiété.
Sur toutes les pierres
Elle voyait des gouttes de mon sang.
Et quand elle entendit
Une forte clameur,
Une effroyable douleur
Dans son âme passa.

— Et pourquoi, inclinant
La tête, vous vit-on mourir?
. . . .
Et pourquoi, pleine de trouble,
Vit-on la terre trembler?
Et pourquoi
Le soleil s'éclipser?
. . . .

— C'est pour toi, pécheur,
Que mes membres ont été frappés ;
C'est pour toi que mes bras sanglants
S'ouvrent avec amour.
. . . .
C'est pour toi, pécheur,
Qu'on m'a crucifié (1).

Il est périlleux pour la poésie de toucher à l'Évangile. Les scènes évangéliques ont tant de grandeur dans leur simplicité, elles sont gravées dans les cœurs en caractères si lumineux et si profonds, que l'imagination ne peut que les gâter en cherchant à les embellir. L'humanité aime qu'on respecte les types qui sont consacrés pour elle par des traditions deux fois millénaires, et devant lesquels les siècles se sont succédé à genoux. Mais quand le génie lui-même ne s'approche qu'en

---

(1) Spano. *Canzoni sacre*, XXXV. p. 149.

tremblant de ces sujets divins, qui le dépassent de toute la distance du ciel à la terre, la poésie populaire peut se montrer plus hardie parce que le succès lui est plus facile. En effet, au lieu de se poser en rivale, elle n'aspire qu'à être une naïve interprète. Au lieu de lutter avec le récit sacré, elle vient timidement à la suite. Comme la plante légère qui s'enroule autour d'une colonne de marbre et l'orne sans la cacher, elle respecte la grandeur des scènes qu'elle retrace, et sans les altérer dans leur essence, elle nous les montre avec la couleur qu'elles prennent dans les imaginations populaires et avec l'impression qu'elles y laissent.

Cette simplicité parfois pleine d'éloquence ne fait point défaut dans les chants religieux de la Sardaigne. Elle m'a surtout frappé dans un chant sur la Passion du Christ en dialecte ploaghese, qui sort du cadre étroit du cantique pour prendre les dimensions d'un petit poëme. La Vierge qui s'abandonne à ses larmes et qui succombe à sa douleur; le Christ qui, dans la solitude du Jardin des Oliviers, éprouve je ne sais quel regret du sacrifice bientôt étouffé par la conscience de sa divine mission, et qui, dépouillant de plus en plus son humanité à l'approche de la mort, reprend toute sa sérénité en face de l'abandon des siens, des cris et des cruautés du peuple; Pilate, qui a la volonté mais qui n'a pas le courage d'être juste, et qui, après avoir longtemps résisté à de sanguinaires exigences, finit par y céder; la joie sinistre d'Hérode, l'acharnement de la multitude à poursuivre la victime désignée par les prêtres; cette croix qui s'élève au milieu des outrages et qui demain va réunir toutes les adorations; ces bras qui s'ouvrent pour souffrir et qui s'ouvriront demain pour consoler; ces plaies sanglantes, que toutes les générations couvriront de leurs baisers pour s'aider à vivre et pour apprendre à mourir; les femmes, plus fidèles et plus fermes dans le dévouement, et qui restent près de la victime quand les disciples s'éloignent; toutes ces scènes se déroulent sans effort et non sans grandeur dans une suite de tableaux en grisaille, où rien n'est en saillie, où tout se fond dans un ensemble harmonieux (1).

Mais, je dois le dire, ces heureuses inspirations sont rares. A côté des chants peu nombreux dans lesquels circule une puissante sève poétique, combien d'autres sont pâles, décolorés, sans caractère! Que de cantiques en l'honneur de la Vierge et des saints, à peine dignes de ceux qu'on fait chanter aux jeunes paysannes dans les églises de nos villages! Que de complaintes dont le style plat est à peine relevé de loin en loin par quelque grande image biblique! Le plus souvent on cherche en vain dans les chants religieux de la Sardaigne ces grandes pensées qui élèvent le cœur, ces émotions puissantes qui le remuent, ces tableaux saisissants qui, en rappelant à l'homme les analogies du monde moral et du monde matériel, le plongent dans des rêveries

---

(1) Il est fâcheux que ce petit poëme, dont je ne veux pas exagérer le mérite, soit gâté vers la fin par un trop long discours qu'adresse la Vierge à son fils, après la descente de la croix.

fécondes et l'éclairent sur sa destinée et sur lui-même. Et pourtant il n'est pas un de ces chants, même les plus communs, qui n'emprunte parfois aux circonstances une vraie grandeur. Lorsque, dans une humble chapelle, aux jours de fête, un chœur de femmes émues les dit aux pieds de la Madone, ils se transforment dans leur bouche et deviennent comme la musique sacrée qui accompagne leur âme dans ses pieux élans. Lorsque, dans les processions, des milliers de paysans les entonnent à la fois, ils ne sont plus qu'un grand cri de la terre vers le ciel, et l'union de tant de pensées dans une même pensée, la splendeur du cadre où la scène se passe leur donnent toute la poésie qui leur manque.

Poétiques ou non, ces pieux cantiques ne sont pas sans utilité morale dans un pays où peu savent lire, où il n'y a pas de livres, et où maint village n'a encore ni église, ni prêtre, ni instituteur. Ils parlent au pauvre peuple de religion, de Dieu, du ciel, et ils élèvent son âme en l'arrachant, ne fût-ce que pour un instant, aux soucis vulgaires de la vie. Considérés en eux-mêmes, leur plus grand mérite, quand il n'est pas le seul, est leur naïveté, naïveté souvent intraduisible, car elle est autant dans les mots que dans les pensées. Ils ne sont pas un récitatif incompris, psalmodié avec indifférence; ils sont vivants. Ils font penser à ces Madones du vieux Bellini (1) qui, sous des contours un peu raides,

---

(1) Les Tableaux de Bellini qui sont à Venise; première manière.

ont souvent une expression si suave et qui, sous la lourdeur de leurs ornements dorés, conservent tant de charme délicat. Ils tranchent vivement sur le caractère de l'art religieux en Sardaigne, et la raison en est simple. L'art, en Sardaigne, est un art officiel. Il a été tour à tour pisan, génois, espagnol. La poésie populaire, comme le peuple, est restée en dehors de ces influences étrangères. Parmi les églises sardes, celles qui sont anciennes (1) se distinguent par cette sobriété de détails, cette pureté de lignes, cette élégance austère, mais non sans grâce, qui caractérise l'architecture italienne au moyen âge. Celles qui sont postérieures à la renaissance, ont cette somptuosité un peu lourde, cette majesté vide, cette ornementation prétentieuse qui est le type de l'art jésuite, et dont les défauts sont plus accusés en Espagne qu'ailleurs. De grands tombeaux qui montent jusqu'au faîte et usurpent dans le sanctuaire la place de Dieu, de petits anges bouffis et maniérés, l'absence de génie mal dissimulée sous la richesse des ornements, les colonnes, les statues, les tableaux disparaissant à demi sous les étoffes de couleur éclatante, les châsses couvertes de diamants, les autels, les pavés en marbre rare, des saints fiers comme de vaillants hidalgos, la moustache retroussée et la lame de Tolède au côté (2); tout prêts à adresser à la Madone un galant madrigal, voilà ce qu'on y trouve. Il n'y a rien de semblable dans les chants religieux. Ils n'ont ni cette

(1) Il y a très-peu d'églises remarquables en Sardaigne.
(2) Saint-Ephise à Cagliari.

grâce sévère ni cette coquetterie guindée. Ils sont presque toujours simples, d'une simplicité qui atteint quelquefois à la grandeur, qui trop souvent touche à la banalité. Ils sont l'expression fidèle des sentiments, des idées, du caractère du peuple.

Ce peuple inculte, passionné, dominé par son imagination, aime à s'enivrer de l'éclat des lumières, du parfum de l'encens, des bruits de la musique. Il se prosterne avec bonheur devant les somptueux reliquaires et les autels d'argent, et cherche avidement parmi les pompes du culte, à satisfaire son sensualisme dévot. L'exaltation peut produire chez lui des prodiges de renoncement ; mais il a de bons instincts plutôt que des vertus, et le plus souvent il accorde sans difficulté les ardeurs des passions avec celles de la foi, d'autant plus prompt au repentir qu'il a été plus facile au péché. La religion est pour lui une satisfaction du cœur plutôt qu'une règle, et le culte un plaisir moral plutôt qu'un symbole. Entrez un jour de fête dans une église sarde, et regardez ces pâtres au profil un peu dur, aux longs cheveux noirs, ces belles jeunes femmes portant leur enfant dans les bras avec des têtes et des poses de Madone. Ils mettent toute leur âme dans leur chant et se livrent tout entiers à la poésie, heureux de se laisser emporter sur ses ailes. C'est une transfiguration rapide et passagère, mais réelle. Vous rappelez-vous cette *Assomption* de la jeunesse de Raphaël qui est au Vatican ? La Vierge monte dans les nuées au milieu des disciples frappés d'étonnement, et le tombeau vide dont elle vient de s'élancer s'emplit des fleurs les plus éclatantes et les plus variées. A l'heure des saints ravissements vers le ciel, les chants religieux laissent aussi dans les âmes simples dont ils s'échappent, toute une floraison de grandes pensées et de nobles aspirations.

II

Autant les chants religieux sont nombreux, autant les chants historiques sont rares en Sardaigne. Cette rareté tient à deux causes : aux tendances de la race et aux destinées du pays.

Nulle part, en Italie, le caractère épique ne domine dans la poésie populaire. On trouve, il est vrai, dans les campagnes romaines, quelques petites épopées. Cette terre, couverte de monuments, de ruines, de souvenirs, a été trop longtemps le centre du monde, et a conservé trop de traces de sa grandeur passée, pour ne pas donner naissance à des traditions merveilleuses, et les événements historiques s'y sont transformés plus d'une fois en récits légendaires. Mais rien de semblable ne s'est produit dans le reste de l'Italie. L'imagination populaire y a rarement créé d'épopée. Elle s'est contentée d'adopter la *Gerusalemme* et l'*Orlando*. Dans les campagnes de la Toscane, les paysans découpent ces poëmes pour en faire des drames. A Venise, les bateliers les chantent en conduisant leurs gondoles. A Naples, les pêcheurs et les lazzaroni en savent par cœur des chants entiers, et souvent dans les villages et dans les ports, la foule avide se rassemble autour du rapsode ambulant qui en récite les plus brillants épisodes. Cette popularité est d'autant plus remarquable que le patriotisme n'y est pour rien. Car, ni l'Arioste ni le Tasse n'ont pris leur sujet dans l'histoire nationale. Mais elle prouve l'impuissance épique du génie populaire en Italie. Le peuple n'eût pas emprunté d'épopée s'il eût été capable d'en créer une.

La Sardaigne, dans l'isolement où elle a vécu, est restée trop complétement étrangère au développement intellectuel de l'Italie pour en adopter les créations littéraires, et si le caractère de son génie l'eût rendue capable de tirer une épopée de son propre fond, elle n'en aurait pas trouvé chez elle la matière. Les grands événements qui ont remué le reste du monde ont eu à peine un retentissement dans ses destinées, et les révolutions qui l'ont agitée ont été trop petites ou vues de trop près pour devenir épiques à ses yeux. Elle a lutté une fois avec le plus généreux et le plus unanime élan contre les Sarrasins. Mais au moment où le souvenir de cette lutte héroïque aurait été assez lointain pour avoir fermenté dans les imaginations populaires, et être devenu légendaire, elle ne s'appartenait déjà plus. N'étant plus indépendante, elle ne pouvait songer à chanter le triomphe de son indépendance. N'étant plus une nation, elle ne pouvait plus avoir d'épopée nationale..

Les autres révolutions qu'elle a traversées ne l'ont pas inspirée davantage. Lorsqu'elle fut envahie par les Espagnols, on n'entendit pas chez elle ces longs cris de guerre qui sont comme le frémissement sacré d'un peuple et le sinistre avant-coureur des chocs sanglants. La conquête espagnole ne fut qu'un changement de gouvernement, la substitution des barons aragonais aux barons et aux propriétaires italiens. Elle n'amena pas l'établissement d'une race nouvelle en Sardaigne, et le peuple qui changeait de maîtres, sans changer beaucoup de situation, ne ressentit pas ces haines terribles qui s'allument au contact de deux nationalités, qui s'enveniment avec le temps, et qui éclatent en cris de vengeance et en chants inspirés. La guerre ne remua pas assez profondément les passions populaires pour faire naître dans le peuple des héros et des poëtes.

Je ne connais en Sardaigne que deux chants historiques. Tous les deux sont récents. L'un date de 1848. C'était le moment où l'Italie se soulevait contre l'Autriche, et où, animée par ses premiers succès, toute remplie d'espérances, elle marchait au combat suprême qui devait décider de ses destinées. De toutes parts les volontaires accouraient. Les Sardes ne firent pas défaut au rendez-vous ; ils partirent pleins de foi, décidés d'avance à tous les sacrifices, heureux d'affirmer la patrie par leur mort, s'ils ne pouvaient la sauver par la victoire.

> Marchons, courons, au secours
> De notre mère l'Italie.
>
> . . . .
>
> Groupons nos forces,
> Unissons nos esprits et nos cœurs.
>   Allons chasser
> Les barbares cruels
> Qui sont en Lombardie.
> Ne perdons pas un instant !

Volons à la guerre
  Comme de vieux libéraux.
Faisons voir ce que vaut
  Notre courage.
Il n'y a plus à hésiter :
Ou la mort ou la liberté !

La patrie nous appelle
  Au secours,
Contre le monstre fatal
Qui plus que jamais l'accable.
Elle nous crie d'une voix expirante :
« Ne me laissez pas périr !

« Le monstre prépare un cruel massacre
« De tous ceux qui me sont chers.
« Il menace de dépouiller les autels,
« De saccager les maisons.
. . . .
« Il ne me laisse que les yeux pour pleurer. »

Courons, attaquons le monstre.
D'une force plus qu'humaine
Arrachons à l'aigle
Ses serres rapaces.
Tranchons ces deux têtes
Dont il est si fier.

Que toute la famille s'unisse !
  L'heure est venue.
Fondons comme un seul homme
Sur ces hordes barbares.
Nous avons devant nous
  L'exemple de la Sicile ;

Insulaires, nous aussi,
  Et non moins valeureux,
    Nous ferons voir
  Que pour notre mère, mille fois,
Nous savons braver la mort.
. . . .

Courons sous le drapeau
Aux trois couleurs.
La patrie nous attend.

. . . .

Courons, car l'aigle cruelle
Se prépare à l'anéantir.

Entendons-nous une fois.
Agissons ensemble.
Le moment est propice.

. . . .
. . . .

Allons mourir
Au champ d'honneur.
L'Histoire ne doit pas dire
Que nous fûmes des lâches;
Nous attendrons la couronne
Dont elle ornera nos fronts.

Unissons-nous, courons aux armes;
La victoire ou une mort glorieuse!
Voilà notre but, notre devise!
Faisons sonner l'appel,
Il est l'heure de partir (1)!

Certes, ce chant est d'un soldat, il est plein de vigueur et d'impétuosité. Il a la sérénité virile et les élans patriotiques du brave qui va risquer sa vie pour une cause sacrée. Mais vous y chercheriez en vain l'amour de la guerre pour la guerre, l'ivresse du combat. Ce sentiment est tout germanique. Il animait déjà les vieux Teutons indisciplinés qui vinrent, avec leurs femmes, se ruer, pour y périr, contre les légions de Marius; il éclate avec une énergie terrible dans les *Niebe-*

---

(1) *Poesie Tempicsi*, pag. 256.

lungen, et, de nos jours, on l'a vu reparaître dans les strophes ardentes de Kœrner, lorsqu'il conviait l'Allemagne à la « chasse sauvage (1) » lorsqu'il promettait à son épée, « cette chère fiancée, » un bouquet de « roses sanglantes, » lorsqu'il frémissait de rage de ne pouvoir se jeter dans la mêlée pour y mourir. Cette folie de l'épée, cet enthousiasme de la guerre qui va jusqu'à l'enivrement, jusqu'à la soif du sang, jusqu'au déchaînement des instincts féroces, les races latines ne le connaissent pas.

Le second chant historique de la Sardaigne est de la fin du dernier siècle. C'est un chant de guerre contre la féodalité. Il ne bat pas la charge comme *la Marseillaise*. Il n'éclate pas comme le son des clairons dans la mêlée pour pousser les soldats à l'assaut. Il n'annonce pas la victoire comme une fanfare joyeuse. Il n'est ni impétueux comme le combat, ni fier comme le triomphe. C'est à la fois une satire et un plaidoyer. Les paysans sardes gémissent depuis longtemps sous le poids du ré-

---

(1)   Das ist Lützow's wilde verwegene Jagd.
   (Th. Kœrner's *sœmmtliche Werke*, 4 vol. Berlin, 1863. T. I, p. 90).

      . . . . . . Trage mich
    Zum lust'gem Schwertentanz.
                   (*Ibid.*, page 86).

Ja gutes Schwert, frei bin ich
Und liebe dich herzinnig
Als wærst du mir getraut
Als eine liebe Braut.
                   (*Ibid.*, pag. 101).

O schœner Liebesgarten
Voll Rœslein blutigroth
Und aufgeblüthem Tod.
                   (*Ibid.*, pag. 102).

gime féodal, mais ils ont encore le respect du seigneur. Ils aspirent à devenir libres; mais l'habitude les lie à leurs vieilles chaînes. Il faut les affranchir de leurs préjugés avant de les affranchir de leurs maîtres. Il faut leur rendre la conscience de leur droit, légitimer à leurs yeux leur révolte, entraîner les timides, décider les faibles, les pousser tous en avant. De là le caractère de ce chant. Comme il s'adresse à des esprits divers, il a des parties diverses. Il mêle la raison à la colère et l'ironie à la passion. Il fait appel à la force en même temps qu'à la justice, et de loin en loin il pousse un sourd rugissement, il laisse échapper un âpre cri de vengeance. Les femmes le chantent à la veillée, les prêtres le commentent dans leurs chaires, et la guerre éclate ardente et impétueuse mais trop prématurée pour avoir un résultat décisif.

> Songez à modérer
> Barons, votre tyrannie;
> Car sinon, sur ma vie,
> Vous croulerez à terre.
> Déjà, contre votre prépotence,
> La guerre est déclarée,
> Et la patience du peuple
> Commence à se lasser.

> Voyez : contre vous
> L'incendie s'allume.
> Et ce n'est point un jeu;
> La rébellion est sérieuse.
> L'air est plein de menaces
> Et de tempêtes.
> O gens mal avisés
> Écoutez ma voix.

Ne pressez pas de l'éperon
Votre pauvre monture,
Sinon à moitié route
Elle se cabrera de colère.
Elle est maigre, elle est fatiguée,
Elle n'en peut plus;
A bout d'efforts elle finira
Par jeter bas son cavalier.

Le peuple qui dans une léthargie
Profonde était enseveli,
   Enfin s'éveille.
Il sent ses chaînes,
Il comprend qu'il porte la peine
De son antique apathie.
La féodalité n'est-elle pas contraire
   A toute justice?

Comme si c'était une vigne,
Une terre, un clos,
On a vendu les villages,
   On les a donnés.
Comme un troupeau,
Hommes et femmes
Ont été vendus, eux et leur postérité!

Pour quelques mille lires,
Et quelquefois pour rien,
On a condamné à un esclavage éternel
Des populations entières,
Et des milliers de personnes
Ont été faites serves d'un tyran!
Pauvre genre humain!
Pauvre race sarde!

Dix ou douze familles
Se sont divisé la Sardaigne.
Par des voies indignes,
Elles se la sont appropriée.
Mais ce partage des villages
Est une injustice antique

Que le temps présent
   Peut réparer.

Le Sarde naît sujet
A mille *commandements* (1);
Il doit à son seigneur
Et bétail et travail.
Il paie en argent, il paie en nature,
Il paie pour la pâture,
Il paie pour la semaille.

Pourtant, bien avant les fiefs,
Les villages existaient
Et les villages étaient maîtres
Et des bois et des terres.
Comment en vos mains, Barons,
Ces domaines sont-ils passés?
Celui qui vous les a donnés
N'en avait pas le droit!

On ne peut croire
Que volontairement
Une nation entière
Se soit soumise à ce régime inique.
C'est sur un titre illégitime
Que la féodalité repose
Et de le contester
Les villages ont raison.

Les taxes que vous exigiez,
Dans le principe étaient limitées;
Depuis, elles sont allées
Chaque jour en augmentant,
A mesure que votre luxe
   Croissait,
A mesure que dans vos dépenses
Vous cessiez d'être modérés.

 le mot féodal en Sardaigne.

Il ne sert à rien d'alléguer
Votre antique possession.
C'est en les menaçant de la prison,
C'est par des châtiments et des peines,
C'est avec des chaînes et des cordes,
Que vous avez forcé
Les pauvres habitants
A payer d'exorbitants impôts.

Si, au moins, ces impôts vous les employiez
A faire bonne justice ;
Si des bandits de vos districts
Vous punissiez les forfaits,
Si les honnêtes gens, au moins,
Pouvaient aller, venir,
En toute sécurité par les chemins !

Assurer aux citoyens
La sécurité et le repos
Sous l'empire de la loi,
Voilà l'unique but
De toutes les taxes.
Ce but, votre avarice
Ne permet pas qu'on l'atteigne.
Car vous ne songez
Qu'à économiser sur la justice.

Pour officier (1),
Vous prenez le premier venu.
Qu'il fasse bien, qu'il fasse mal,
Pourvu qu'il ne demande salaire,
Procureur ou notaire,
Valet de chambre ou laquais,
Jouvenceau ou barbon,
C'est toujours assez bon pour juger !

Il suffit que le juge se prête
A grossir la rente

---

(1) Officier de justice, tel était le titre.

Et qu'il sache remplir
  La bourse du seigneur;
Il suffit qu'il aide le *fattore* (1)
  A faire promptement rentrer l'impôt
    Et qu'il sache exécuter
      Les récalcitrants.

. . . .
. . . .

O seigneurs, songez
Que si vous avez des vassaux
Ce n'est pas seulement pour les écorcher,
Ce n'est pas seulement pour vous enrichir!

Pour défendre votre patrimoine, votre vie,
  Le vilain,
Les armes en main
Est obligé de veiller nuit et jour.
  S'il doit en être ainsi,
Pourquoi de si forts tributs?
Si le sujet n'en tire aucun fruit
  Il est fou de payer.

  Si le baron
Ne tient pas ses engagements,
  De ton côté, vassal,
Tu n'es tenu à rien.
Les droits qu'il a levés sur toi
Pendant tant d'années,
C'est de l'argent volé
Qu'il te doit rendre!

L'impôt, à quoi sert-il?
A entretenir des maîtresses,
Des carrosses, des livrées,
Des serviteurs inutiles,
A nourrir le vice,
A jouer à la Bassette

. . . .
. . . .

mdant.

On paie l'impôt pour que le seigneur
Ait toujours vingt plats sur sa table,
Pour que la marquise
Puisse toujours aller en chaise.
La pauvrette ! ses souliers trop étroits
    La blesseraient ;
Les pierres sont trop pointues,
Elle ne saurait marcher.

Pour porter une lettre,
Le misérable vassal
Doit faire des journées de chemin,
A pied, sans être payé,
    A demi vêtu,
Exposé à toute l'inclémence des saisons ;
Et il faut qu'il endure patiemment,
Il faut qu'il se taise !

. . . .
. . . .
. . . .

Pauvres habitants des villages,
    Travaillez, travaillez,
Pour entretenir à la ville
De fins chevaux d'écurie.
A vous on laisse la paille ;
Eux mangent le grain,
Et du soir au matin
N'ont qu'une chose à faire : engraisser.

    Le seigneur,
A onze heures se lève,
Va du lit à table,
De la table au jeu ;
Puis, pour se distraire,
    Fait l'amour ;
Et quand la nuit commence,
Court au théâtre, au bal, aux réunions joyeu

Que la vie du vassal
    Est différente !

Dès avant l'aurore
    Il est aux champs ;
Le vent, la neige dans la montagne,
Dans la plaine un soleil ardent ;
Pauvre homme, comment
    Peux-tu résister?

Avec la pioche et la charrue,
Il travaille tout le jour.
    A midi, il dîne
D'une croûte de pain.
Le chien du baron
Est mieux nourri.
. . . .
. . . .

Feudataire perfide,
Dans ton intérêt privé,
    Des Piémontais
Tu te déclares le protecteur.
    Avec eux tu t'entends
        Facilement ;
Pendant qu'ils dévorent les villes,
    Toi tu dévores les villages.

    Pour les Piémontais,
La Sardaigne a été une Cocagne.
Ce que l'Espagne a trouvé aux Indes,
    Ils l'ont trouvé ici.
Le moindre d'entr'eux
Ouvre-t-il la bouche,
    Peuple et chevaliers
    Se doivent humilier.

De cette terre de Sardaigne,
Ils ont tiré des millions ;
Ils sont arrivés sans culottes
Et s'en vont galonnés.
. . . .
Maudit soit le lieu
D'où sort une telle race!

Ils ont contracté ici
D'avantageux mariages.
Pour eux sont les emplois,
Pour eux sont les honneurs,
Pour eux les plus hautes dignités
De l'Église, de la robe, de l'épée.
    Au Sarde il reste
Une corde pour se pendre !

Les ignorants qu'on veut punir,
    On nous les envoie
Avec appointements et pension.
En Russie de telles gens
Se relèguent en Sibérie,
Mais pour y mourir de misère,
Non pour gouverner.

Cependant dans notre île
Un nombreux essaim de jeunes gens,
Pleins de courage et de talent,
Se consument dans le repos.
    Si l'un d'eux est employé,
      C'est le plus sot ;
Car les maîtres trouvent profit
A traiter avec les aveugles.

Si quelqu'emploi subalterne
A un Sarde est confié,
La moitié de son salaire
Passe en cadeaux ;
Il faut qu'il envoie à Turin
Des chevaux de race,
Des caisses de canonico
Et de malvoisie.

Attirer en Piémont
Et notre argent et notre or
Telle est de nos maîtres
    La maxime première.
Que le royaume aille bien ou mal,

Peu leur importe !
Ils croiraient dangereux
　De le laisser prospérer.

Notre île a été ruinée
Par cette race de bâtards.
Ils nous ont enlevé
Nos priviléges de citoyens sardes ;
Ils ont pris dans nos archives
Nos chartes les plus précieuses
Et comme de vieilles paperasses
Ils les ont fait brûler.

De ce fléau, Dieu
Nous a en partie délivrés ;
Le Sarde a chassé
Cet ennemi qui le ruinait.
Mais toi, tu es son ami,
Indigne baron sarde
Et tu songes à le faire revenir.

　Sans pudeur
Tu prêches pour le Piémont.
　Traître qui portes au front
La marque de ta trahison !
Tes filles aiment tant à faire
Honneur aux étrangers !
　A qui n'est pas Sarde,
　Elles se livrent si volontiers !

Si par hasard tu vas à Turin,
　Il faut que tu baises
Au ministre le pied
Et à d'autres... tu m'entends.
Pour obtenir ce que tu désires
　Tu vends ta patrie,
Et peut-être t'efforces-tu
De discréditer les Sardes.

Tu épuises ta bourse,

Mais au retour tu rapportes
Une palme sur la poitrine,
Une clef sur le dos.
Pour faire ton chemin à la cour
Tu as ruiné ta maison,
Et tu as gagné le titre
De traître et d'espion.

   Le ciel ne permet pas
Que le mal triomphe éternellement
. . . .
. . . .
Le système féodal
Ne peut durer longtemps.
Il faut que cette vente des peuples,
Pour de l'argent, ait un terme.

L'homme, depuis si longtemps,
Trompé et dégradé
   Semble vouloir
Remonter à son rang.
L'humanité veut
Reprendre son antique dignité.
   Sardes, réveillez-vous,
Suivez votre guide!

Voici l'heure, peuple
De renverser les vieux abus.
A bas les coutumes iniques!
Guerre, guerre à l'égoïsme.
Guerre aux oppresseurs.
Voici l'heure de châtier
Ces petits tyrans qui vous opprimen.

Sinon, quelque jour,
Vous vous mordrez les doigts.
Maintenant le fil est ourdi
C'est à vous de le tisser.
Prenez garde que vos regrets
Ne viennent trop tard.

Quand le vent souffle
Il faut vanner (1).

Ce poëme n'a pas été écrit dans le tumulte du bivouac, à la veille d'une bataille, par une main blessée, sur un vieux tambour. C'est le pamphlet d'une jaquerie, c'est le manifeste d'une insurrection plutôt qu'un chant de guerre. Ce n'est pas un hymne comme ceux de Tyrtée, un chant d'attaque ou de victoire, comme ceux des Suisses dans leur lutte contre Charles le Téméraire (2). On devine en le lisant que c'est l'œuvre d'un homme de loi; il argumente plutôt qu'il ne s'emporte, et ce n'est que lorsqu'il a épuisé la raison qu'il s'adresse au cœur, à la colère du peuple, qu'il fait appel à son patriotisme, qu'il le stimule au nom de sa misère.

---

(1) Il n'est pas nécessaire pour qu'une poésie soit populaire qu'elle soit anonyme. Il faut seulement qu'elle soit adoptée par le peuple, et qu'au lieu d'exprimer un sentiment individuel, elle exprime un sentiment général, une émotion nationale. Le chant que nous venons de traduire est de Manno. Je n'en connais qu'un texte, celui qui est dans Tyndall, *The island of Sardinia*, 3 vol. 1849, London.

(2) Voyez dans la *Revue des Deux-Mondes* de 1836 les Chants populaires de la Suisse, du Danemark et de la Hollande.

III

Si les chants guerriers et les chants religieux ont presque toujours un caractère public, les autres chants populaires de la Sardaigne ne sortent guère au contraire du cercle des occupations domestiques et des affections intimes. Ils sont comme l'accompagnement joyeux ou familier des plaisirs, des travaux, des peines de la vie.

Les fêtes champêtres sont fréquentes. La moisson, la vendange, une naissance, un mariage, une foire, tout est occasion de se réunir, de se réjouir, de chanter pour ce peuple simple, ardent, habile à profiter de l'heure présente. Chaque dimanche, au sortir de la messe, on danse sur la place du village. Paysans et paysannes, dans leurs plus beaux atours, se prennent par la main et improvisent un *ballu tundu*. S'ils n'ont pas de musicien, ce qui arrive souvent, l'un d'eux entre dans le cercle et dirige la danse par son chant, tandis que quatre ou cinq de ses compagnons, serrés l'un contre l'autre et la main sur l'épaule, l'accompagnent à voix basse. Aux danses succèdent souvent les chants récités au son de la guitare ou improvisés. Deux bergers se rencontrent, habiles joûteurs dans les luttes poëtiques. On se groupe autour d'eux et ils préludent par des dialogues, dans lesquels ils se proposent de difficiles énigmes et se renvoient comme une balle sonore, soit la même finale de vers, soit la même idée habilement retournée. Puis leur verve s'échauffant et de nouveaux acteurs entrant en lice, ils abordent de plus vastes sujets. C'est, comme dans Virgile, Galatée qui fuit vers les saules, désireuse d'être vue. Ce sont les doux propos qu'on lui a dits en la saison des roses et que les vents ont portés à l'oreille des dieux (1). C'est le mauvais œil qui fait périr les jeunes agneaux (2). Ce sont les plaisirs de la chasse et les prouesses des chevaux rapides. Les uns peignent les charmes de la vie errante parmi les splendeurs d'une belle nature, les autres les ceps chargés de raisins, ou les blés se courbant sous les caresses du vent, ou les refus cruels de celle qu'ils adorent (3). Et peut-être s'en trouve-t-il aujourd'hui qui, enflammés par le spectacle de la révolution italienne, et faisant succéder dans leur cœur l'image de la patrie à la douce image qui jusqu'alors les avait seule occupés (4), répètent comme un écho ce cri qu'un de leurs ancêtres faisait entendre il y a dix-huit siècles :

(1) O quoties, et quæ nobis Galatea locuta est !
Partem aliquam venti divum referatis ad aures.
(VIRGIL., *Eclog.* III.)

(2) Nescio quis teneros oculus mihi fascinat agnos?
(VIRGIL., *Eclog.* III.)

(3) Un' idolu adoresi
Unu marmaru amesi
Etc.
(MADAU.)

(4) Namque fatebor enim, dum me Galatea tenebat
Nec spes libertatis erat. . . . .
(VIRGIL., *Eclog.* I.)

« Allons, allons à Rome chercher la liberté (1) ! »

Les applaudissements des spectateurs sont le prix de la lutte, comme autrefois ces coupes de bois sculpté où l'acanthe s'enroulait mollement, où le lierre mariait ses feuilles à celles de la vigne (2). Mais, s'ils sont la récompense, ils ne sont pas la condition nécessaire de l'inspiration. Et plus d'une fois, dans le Logudoro, au milieu des campagnes solitaires, un de ces poëtes rustiques, s'accompagnant avec le chalumeau qui a gardé le doux nom latin d'*aena*, a confié à l'un de ses compagnons ou aux échos des forêts les beautés de sa maîtresse (3). Plus souvent encore, la nuit, caché dans l'ombre et connu d'elle seule, il a chanté pour elle. Car, les nobles señoras n'ont pas le privilége des séré-

---

(1) Mœl.
    Et quæ tanta fuit Romam tibi causa videndi ?
Tityr.
    Libertas !
            (Virgil., *Eclog*. I.)

(2)   . . . . . Pocula ponam. . . .
  Lenta quibus torno facili superaddita vitis
  Diffusos hedera vestit pallente Corymbos,
  . . . .
  Et molli circùm est ansas amplexus acantho.
            (Virgil., *Eclog*. III.)

(3)   Formosam resonare doces Amarillyda silvas,
  Sylvestremque tenui musam meditaris *avena*.
            (Virgil. *Eclog*. 1).
(Dans le Logudoro, le chalumeau s'appelle *aena* ou *ena*).
  Compulerant que greges Corydon et Tyrcis in unum
  Ambo florentes ætatibus, arcades ambo
  Et cantare pares et respondere parati.
            (Virgil., *Eclog*. VII).

nades. Ce n'est pas seulement dans les villes que les galants viennent à l'heure de Roméo et de Juliette, soupirer sous le balcon de leurs belles et échanger avec elles, à défaut d'un regard, un mot, une fleur, une promesse. Le filles de pêcheurs et les contadines ont aussi leurs soupirants, leurs rendez-vous et leurs chantres, et plus d'une, à son humble fenêtre, par un rayon de lune, entend résonner à son oreille de tendres accents :

 Si tu dors encore,
Plongée en des songes riants,
  A ce chant,
  Réveille-toi,
Réveille-toi à ma voix.

O ma belle fleur épanouie,
Écoute la chanson
Que je suis venu te dire.
En compagnie de l'amour,
Audacieusement je suis venu
T'éveiller cette nuit.
A mon chant réveille-toi,
O vierge si belle et si gracieuse,
O vierge si belle et si gracieuse.

Un instant de répit, ô sommeil !
Maintenant qu'amour est ici,
Ne la laisse point se rendormir.
Elle a déjà dormi assez.
 Laisse-la écouter
  Ma voix.
O joie ! ô bonheur !
A ma voix réveille-toi !
A ma voix réveille-toi !

 O vierge rare,
Plus pure que l'or,

Écoute-moi.
Le chant que disent mes lèvres,
C'est mon cœur qui l'inspire.
Tu me crois ; j'en suis certain.
Écoute avec joie
Mon chant, ma voix,
Mon chant, ma voix.

Pensées de son âme
Laissez-la m'écouter,
Ne la troublez pas.
De tout soin,
De tout souci
Délivrez-la.
O vierge, si tu dors,
A mon chant réveille-toi,
A mon chant réveille-toi.

Adieu, belle aurore,
Repose heureuse
Et pardonne un fâcheux.
Sommeil, si tu veux
Encore la bercer
Prends-la dans tes bras,
J'ai assez chanté.
Adieu, belle aurore,
Et pardonne un fâcheux
Et pardonne un fâcheux (1).

st pas de nuit où, sans souci des dormeurs, de
les sérénades n'éclatent dans les rues des vil-
t des villes, ardentes comme le désir, trem-
comme l'incertitude, confiantes comme le bon-
ent fois je les ai maudites. La musique m'en
t monotone et criarde, et je n'entendais pas les
Je n'étais pas amoureux. Pour les amoureux,

10. *Canzoni profane*, LXXI, 270.

elles sont pleines d'une harmonie enchanteresse; car elles ne sont que l'écho du poëme qu'ils portent dans leur cœur (1). Et les jeunes signorine qui, au théâtre, écoutent Rossini d'une oreille indifférente et distraite, souvent se pâment à les entendre. Sous le son brutal ou vulgaire de la cornemuse ou de la guitare, elles ne distinguent que la voix de leur amant, et toutes palpitantes, elles paraissent à leur balcon pour lui faire un signe, pour encourager d'un baiser ses espérances. Ah ! les belles nuits, fussent-elles sans étoiles; et comme on les envie, ces heureux, lorsqu'on passe solitaire auprès d'eux, pour aller retrouver à l'auberge sa chambre triste et nue. Ils croient, ils se confient; ils n'ont pas encore entendu parmi leurs illusions le ricanement amer de la destinée.

De plus sérieuses préoccupations ont parfois leur écho dans les chansons. La question de la propriété, qui divise tant d'esprits dans l'île et qui est un obstacle si puissant au progrès, s'y agite à l'occasion, et les pâtres nomades de la Gallura, qui prétendent sur toutes les terres un droit de pâture et qui ont chassé par leurs violences l'agriculture de leurs districts montagneux, se montrent aussi hardis en théorie qu'en pratique :

— « Dis-moi, s'écrie l'un d'eux, dis-moi, Pierre d'Achena.... si je n'ai pas de quoi manger et que je trouve de quoi prendre, dois-je prendre ce qui est à autrui?

(1) « Il cantar che nell' anima si sente. »

« — Si tu veux m'en croire, quand tu n'as pas de quoi manger et que tu trouves de quoi prendre, tu es bien fou si tu ne prends.

« — Tes conseils sont bons : pourtant je me trouve embarrassé... Ce que j'aurai pris, serai-je tenu de le rendre ?

« — Non, tu jeûneras beaucoup pour te mettre en règle. Tu es bien sot si tu ne vois que dans la nécessité *tous les biens sont communs.* »

Il n'est pas de sujet que les vicissitudes variées de chaque destinée, ou le caprice individuel, n'introduisent dans la chanson. Un jour, ce sera quelque fils de pêcheur qui, entraîné par une vague ambition, s'est mis à courir le monde, et qui, revenant pauvre et dénué, raconte, le dimanche, après boire, à ses anciens compagnons, les misères de sa triste odyssée. Tous fêtent le hardi voyageur et s'empressent autour de lui. On est d'autant plus avide d'entendre ses récits, que la vie commune est plus exempte d'aventures. Quand chacun se contente si aisément de la fortune présente et se fatigue si peu pour l'accroître, quand l'amour, le soleil, la nature, suffisent au bonheur, quand on préfère à la richesse le repos et à l'effort la jouissance, n'est-ce pas un spectacle piquant par le contraste et satisfaisant pour l'orgueil, que celui d'un malheureux qui, de ses pérégrinations lointaines, n'a rapporté, au lieu de trésors, qu'un peu de sagesse et beaucoup de déceptions ?

J'ai cherché la fortune (1)

(1) Spano. *Canz. profane*, XIX, p. 82.

Sur terre et sur mer ;
Mais nulle part encore
Je ne l'ai pu rencontrer.
Sur une galère
J'ai parcouru les mers ;
Mais nulle part je n'ai trouvé
Une espérance de fortune.
Nulle part elle n'a
Brillé pour moi.

Je suis allé à Gênes
A Palma, à Florence et plus loin encore ;
Mais la Fortune se tient cachée.
Elle n'existe plus nulle part.
  Avec patience,
Au logis je dois rentrer.

J'ai été en Orient.
Mais je n'ai pas eu
Un seul instant
D'heureuse fortune.
. . . .
. . . .

J'ai été en Occident.
Mais là pas plus qu'ailleurs
Je n'ai trouvé la fortune.
Pour le moment,
Il ne me sert à rien
De chercher.

J'ai été en Toscane,
En Germanie, dans la Gaule,
Dans l'Italie
Florentine et pisane.
Que m'importe maintenant
D'aller ou de venir ?

 J'ai parcouru
Tout l'État-Romain et la Calabre

Mais la Fortune est prisonnière
Et foi de vrai chrétien,
Je puis jurer qu'il ne sert à rien,
 Pour la chercher,
De se mettre en quête dès le matin.

La chanson, au lieu de naître en pleine solitude ou sur la place publique, éclot parfois dans une société étroite et choisie. Figurez-vous une de ces maisons féodales restées fidèles aux idées d'autrefois. Elles sont nombreuses en Sardaigne. Car, pour la Sardaigne, autrefois, c'était hier. L'ancien régime y subsistait en 1840, et il n'y a pas cinquante ans que la loi y défendait les mariages entre nobles et bourgeois; l'égalité, si récente dans le code, n'a guère pénétré dans les mœurs. Quelques gentilshommes, au retour de la chasse, font cercle sur la terrasse de la villa, parmi les orangers en fleurs, autour d'un charmant essaim de jolies femmes. On chante, on cause, on devise. Une vraie soirée du Décaméron. L'esprit circule, et la joie, et la raillerie innocente. Une des plus jeunes filles du groupe attire surtout les regards et les propos piquants. C'est une noble signorina sur laquelle je ne sais quel manant enrichi dans le négoce et gonflé de prétentions a osé lever les yeux. Chacun la félicite et la plaisante sur sa conquête. Elle supporte patiemment d'abord le feu croisé de ces attaques. Mais enfin, piquée, elle riposte à son tour, et frémissante, effeuillant, d'une main fine et blanche, la branche d'un pauvre myrte qu'elle vient de saisir, elle dit la chanson que lui a inspirée la nuit. L'allégorie a trop de charmes pour ne pas faire pardonner un peu de vanité. Si la jeune fille était moins fière, serait-elle aussi distinguée ?

Un insolent oiseau des champs (1)
Ayant rencontré une hirondelle, lui dit :
 Salut
Aimable hirondelle,
Pardonne la liberté
Que j'ose prendre
De t'interroger.
Tu ne vis pas, comme moi,
Dans la retraite, et dans ta vie vagabonde
Tu vas tour à tour chercher fortune
Dans chaque partie du monde.

 Curieuse,
Tu visites les rivages, les vallées, les montagnes ;
 Comme le fameux Ulysse
Tu abordes aux plages les plus lointaines,
 Toujours errante
De terre en terre et de mer en mer,
Disputant au vent
Tes ailes infatigables,
 Avide de connaître
Les lois et les mœurs de chaque peuple.

Pour moi, j'ai encore peu couru,
Je ne me suis pas risqué
A mettre le pied hors du nid,
Je ne me suis guère soucié de voir du pays.
 Mais tu dois savoir
Que si je voulais sortir,
Je serais bien accueilli du monde.
Car j'ai dans l'élite de la société
Des oncles, des neveux, des parents.

---

(1) Spano. *Canz. profane*, III, p. 23.

Dis-moi donc,
Hirondelle charmante,
As-tu vu quelqu'un des miens?
Je te serai reconnaissante
Si tu m'en donnes des nouvelles.
Le rossignol est-il en vie? chante-t-il encore?
Est-il en bonne santé? le connais-tu? où est sa demeure?

— Il est gai et bien portant,
 Répond l'hirondelle,
Il est dans la belle Italie
Où, méditant dans la solitude,
Il jouit des charmes du printemps.
 En foule,
On va écouter
Ses chants, dont l'harmonie
Est une merveille.
— Ah! belle hirondelle, quelle joie!
Le rossignol est mon cousin.

Connais-tu le canari?
— Je le connais, ce chanteur harmonieux,
 Cet oiseau précieux,
Dont les airs sont si gais, si variés,
Dont le goût si pur
Et le gosier sonore
Pourraient le disputer avec bonheur
A ton cousin le rossignol.
— Ah! combien je m'en réjouis, en vérité;
Le canari est mon neveu, l'enfant de mon frère.

Connais-tu le paon?
— Le paon en beauté
L'emporte sur toute la gent ailée,
Il est tout vêtu de soie
Et ressemble beaucoup
Au grand-vizir en turban.
 Ses belles plumes
 Si précieuses
Sont recherchées dans tout l'Orient.

— Je te remercie de ces nouvelles,
Vive mon oncle le marquis, le seigneur paon!

Et le chardonneret, que t'en semble?
— Il est, dit l'hirondelle,
Charmant et gracieux.
Quand dans les champs il se montre
Enflammé d'amour,
Toutes les fleurs s'entrebaisent;
La beauté et la joie
Lui font cortége.
— Je te serai obligé jusqu'à la mort.
Le chardonneret est aussi mon neveu, l'enfant de ma sœur.

L'hirondelle curieuse
    De savoir
Quel était l'heureux oiseau
    Allié ainsi
A la plus haute noblesse
    De la gent empennée,
Pleine de modestie et de respect,
Lui dit : Et toi, qui es-tu?
    — Viens-tu de naître,
Pour m'adresser une question si hardie?

Eh quoi! tu ne sais qui je suis?
    Pourtant je suis connu
Dans tout l'univers.
Il n'y a vallée ni montagne
Climat ni horizon,
Soldat ou marchand,
D'Occident en Orient,
De Moscou en Barbarie,
Qui n'ait entendu ma voix.
Sache que je suis le coucou,
Le chant même et l'harmonie!

L'hirondelle étonnée
Le regarde en face et lui dit :
Quand tu me parlais

Du canari et du paon,
  Je me figurais
Que tu devais être quelque grand seigneur
  Né dans les grandeurs.
Mais je vois maintenant
Que tu es un arrogant fanfaron
  A la voix ridicule,
Au plumage disgracieux, un vrai rustre !

. . . .
. . . .

Tour à tour gracieux ou sévères, les chants domestiques sont aussi variés que les sentiments du cœur humain. Il n'y a pas de circonstance dans la vie qui n'en fasse éclore, comme il n'y a pas de coin dans la nature qui n'ait sa fleur. Ils tempèrent la tristesse en lui donnant un charme sévère, en lui ôtant son âpre aiguillon. Ils ajoutent au bonheur l'attrait de la poésie. Ils sont le parfum de ces existences modestes dont les joies intimes sont les seules joies.

Au milieu de leur infinie diversité, ceux qui caractérisent plus particulièrement le génie sarde, sont les chants d'amour, les idylles, les *Ninnias* et les *Attitidos*, c'est-à-dire les chants du berceau et ceux de la tombe.

IV

En France, c'est à peine si on ose être amoureux ; on n'ose pas du tout le paraître. Il est convenu dans le monde que, lorsqu'on n'est plus écolier, éprouver au cœur un sentiment vif, profond, dominateur, qui le remplisse tout entier, c'est se montrer à la fois faible et ridicule. Par crainte des quolibets, on dissimule ses passions si on ne les étouffe pas, et on se diminue pour se mettre au niveau de l'indifférence commune. Notre société, d'ailleurs, telle que l'ont faite la révolution et le code civil, n'est guère propice aux amours. Les carrières sont si encombrées, le besoin de se faire jour tourmente tant d'esprits, l'ambition est si générale, la nécessité du travail s'impose si durement à tout le monde, que la jeunesse n'a plus le loisir d'écouter son cœur et de se laisser vivre. Un de nos historiens les plus érudits, qui est aussi un de nos plus spirituels voyageurs, a dit quelque part :

. . . . . Je voulais aimer, vivre,
Maintenant je n'ai plus le temps ; je fais un livre (1).

(1) J.-J. Ampère. — Un autre poëte a dit :

Ah ! chercher sans trouver et suer sur un livre,
Travailler, oublier d'être heureux et de vivre ;
Ne pas avoir une heure à dormir au soleil,
A courir dans les bois sans arrière-pensée ;
Gémir d'une minute au plaisir dépensée
Et faner dans sa fleur son beau printemps vermeil !
. . . .

Chacun en est là, chacun a son livre, son nom, sa fortune à faire. L'amour, parmi tant de soucis absorbants, ne peut naître. S'il naît, il est un obstacle plus souvent qu'un moyen, et on le brise pour marcher en avant. Il n'est plus la passion souveraine, il a perdu son sceptre et ses sujets; et il n'y a plus que ceux qui ne calculent pas, quelques oisifs, quelques rêveurs, quelques pauvres, car les riches calculent, qui aient la folie d'être amoureux.

Il n'en était point ainsi sous l'ancien régime. Comme on avait son avenir réglé par sa naissance, on pouvait donner une plus libre carrière à ses penchants. Dans le silence des autres passions, celles du cœur gardaient leur empire. Les sentiments n'étaient point dominés par les affaires. La *Clélie* et la *Princesse de Clèves* faisaient, pendant un demi-siècle, l'entretien des honnêtes gens, et les amours royales occupaient l'avant-scène de l'histoire. L'Italie a gardé quelque chose de ces vieilles mœurs. Elle qui, dans sa longue vie agitée, a passé par tant d'illusions et de désenchantements, ne s'est jamais désenchantée de l'amour. L'amour y est encore un sentiment avoué et respecté. On n'en est pas honteux, parce qu'on n'en est pas raillé. Et qu'il soit passion, caprice ou libertinage, on n'en fait point mystère; car le monde y a pour la tendresse d'âme autant d'indulgence et de sympathie que pour les entraînements des sens.

Sauf la jalousie, l'amour n'est nulle part plus italien qu'en Sardaigne.

Dans le nord, les passions prennent souvent une allure romanesque. Elles se déroulent lentement, s'embarrassent dans leurs scrupules, se complaisent dans le spectacle qu'elles se donnent à elles-mêmes, et semblent jouir des délais mêmes qui les entravent. L'amour a quelque chose de mélancolique et d'attendri. Il accepte la douleur avec une douce résignation, et conserve, jusque dans le bonheur, une vague défiance de l'avenir. Il se plonge volontiers dans l'infini de ses rêves, et parfois s'y absorbe. A peine sort-il de l'âme pour prendre pied sur la terre, comme ces fleurs pâles qui flottent à la surface des eaux, et s'y baignent, et s'y noient, n'ayant pas la force de chercher la lumière et l'épanouissement. Rien de semblable en Sardaigne. On n'y trouve guère la passion étouffée, rêveuse, qui redouble et s'affermit dans les luttes qu'elle soutient contre elle-même, ce drame si terrible pour un jeune cœur qu'il le fait parfois palpiter jusqu'à l'étouffer! On y trouve plus souvent l'amour irrésistible et soudain, tel que l'antiquité nous le peint, sous les traits d'un bel enfant nu, venant s'asseoir, au foyer, sur les genoux des jeunes filles, se faisant doucement bercer et caresser par elles, et leur laissant, au départ, une plaie incurable au cœur. L'amour a conservé quelque chose de païen. Il est plein d'emportement et de fougue. Il a ce mélange d'ardeur et de simplicité qui est propre aux races méridionales, lorsqu'elles ne sont pas énervées par la jouissance. Il associe, dans une chaste union, l'âme et les sens. Il est pur sans être immatériel, pudique sans pruderie, à la fois ailé et terrestre, tel qu'il jaillit du cœur de l'homme, lorsque l'homme est encore près de la nature, et que les corruptions de la société et ses hypocrisies ne l'ont pas réduit à l'alternative que lui laisse Pascal de faire l'ange ou la bête. Il ne retranche rien des instincts de la nature. Il ne repousse pas la volupté. Il se contente de la sanctifier par l'innocence. Il ne tombe pas dans le matérialisme et ne s'évapore pas dans le mysticisme. Encore moins allie-t-il ces deux tendances extrêmes qui font si souvent bon ménage ensemble, l'âme planant dans la nue pendant que le corps se traîne dans la fange. Il n'est point larmoyant. S'il se plaint, ce n'est pas pour prendre une attitude ou pour se donner en spectacle, c'est pour attendrir et pour triompher. Souvent profond et plutôt sérieux que gai, il s'avoue sans honte comme ces jeunes filles du cap Supérieur (1), qui, sous leur chemisette collante, montrent à demi leur gorge nue et ne sont point embarrassées d'être belles.

Les chants d'amour tiennent une grande place dans la poésie populaire des Sardes, parce que l'amour tient aussi une grande place dans leur vie. Ils ne sont pas au premier rang par le mérite, et ne peuvent pas prétendre, comme dans l'œuvre des troubadours, à une sorte de suprématie sur les autres genres (2) ; mais ils sont de

---

(1) C'est le nom de la partie septentrionale de la Sardaigne.
(2) On sait que dans les poésies des troubadours, toutes les chansons qui n'étaient pas des chants d'amour, prenaient le nom de *sirventes* (subordonnées, inférieures).

beaucoup les plus nombreux. On y trouvera, j'espère, l'amour, tel que j'ai essayé de le peindre, toutefois avec une nuance plus triste et plus mélancolique qu'il ne l'est dans la réalité. Car l'amour ne parle guère quand il est heureux. Il se suffit alors à lui-même. Il parle surtout quand il sollicite ou qu'il accuse, quand il n'est pas encore écouté ou qu'il ne l'est plus, avant le triomphe ou après le désenchantement, quand il est inquiet, impatient et malheureux.

A l'âge où le cœur s'éveille et où tous ses rêves se tournent vers l'amour, comme la fleur avant d'éclore se tourne vers le soleil, la jeune fille que l'inconnu tourmente, interroge avec anxiété la nature sur le mystère de sa destinée. La forêt qui frémit sous le vent, l'étoile qui resplendit au ciel, le rayon de lune qui tremble sur la mousse, la fontaine qui, goutte à goutte, suinte de la montagne, tout lui parle, tout lui répond, tout devient pour elle un appel à ses sens, un écho de ses désirs. Elle cueille une fleur et, un à un, elle en effeuille les pétales sans se lasser jamais, jusqu'à ce que le dernier lui dise le mot attendu : « amour et bonheur. » Elle entend la fauvette chanter sous les feuilles, et sa poitrine se gonfle et elle songe, elle aussi, à son nid. Puis, quand les derniers bruits du jour se sont éteints, quand la campagne se couvre d'une ombre bleuâtre, assise à sa fenêtre ou seule sous la treille épaisse, elle interroge encore le silence qui l'environne et elle répond ainsi aux derniers cris du coucou :

>Coucou au chant si parfait,
>Vois ma tristesse.
>Beau coucou, dis-moi
>Qui j'épouserai ?

>Toi dont l'instinct
>   Est si sûr,
>Beau coucou, dis-moi
>   Franchement
>Ce que sera mon époux ?
>   Ne me refuse pas.

>Coucou au chant si gai,
>Donne-moi quelque indice ;
>Dis-moi s'il sera pauvre ou riche,
>Imprudent ou discret,
>   Et si durement
>J'en serai traitée ?

>Coucou, mon devin,
>   Rassure-moi ;
>Dis-moi dans ton langage,
>S'il sera beau ou laid,
>Celui qui me persuadera ?

>Musicien du printemps,
>   Dis-moi
>S'il sera de bonne condition,
>   Veuf ou garçon
>   Avocat ou
>   Lettré ?

>Coucou au chant si parfait,
>   Vois ma tristesse,

> Dis-moi, beau coucou,
>   Qui j'épouserai (1)?

Elle flatte ce pauvre oiseau au chant monotone pour qu'il la flatte à son tour, et quand elle a fini son dernier refrain, elle est à demi heureuse, heureuse de tout le bonheur qu'elle imagine, heureuse de tous les maux qu'elle ignore, Mais ce bonheur inquiet et vague bientôt ne lui suffira plus. Elle n'est pas fille, soyez-en sûre, à se complaire longtemps dans la région des rêves, et déjà son charme ingénu et sa grâce adolescente, et son regard plein à la fois de rayonnement et de trouble, ont éveillé les admirations et fait battre les cœurs. Car elle est belle : « Amour et laideur ne vont point ensemble (2), » surtout en poésie :

> Ses cheveux dorés
> Sont comme un diadème.
> . . . .
>   Son front serein,
> Délicieux, aimable,
>   Respire la gaîté.
> . . . .
> Ses yeux si vifs,
> Si expressifs, sont à la fois
>   Doux et fiers.
> . . . .
> Sa bouche charmante
> Est comme une rose demi-éclose;

---

(1) Spano. *Canz. prof.*, VIII, p. 44.

Partout l'homme associe l'oiseau à ses amours. La jeune Sarde interroge le coucou ; plus tard elle confiera ses peines et ses messages à la colombe. — Dans un chant populaire du Danemark, un rossignol vient annoncer à un amant la mort de sa maîtresse.

(2) Platon, dans le *Banquet*.

Si douce en ses paroles, si gracieuse,
Si aimable, si amoureuse,
　　Si tendre,
Et qu'on aimerait tant
　　A baiser !

Je ne dis rien de sa gorge
. . . .
　　Enchanteresse,
　　　Délices de l'amour,
Doux charme du regard,
Qui fait rêver sur terre le paradis.
. . . .
Elle a la taille noble
Droite et si mince
Qu'une bague lui servirait de ceinture.
Elle a l'air d'une grande dame,
　　　Des doigts d'ivoire
　　　Et un doux parler (1).

Tous ceux qui la voient restent sous le charme et emportent ses traits en leur souvenir pour en rêver. Se croient-ils poëtes, ils chantent sa beauté. Leurs vers, souvent gracieux et faciles, plus souvent encore ternes et incolores, n'ont pas toujours beaucoup de saveur pour les lettrés, mais ils en ont assez pour plaire à celle dont ils font l'éloge :

Tu es la plus belle d'entre les roses,
. . . .
Tu es la lune brillant dans la campagne,
. . . .
Tu es la voile qui s'enfle au vent sur les mers,
. . . .
Tu es l'œillet dans son bouton,
Tu es le soleil à son aurore,

---

(1) *Poes. Temp.* 150.

Tu es la joie de qui te voit,
Tu feras le bonheur de qui t'aura pour amante,
. . . .
Tu es à cueillir la branche de jasmin,
Tu es à admirer la fleur divine (1).

Sont-ce des jeunes gens plus remplis d'ardeur que de verve poétique, ayant dans l'âme cet élan impétueux qui précède les premières désillusions ou ce vide qui leur succède, ils ne sont pas seulement éblouis, ils sont vaincus. Ils ont été atteints par un de ces coups d'œil qu'on n'oublie jamais, parce qu'il semble contenir des promesses d'infini bonheur. Ils aiment, et un cri sort de leur cœur :

Tu m'as blessé les yeux,
Tu m'as percé le cœur ;
Le regard que tu m'as lancé
Je ne l'oublierai plus.

O regard pénétrant
O beauté admirable !
 Visage éblouissant,
 Radieux soleil !
Il m'a suffi de te voir
Pour te donner mon amour,
 Mon cœur,
Pour me donner à toi tout entier.
. . . .
 Ta seule présence
M'a percé le cœur.

Ce que je sens, je n'en sais rien ;
Je vis, mais ce n'est plus en moi.
 Je mourrais pour toi

---

(1) Spano. *Canz. prof.* CI, 353.

Mais sans toi je ne puis vivre,
. . . .
Je ne puis oublier
Le regard que tu m'as lancé (1).

Ne crions pas à l'hyperbole. Il n'y en a pas pour ces passions soudaines qui éclatent comme la foudre, et qui dès la première heure se déploient avec tout leur emportement. Tous les mots leur paraissent trop faibles pour traduire leurs ardeurs, et toutes les images restent au-dessous de leur violence. Comment les paroles seraient-elles contenues quand le cœur a la fièvre ? Qui pourrait sans efforts exprimer l'inexprimable ? Ces grands cris passionnés sont vrais. Pourtant, tout en les admirant, j'ai plus de confiance dans la durée de l'amour si je le vois plus calme à ses débuts. Lorsque, doucement, il s'insinue dans l'âme, il s'y enracine et s'y enlace plus solidement, et il finit par l'envahir si bien qu'il ne peut plus en être arraché. Plus maître de lui-même, il s'exprime alors avec moins d'impétuosité, mais avec une fermeté plus virile. Éclairé par la raison, il lui emprunte quelque chose de son calme et de sa force :

A peine eus-je le bonheur
De te voir et de te parler,
Que je fis vœu de t'aimer
Toujours jusqu'à la mort.

A peine eus-je senti
Le premier effet de ton regard,
Que seule tu devins

(1) Spano. *Canzoni profane*. LXXVIII, p. 262.

L'arbitre de mon âme.
Tant est vif le charme
Qui brille sur ton visage !
. . . .
. . . .
Si doux, si charmant
Me semble ton amour !
. . . . . .

  La liberté dont
   J'étais si fier,
Depuis ce doux moment
Pour toi, ma chérie, je l'ai perdue,
  Doux enchantement
Des grâces dont tu brilles !

Depuis lors je ne suis plus
Maître de moi-même ;
Depuis lors mes intérêts
Se confondent avec tes désirs.
Tes charmes font naître
De si vifs transports (1) !

Ici le drame se noue, car la passion ne peut rester longtemps solitaire, et, bien qu'on soit plus heureux de l'amour qu'on ressent que de l'amour qu'on inspire, le malheur en amour ne commence que le jour où l'on réussit à se faire écouter. « L'amour est né jumeau (2). » Le premier souci de l'amant est de savoir comment sont accueillies ses déclarations, comment on répond à ses sentiments. La jeune fille dont la beauté l'a séduit, consentira-t-elle à guérir la blessure qu'elle

1) *Poes. Pomp.* p. 259.
2) Lord Byron.

a faite, se laissera-t-elle toucher par la vive tendresse qu'elle inspire, encouragera-t-elle le regard qui la supplie et les désirs qui la convoitent? Elle reste d'abord indifférente. Elle ne voit pas ou elle dédaigne les transports qu'elle excite. L'amour glisse sur elle sans l'échauffer, comme le soleil sur une statue de marbre. L'amant souffre et se plaint, et avec un mélange de crainte, de reproches et d'espérances, « modère » dit-il,

>Modère l'ardeur
>De ton brillant regard;
>Modère-la. Car elle fait
>Les plus cruelles blessures.

>Impose à ton œil
>De ne se fixer sur personne.
>Car ceux que tu fixes
>Quand tu veux, tu leur donnes la mort.
>Éloigne si tu peux ton regard,
>Puisque tu es née pour blesser;

>Puisque tu es née pour blesser
>Avec ton regard perçant,
>Ne fais point tant de victimes;
>C'est assez d'une seule.
>. . . . .

>Pour un seul tu dois avoir des yeux,
>Pour celui qui n'en a que pour toi;
>Tu ne dois avoir d'amour que pour un seul,
>Pour celui qui sait le mieux t'aimer (1).

Cependant la jeune fille est fière des admirations

---

(1) *Poes. Temp.* 265.

qu'elle éveille, heureuse des hommages assidus qu'on lui rend. Elle constate avec orgueil l'empire de ses charmes. Elle laisse éclater sa joie. Elle semble émue. L'amant a surpris un sourire sur ses lèvres jusqu'alors froides et muettes. Est-ce une promesse, est-ce une agacerie ?

> Ce rire dont tu m'accueilles,
> . . . .
> Est-ce de l'ironie,
> Est-ce de la sympathie
> Est-ce mépris ou faveur ?
> . . . .
> Est-ce un signe d'amour,
>   Part-il du cœur ?
> Est-il un pur hasard ?

L'amour rend crédule presque autant qu'il rend timide. Comment croire que cet accueil encourageant ne soit qu'une grimace, que ce doux regard ne soit qu'un piége, que ce beau visage ne soit que le masque d'une coquette ? Si jeune et si belle, que ferait-elle de sa jeunesse et de sa beauté ? N'est-elle point à cet âge où la femme aspire à vivre plus complétement en vivant dans un autre, où elle sent le besoin de répandre au dehors les dons de son esprit et de son âme, ces trésors d'affection et de dévouement qui surabondent en elle et qui se consument dans l'inaction ? Résistera-t-elle aux battements de son cœur ? Repoussera-t-elle la voix si douce qui la sollicite ? L'amant puise dans la vivacité de ses désirs un commencement d'espérance ; mais son espérance est courte. Les nuages reparaissent et, doublement inquiet depuis qu'il a été déçu, il laisse échapper, comme une plainte, l'aveu de son incurable faiblesse; la plus délicate des flatteries, mais non la plus habile.

> Si tu ne veux pas que je te déclare
> Mes amoureux transports,
> Ne m'oblige pas toi-même
> A toute heure à t'aimer.
>
> Si c'est pour toi une peine mortelle
> Que d'écouter mes amoureux propos,
>   Pourquoi avoir dans tes yeux
>   Tant de charmes,
>   Des charmes si forts?
> Si tu ne veux pas que je montre
> Mon amoureuse folie,
> Ne m'oblige pas toi-même
> A toute heure à t'aimer.
>
> Si mon amour te déplait,
> Pourquoi cette amabilité
> Qui enchante mes yeux
> Plus encore que ta beauté
> Et me rend amoureux?
> Si tu me persécutes
> Parce que je ne sais point te haïr,
> Ne m'oblige pas toi-même
> A toute heure à t'aimer.
>
> Si tu ne veux pas de moi
> De paroles d'amour,
> Il faut que tu enseignes à mon cœur
> A ne plus t'aimer,
> A ne plus te chérir.
> Si t'aimer, c'est t'outrager,
> Ne m'oblige pas toi-même
> A toute heure à t'aimer (1).

(1) *Poes. Temp.*, p. 321.

Ailleurs qu'en Sardaigne, ces stances paraîtraient raffinées (1). Mais le Sarde est comme l'Arabe, la simplicité de sa vie ne l'empêche pas de se plaire aux finesses amoureuses, et s'il savait lire, il emporterait volontiers dans les solitudes de ses montagnes les poëmes de Marini, comme font les bergers toscans, ou le *canzoniere* de Petrarca, comme font les brigands corses (2). Ne nous hâtons pas d'ailleurs de condamner la subtilité en amour ; car, souvent, elle n'est que de la délicatesse d'esprit plus voisine qu'on ne croit de la délicatesse du cœur, et elle a le grand avantage de servir de pâture aux amoureux et de leur faire attendre plus patiemment les premiers gages d'amour. Quels seront ces premiers gages ? Tant que l'amoureux n'a rien obtenu, il n'est guère exigeant, il se persuade volontiers que la moindre faveur suffira à le rendre heureux. Il sent confusément que les faveurs s'enchaînent, et que des plus légères aux plus grandes il n'y a qu'une série d'échelons. Il espère qu'aimé un peu, il saura se faire aimer beaucoup. Ne lui dites pas qu'une promesse, moins que cela, une parole, un regard, ce n'est rien. C'est tout. C'est le passage du néant à l'être, c'est la fin de l'indifférence et le commencement de l'amour. Aussi avec quelle ardeur il attend cette première faveur, avec quelle tendresse émue il la sollicite ! Comme il sera heureux d'être arraché à l'inquiétude qui le dévore !

---

(1) J'avoue d'avance que ces stances ne sont pas vraiment populaires. Je m'expliquerai plus loin à ce sujet.

(2) Tommaseo, *Canti toscani, Canti corsi.*

A moi qui tant t'adore
Montre au moins ton visage
Et que tes yeux me disent
Ce que tu as dans le cœur.

. . . .
Pourquoi me maltraiter ainsi,
O ma très-belle, de mille façons?
. . . .
Adoucis, ô mon trésor bien-aimé,
  Ce farouche caractère,
Et ne traite pas si durement
  Celui qui tant t'adore.

Je ne t'ai pas beaucoup demandé
Je n'ai pas de prétentions trop hautes.
    Car je comprends
Que je suis né malheureux.
. . . .
. . . .
Mais tempère tes rigueurs,
   O ma gracieuse bien-aimée
Et comme preuve d'amour
Montre-moi au moins ton visage.

. . . .
  J'ignore la raison
Pour laquelle tu me le caches;
Ne sois pas, ô ma toute belle,
Si avare de tes charmes,
Et que tes yeux me disent
Pourquoi tu m'évites.

Si c'est pour toi une trop grosse affaire
De m'ouvrir franchement ton cœur,
D'une œillade prudente
Indique-moi, ô ma toute gracieuse,
La raison mystérieuse
Que je cherche en vain à deviner;
  Moi qui tant t'adore

Dans un muet regard
Je devinerai sans doute
Ce que tu as dans le cœur. (1)

L'amour reste d'abord dans les régions éthérées. Il ne débute pas par le désir, à moins qu'il ne doive s'y réduire, et n'être plus sous un autre nom qu'un vulgaire plaisir. Il ne commence pas par la prose, mais par la poésie. Avant qu'il descende pour ne plus remonter, il plane dans l'azur. Avant que le temps l'altère ou le fortifie en lui donnant un corps, il n'est qu'un pur sentiment, un élan désintéressé, une candide adoration. Avant de rayonner dans tout notre être, il se renferme longtemps dans l'âme. Sous cette forme, il n'est ni moins agité ni moins dramatique que sur le terrain des réalités. Il n'est pas pour les amants une source moins vive et moins féconde de joies et de douleur. Mais les émotions qu'il donne sont d'autant plus difficiles à rendre qu'elles sont plus intimes et qu'elles ont moins de relief pour les spectateurs indifférents. Les phases par lesquelles il passe, la prière, la plainte, l'inquiétude, la confiance, l'abattement, le doute, l'espérance, au fond partout les mêmes, ne prennent d'intérêt que par les nuances. Or, les nuances ne sont pas le fait du peuple; car, quelque subtil qu'il soit, il reste peuple, et son esprit n'a pas assez de facettes pour renvoyer tous les rayons, ni son cœur assez de cordes pour rendre tous les sons. Il est donc naturel que les chants populaires, tant que l'amour en est aux prélu-

(1) Spano. *Canz. prof.* XII. 62.

des, n'en traduisent pas toute l'énergie et toutes les grâces, et par cela même qu'ils n'en expriment que les grands aspects, restent un peu monotones. L'amour sentimental n'a pris qu'une fois dans l'histoire, à l'époque de la chevalerie, une forme précise et un relief puissant. Mais ce fut à condition de se renfermer dans les classes élevées de la société, et cela ne pouvait durer longtemps. Car, en cherchant à soumettre à une loi le plus libre des sentiments on en arrête l'expansion, en en faisant une institution on en détruit la spontanéité et la franchise, et en l'enfermant dans un mysticisme sans issue on finit par lui donner pour contre-poids un libertinage sans frein.

Quand l'amant a obtenu ce premier regard qu'il attendait comme un aveu, ne croyez pas que son incertitude cesse. Non, elle reparaît bien vite, souvent d'autant plus poignante qu'elle dure depuis plus longtemps et qu'il s'était bercé d'un espoir plus doux. Il devient alors plus pressant. Un peu de dépit se mêle à sa plainte, il demande que son sort soit fixé. Est-il aimé ou non ? Doit-il se repaître sans fin d'une vaine illusion et sacrifier sa vie à une chimère ?

> Dis-moi franchement
> Quelle place ai-je en ton cœur ;
> Est-il vrai que tu m'aimes
> Ou ne m'as-tu jamais aimé ?
>
> Mon amour pour toi
> Dure depuis plus d'un an
> Ou détrompe-moi,
> Ou réponds à mon amour

. . . .
J'aime mieux un *non* sincère
Qu'un *oui* décevant.

. . . .
Dis-moi sans crainte,
Dis-moi la vérité.

. . . .
Si tu ne songes point à me donner
Ton cœur en retour
Songe au moins
A me rendre le mien.

Je souffre avec joie les ennuis
De mon amoureux esclavage,
Mais je ne puis plus porter seul ma chaîne :
Aide-moi à la porter
Ou rends-moi ma liberté. (1)

Sa liberté ! hélas ! quand elle lui sera rendue, il ne tardera pas à la maudire. Car si l'incertitude était pesante, elle avait au moins ses éclaircies, ses illusions et, par conséquent, ses moments heureux. Mais que restera-t-il à l'amant lorsqu'il aura perdu toute espérance ? Rien, excepté son amour, son amour qui le rendra d'autant plus malheureux qu'il en attendait plus de bonheur et qu'il y restera plus fidèle. Il gémira alors, il se laissera aller, comme font les impuissants, à la colère ou au désespoir, et, suivant qu'il se sera heurté à l'indifférence ou au dédain, suivant qu'il sera plus ardent ou plus mélancolique, sa plainte prendra un ton plus acerbe ou plus résigné. Est-il pauvre, n'a-t-il pour lui que sa jeunesse et son cœur, il s'irritera

(1) *Poes. Temp.* p. 261.

contre la richesse, il enviera, il maudira l'argent qui permet d'aimer. Car la fortune en Sardaigne ne perd pas ses droits. Elle donne, comme ailleurs, de la grâce, de la beauté, de l'esprit, des talents. Elle permet aux laides de plaire et aux sots de se faire écouter. Ce n'est pas moi qui le dis, c'est la chanson :

> Un jeune homme est-il riche ?
>   Chacun s'en éprend ;
> Toutes les jeunes filles l'adorent,
> Toutes le veulent pour amant.
>   Le pauvre toujours
> Est tenu pour un vaurien.
> . . . .
> Une jeune fille est-elle riche ?
> Qu'elle soit dartreuse,
> Laide, mauvaise et puante,
> On la répute belle !
> Une fille est-elle pauvre ?
> Fût-elle jolie, elle passe pour laide. (1)

(1) Spano, *Canz. prof.* LXXVI, p. 279.
D'un ton plus ému une jeune fille toscane se plaint d'être trop pauvre pour être aimée :

> Cantin quest' altre che ci l'hanno l'amante ;
> Son poverella e non ce l'ho già io.
> . . . .
>   (*Canti pop. tosc.*)

Il me semble intéressant de comparer la chanson sarde à celle que Burns a faite sur le même sujet :

>   O Tibbie, j'ai vu le jour
> Où vous n'auriez pas été si prude ;
> C'est parce je n'ai rien que vous me dédaignez ;
>   Mais, ma foi ! peu m'importe
>   . . . .
>   . . . .
>   . . . .
> Un garçon serait le plus beau du monde
> S'il manque de sale métal jaune

C'est une consolation pour les malheureux, dans le naufrage de leur amour, que de sauver au moins leur amour-propre. Quelque vaine qu'elle soit, ils se la refusent rarement. Ils se plaignent du monde, des événements, de la fortune, de tout, excepté d'eux-mêmes. La vanité est la dernière passion qui s'immole. Ont-ils aspiré inutilement à l'amour d'une grande dame, amour si doux et si flatteur ; car l'amant, s'il réussit, s'imagine aisément que son mérite seul a suffi pour combler la distance du rang, leur orgueil offensé accuse l'orgueil souvent bien innocent de la patricienne, et les voilà qui s'élèvent avec amertume, quelquefois avec éloquence, contre les inégalités sociales. Vieux et laids, ont-ils, comme Vulcain, été sacrifiés à Mars, au lieu d'acheter un miroir et de se résigner, ils se vengent, vengeance bien impuissante, en rappelant à la belle jeune femme qui ne les a point écoutés, la fragilité de sa beauté et l'inconstance de son bonheur.

> Vaisseau fier et superbe
> N'insulte point à ma fortune,

> Vous jetterez la tête de l'autre côté
> Et lui répondrez fort sèchement.
>   O Tibbie,....

> Mais s'il a la réputation d'être riche
> Vous vous attacherez à lui comme une ronce,
> Quand même pour le sens ou le savoir
> Il ne serait guère supérieur à une vache.
>   O Tibbie,....

> Mais Tibbie, la belle, écoutez-moi bien
> C'est l'argent de votre papa qui vous fait si charmante
>   Du Diable si personne demanderait votre prix
>   Si vous étiez aussi pauvre que moi.

(Burns, *Poésies écossaises*. CIX. Traduction de L. de Wailly.)

Car tu es sujet aussi
Aux écueils, aux tempêtes.

. . . .

Aujourd'hui avec les ailes blanches
Tu es comme un cygne brillant.
Mais songe que sur mer
Il y a des récifs, des écueils,
   Des bancs de sable,
   Pour arrêter ta marche rapide.

Tu déploies fièrement les voiles
Parce que tu as le vent favorable;
Mais s'il t'est fidèle aujourd'hui,
Il te trahira demain;
Car la mer à toute heure
   Est inconstante (1).

A côté des obstacles sociaux dont l'amant « se venge par en médire, » il y en a d'autres dont il ne peut accuser que le sort ou lui-même, et qui lui causent plus de tristesse encore que de colère. L'amour, en effet, ne répond guère à qui le sollicite. Il est capricieux et spontané. La jeune fille dont on aspire à toucher le cœur a souvent l'imagination pleine d'illusions qui l'empêchent de vous voir. Le coucou lui a répondu. Elle a vu, peut-être, passer dans ses rêves un amant idéal, dont vous n'avez pas les perfections. Ardente et inquiète elle le cherche à travers les réalités de la vie, souffrant sans doute, mais s'honorant par ces hautes aspirations qui témoignent de sa noblesse encore plus que de son ignorance. Peut-être aussi son regard a-t-il été frappé dans une rencontre imprévue, et s'est-elle

(1) Poés. Temp., p. 105.

dit comme Nausicaa en voyant débarquer Ulysse :
« Puissent les Dieux me donner un semblable époux (1) ! »
Peut-être venez-vous trop tard et n'y a-t-il plus de place pour vous dans son cœur. Que peut faire l'amant ? Il prie, il se plaint. Il sait qu'il n'est point aimé, et cependant il ne perd pas tout espoir, car l'espoir, en amour, ne finit qu'avec l'irrévocable.

>Je t'en prie, par pitié,
>. . . . .
>Ne maltraite point un cœur
>Qui s'est donné à toi pour toujours.
>
>Traite-le avec bonté.
>Il est docile et bon ;
>S'il n'est pas digne d'être aimé,
>Il est digne d'être plaint.
>Si tu n'en as souci,
>De désespoir il mourra.
>Ne maltraite point un cœur
>Qui s'est donné à toi pour toujours.
>
>. . . . .
>. . . . .
>A celui qui jusqu'à la mort
>Sera ton compagnon fidèle,
>Ne te montre pas cruelle
>Comme tu le fus autrefois.
>Aie pitié d'un cœur
>Que la passion affolle.
>
>Si tu me laisses abandonné
> A mon dur destin,
>Tu le sais je me consumerai
> Bientôt dans la douleur (2).

(1) Homère.
(2) *Poes. Temp.*, p. 291.

La plainte de l'amant a quelquefois un ton moins résigné; c'est lorsqu'elle compte être écoutée. Car la résignation est toujours proportionnelle à l'impuissance :

> Puisque tu vois que ma vie
> Est entre tes mains,
> Ingrate, qu'attends-tu
> Pour guérir ma blessure?
>
> . . . .
> Puisque tu sais que toi seule
> Es le remède à mes maux,
> Cruelle, pourquoi
> A me soulager es-tu si rebelle?
> Si tu tardes, la douleur
> Au tombeau me conduit.
> Ingrate qu'attends-tu
> Pour guérir ma blessure?
>
> Puisque mon salut
> Est entre tes mains,
> Pourquoi persistes-tu,
> Cruelle, à me tyranniser (1)?

La femme n'a souvent pas d'autre raison d'être cruelle que l'excès d'amour qu'on lui témoigne. Elle aime à jouer avec ses victimes, non par méchanceté, par vanité, pour mieux constater son empire. Il lui semble que toutes les faiblesses qu'on a pour elle sont un hommage à sa force, à sa puissance, et que plus on se fait son esclave plus elle est reine. S'humilier devant son orgueil, c'est renoncer d'avance au succès.

(1) *Poes. Temp.*, p. 278.

O ma belle, pourquoi, sans raison,
Me causer tant de douleur?
Serait-ce parce que dans tes chaînes
Solidement tu me tiens?
. . . .

Pourquoi envers moi
Te montres-tu si cruelle?
Serait-ce parce que je suis
L'amant aveugle de tes beaux yeux?
. . . .

Pourquoi au cœur
A chaque instant me faire une blessure?
Serait-ce parce que ma vie
Est toute entre tes mains?

Pourquoi me tourmenter
Jusqu'à me faire mourir?
   Serait-ce parce que
De tous tes désirs je suis l'esclave (1)?

Jusqu'ici nous n'avons vu de l'amour que ses premiers pas, ses premiers rêves vagues, ses premières aspirations troublées, l'amour solitaire, inquiet, rebuté, se consumant dans des efforts infructueux et dans d'amères incertitudes. Nous rencontrons enfin l'amour souriant, heureux, partagé. Nous sortons de l'ombre pour entrer dans la lumière. Nous allons voir grandir et s'épanouir cette fleur qui ne nous est apparue encore que battue par l'orage, sans éclat et sans parfum.
Beaucoup de temps n'est pas nécessaire pour que

1) *Poes. Temp.*, p. 38.

deux âmes se donnent l'une à l'autre. Il suffit souvent d'une rencontre fortuite et d'un regard échangé. Et le spectacle de ces soudaines harmonies, de ces muets ravissements, est un de ceux qui sont le plus doux à contempler et que le ciel envie le plus à la terre. Peut-être les amants n'ont-ils eu encore que de rares entretiens, et cependant ils sentent qu'ils sont en tout d'accord, et ils se composent un avenir à deux plein d'enivrantes espérances. La jeune fille est radieuse. Elle a échangé ses songes inquiets contre des songes dorés. Une douce joie rayonne de tous ses traits. Ses yeux et ses lèvres ont un accueil plus souriant (1), son front est à la fois plus serein et plus fier. Elle a quelque chose de plus ferme dans son attitude, comme si elle avait trouvé un appui pour se fortifier et quelque chose de plus bienveillant dans son abord, comme si elle voulait faire participer tout le monde à son bonheur. Son amour est devenu le centre autour duquel tout roule désormais pour elle, ses désirs, ses projets, jusqu'à ses plus vieilles affections. Elle ne voit plus qu'à travers sa passion, et plus sa passion est vive, plus le reste lui devient indifférent et lui paraît décoloré. Sa vie lui semble divisée en deux parts, l'une vide et déserte qui vient de finir, et l'autre pleine d'enchantements qui n'a commencé qu'hier, mais qui durera toujours. Elle n'a confié encore son secret à personne. Elle le tient caché comme un trésor qu'elle craint de per-

---

(1) « Li occhi e la bocca ridere in un tratto » dit une poésie populaire toscane.

dre, comme une fleur délicate qui se fanerait au moindre souffle. Mais tous ses efforts pour dissimuler ne servent qu'à la trahir. Ses distractions, les bouffées de sang qui souvent montent à son visage et le colorent d'une touchante rougeur, son sein qui parfois se dresse et palpite, comme la tourterelle émue sous la main qui la retient prisonnière, son air rêveur et distrait, son oreille inattentive, son indifférence aux plaisirs qui l'attiraient le plus autrefois, sa recherche inexpliquée de la solitude, montrent assez qu'elle est amoureuse. Ses compagnes le devinent, car elles le sont comme elle, et les voilà qui, heureuses de s'épancher, mutuellement se confient leurs émotions de vierges, leur illusions, leurs espérances. Ce sont des questions et des babils et des complots sans fin. Le soir, à la promenade, chacune parle à son tour de son amant, en vante la grâce, la beauté, les talents, plus attentive encore aux battements de son propre cœur qu'au récit de ses compagnes (1). Unies par la communauté des sentiments, l'envie ne les divise pas, car c'est le propre de l'amour de n'être occupé que de lui-même, et aucune d'elles n'est jalouse, parce que chacune met son amant au-dessus de tous les autres. Elles se bâtissent dans leurs rêves naïfs un avenir enchanté. Elles font et refont ensemble, sans se lasser, le roman de leur vie. Elles

---

(1) La sera, per il fresco è un bel cantare
Che le ragazze ragionan d'amore.
Una con l'altra vanno a domandare;
Dicon : l'avresti visto lo mio amore.

(*Canti popol. Toscani.*)

deviennent coquettes. Plus fières que jamais d'être belles, elles doutent pour la première fois de leur beauté. Une blanche chemisette plissée, de lourdes chaînes d'or, des bagues étincelantes à tous les doigts,

> Des boutons d'orangers dans des cheveux tout noirs (1),

des souliers brodés, des rubans, des robes de couleur éclatante, elles voudraient ajouter à leurs charmes tous ceux de la parure, comme si leurs beaux yeux ne suffisaient pas. La route de la fontaine et les heures de la semaine leur paraissent plus courtes depuis qu'elles ont l'âme remplie par une seule pensée, et pourtant avec quelle impatience elles attendent le dimanche ! Car le dimanche on se rencontre à l'église, on se voit sous l'œil de Dieu, on échange un regard, un sourire, on danse ensemble au ballu tundu, on se fiance dans un serrement de main (2), et l'on emporte avec soi du bonheur pour huit jours.

Berger, chevrier, laboureur ou soldat, l'amant, sauf des nuances, passe par les mêmes phases de sentiment. Dans ses rudes travaux et ses courses vagabondes, il ne se trouve plus seul depuis qu'il a son amour au cœur. Bien que séparé d'elle, il s'entretient sans cesse avec sa bien-aimée. Il cueille pour elle les fruits et les fleurs de la vallée, il poursuit pour elle le mouflon et le sanglier dans la montagne. Il prend, laisse, reprend,

---

(1) Sainte-Beuve.
(2) Se serrer la main d'une certaine façon au *ballu tundu*, équivaut à une promesse de mariage.

baise avec ardeur la médaille bénite qu'elle lui a passée au cou, et dévotement l'adore. Il chante d'une voix émue toutes ses chansons d'amour, vieilles chansons qui prennent pour lui un sens tout nouveau. Puis, la nuit venue, lorsque la lune trace une longue voie d'argent sur les lentisques sombres, inquiet et sans sommeil, il saisit son fusil, saute en selle, et court à la maison où repose sa bien-aimée. Et alors, commencent sous le balcon ces entretiens furtifs où si aisément l'on s'oublie, où l'on se dit tant de riens qu'on met au-dessus de tout, où l'on se laisse aller si volontiers aux promesses, aux serments éternels. A l'aube, l'amant repart, tristement, se retournant à chaque minute, s'arrachant à regret de la fenêtre adorée, emportant dans son âme autant de trouble que de bonheur. Plein d'une impatience juvénile, l'aiguillon de la volupté commence à piquer sa chair. Il sent frémir en lui des désirs brûlants. Les roucoulements ne lui suffisent plus. Il a soif d'embrassements. Il est assiégé de visions ardentes. Il ne se contente plus d'être aimé, il aspire à posséder celle qu'il aime. Elle lui a donné son cœur, il veut qu'elle se donne tout entière. Il caresse dans ses rêves les formes les plus charmantes, et, à travers une robe dénouée, il imagine de fermes contours, une blanche poitrine nue, des étreintes passionnées :

> Noyé dans les plaisirs,
> En songe je me suis vu ;
> Mais les plaisirs du sommeil
> Sont chagrins au réveil.

Qu'importent les joies
Qui me bercent en dormant,
Aussitôt que j'ouvre les yeux,
Si tout disparaît comme le vent!

Tout ce que je désire
En songe se réalise ;
Je le saisis et je l'embrasse ; mais, hélas !
Ce n'est que mon oreiller que j'embrasse,
Je ne saisis qu'une vaine chimère
Éclose dans mes rêves.

Si le jour, j'ai vu
Cette aimable colombe,
La nuit, son ombre
Me vient visiter :
Mais à peine suis-je éveillé,
Plus rien !...

Elle qui le jour est cruelle,
 Sans pitié,
En songe est un agneau,
Douce, aimable et fidèle.
Mais à peine ai-je goûté à ce miel
Que le voilà disparu.

Elle qui jamais ne me montre
Ni bonté, ni tendresse,
En songe est si bonne
Qu'à tous mes désirs elle se rend.
Mais au moindre bruit, je m'éveille
Et me voilà chagrin.

Elle qui si étrangement
Renie toutes ses promesses,
La nuit est la première
A se livrer tout entière.
Mais, hélas ! c'est un vain rêve
Qui ne fait qu'exciter mon ardeur (1).

(1) Spano. *Canz. prof.*, LVII, 212.

Quelle que soit son impatience et la vivacité de ses rêves, l'amant reste souvent timide dans ses requêtes. Il n'ose peindre à sa bien-aimée la fièvre qui le dévore. Il craint de tout compromettre en osant. Il ne hasarde d'abord qu'une humble plainte, une vague demande :

> Quand viendra le jour
> Après lequel mon cœur soupire?
> Ingrate, quand pourrai-je
> Mériter tes faveurs?
>
> Quand viendra cette heure
> Que tant j'espère et je désire?
> Ne te paraît-il point temps encore
> De rendre la paix à mon cœur?
> Dans la tristesse et l'inquiétude
> Pourquoi me fais-tu vivre (1)?

Mais, que la jeune fille se laisse toucher, qu'émue elle-même elle prête l'oreille à la voix de l'amant qui la sollicite et à la voix de la passion qui crie en elle, l'amant s'enhardit. Sa bouche ne dit point tout encore, quoique ses yeux ne laissent rien à deviner; il demande seulement deux ou trois baisers, sachant bien, s'il n'est pas trop novice, que c'est entre deux baisers qu'il achèvera tout bas sa requête à l'oreille, et que c'est en disant non qu'on consent :

> Pour dire que tu m'aimes
> Et que tu me portes en ton cœur,
> Quelle est la preuve d'amour
> Que tu m'as donnée?
> . . . .

(1) *Poes. Temp.*, p. 141.

Promettre sans donner
N'est pas vraiment promettre ;
Dire n'est rien sans agir.
Quand tu me dis que tu m'aimes,
Pourquoi te croirais-je?
Quelle est la preuve d'amour
Que tu m'as donnée ?

. . . .

S'il est vrai, comme tu l'affirmes,
Que tu aies pour moi un véritable amour,
Pourquoi me refuser
Tes grâces, tes faveurs?
Pour montrer que tu m'as dans le cœur,
Donne-moi deux ou trois baisers.
Quelle est la preuve d'amour
Que tu m'as donnée?

Les tendres baisers
Sont les messagers du cœur;
Ils font l'office
D'ambassadeurs fidèles.
Ils sont si doux
Quand ils annoncent l'amour (1)!

Cependant, si l'amant qu'excitent ces doux baiser n'obtient rien au delà, l'amertume se mêle à la vivacit de ses désirs. Ce qu'il a obtenu ne sert qu'à lui fair souhaiter plus ardemment ce qui lui reste à obtenir car les faveurs encouragent encore plus qu'elles ne sa tisfont, et tant qu'elles n'ont pas comblé le désir elle ne servent qu'à l'attiser :

Jamais pour moi de joie :
Tous mes efforts sont vains.

(1) *Poes. Temp.*, p. 294.

Quand dans mes bras je pense te tenir,
Je ne saisis que du vent.

Jamais pour moi de joie,
Mon amour n'est point payé de retour.
. . . .
Quand j'aspire à en cueillir
 Les fruits,
Ton inconstance m'enlève
 Toute espérance.
Ainsi se changent en deuil
Ma joie et mon bonheur.

Dans tes promesses je trouve
Un air de tendresse.
Ce ne sont qu'apparences,
Je n'embrasse que du vent ;
Mes desseins jamais
N'arrivent au dénouement.

Après l'avoir servie,
Après m'être engagé à te complaire,
Que me reste-t-il ? Mon amour mal placé
 Et mon temps perdu.
  Je passe ma vie
Dans la douleur et dans les larmes (1).

Soupirer, pleurer, n'est pas le dernier mot de tous les amants. Il en est un grand nombre de moins résignés et de plus entreprenants, qui regardent la discrétion comme une maladresse et qui pensent que le moyen de ne rien obtenir c'est de peu demander. Aussi demandent-ils beaucoup et avec une familiarité hardie

Le chemin est si doux, du bonheur au plaisir.

(1) *Poes. Temp.*, p. 296.

Ils croient que quand l'amour dit oui la vertu ne peut longtemps dire non, qu'on s'ennuie à la fin d'être rosière, et que toutes les femmes ne font pas mentir le proverbe : «*Qui est cojuadu est corrudu* (1).» Le berger Paggiolu, quand il improvisait le dialogue suivant entre un amant et sa maîtresse, n'a fait que traduire, dans sa naïveté un peu grossière, une scène qui doit être fréquente en Sardaigne :

— Laisse-moi entrer, ma commère.
— Mon compère, je ne puis te laisser entrer chez moi.
. . . .
J'ai grand plaisir à t'entendre,
Mais je ne puis te recevoir,
Va sans retard où tu dois aller ;
. . . .
Je crains que tu ne me veuilles tromper.
— Non, commère, je ne songe point à te tromper,
Je t'en puis faire serment.

— Excuse-moi, mon compère,
Si je ne puis t'ouvrir ;
En te voyant entrer chez moi
On pourrait avoir de mauvais soupçons.
. . . .

— M'as-tu donc trouvé jamais
Capable de trahison ?
. . . .
Aie confiance en moi.
. . . .
Je ne veux que te conter mes peines.

---

(1) Voyez le recueil des proverbes sardes de M. le chanoine G. Spano. *Proverbios sardos*. Cagliari, 1852.

— Conte-les de dehors.
Tu viens à une mauvaise heure;
Je ne puis t'ouvrir, je suis couchée.
. . . .
— Que je sois frappé de Dieu
Si je te touche seulement du bout du doigt !
. . . .
— Si tu ne me touches,
Je te tiendrai pour un galant homme.
A cette condition, entre,
Mon compère, je t'y autorise
. . . . (1).

D'un ton plus attendri et sous une forme plus poétique, Burns a dit :

— Oh! fais-moi entrer cette seule nuit,
Cette seule, seule, seule nuit,
Par pitié cette seule nuit.
Oh! lève-toi, et fais-moi entrer, mon cœur;
Tu entends la pluie et le vent d'hiver,
Nulle étoile ne clignotte à travers le grésil qui fouette;
Prends pitié de mes pieds fatigués
Et garantis-moi de la pluie, mon cœur;
Oh! fais-moi entrer cette seule nuit !
. . . .
— Oh! ne parlez pas du vent et de la pluie,
Ne me reprochez pas mes froids dédains.
Retournez par le chemin que vous avez pris,
Je ne vous ferai pas entrer, mon cœur.
. . . .
La plus rude tempête, aux plus sombres heures,
Qui fond sur le voyageur égaré,
N'est rien auprès de ce qu'endure la malheureuse
Qui s'est fiée à l'homme sans foi, mon cœur.
. . . .
La plus jolie fleur qui ornait la prairie
Est maintenant foulée aux pieds comme l'herbe la plus vile.

(1) *Poes. Temp.*, p. 175.

Que la fille simple profite de la leçon :
Ce sort peut être le sien, mon cœur.
. . . . (1).

Nous touchons enfin au dénouement. L'amour, soit qu'il ait traversé de longues épreuves, soit qu'il ait parcouru sans effort un chemin semé de roses, l'amour tient enfin sa couronne. Doux spectacle ! Voilà deux âmes qui n'en font plus qu'une, deux volontés dont l'unique souci est maintenant de se céder l'une à l'autre, deux poitrines qui se rapprochent dans un voluptueux embrassement, deux cœurs qui se fondent dans un baiser brûlant. L'amant se sent plus fort, depuis qu'il a une faiblesse à protéger. Il devient plus pur au contact des délicatesses que sa bien-aimée lui révèle, et sa fierté se tempère de je ne sais quelle grâce féminine. Elle et lui sont plus vertueux depuis qu'ils sont plus heureux, et le monde leur paraît plus beau depuis qu'ils le voient à travers leur passion satisfaite. N'ayant plus rien à se demander l'un à l'autre, ils ne demandent au ciel qu'une chose, c'est que rien ne vienne traverser leur bonheur, et que tous les jours ramènent pour eux, le même échange de tendres confidences, de caresses et de conversations amoureuses. Ils voudraient arrêter le temps, et ils crient aux heures avec le poëte :

Suspendez votre cours.
. . . .

(1) Burns, *Poésies*, traduction de Léon de Wailly, XCI et XCII.

> Assez de malheureux ici-bas vous implorent :
> Coulez, coulez, pour eux ;
> Prenez avec leurs jours les soins qui les dévorent,
> Oubliez les heureux !

Comme le reste du monde leur semble petit devant l'immensité de leur amour ! Comme les intérêts de la vie leurs paraissent bas, des sommets où ils sont montés ! L'amour est un magicien qui transforme tout, et si de toutes les passions c'est lui qui donne le plus de bonheur, c'est qu'il donne le plus d'illusions et cache le mieux les tristesses de la réalité. Les autres bonheurs sont imparfaits parce qu'ils ne satisfont qu'à quelques-unes des aspirations de l'homme, et laissent toujours un vaste champ ouvert aux désirs. L'amour seul donne un bonheur complet parce qu'il s'empare de l'homme tout entier, concentre sur un point unique toutes ses facultés et toute son énergie, et rend son âme entière à l'infini. Cette plénitude de l'être, ces ravissements enthousiastes, sont exprimés avec bonheur dans les stances suivantes :

> Les plus doux instants de ma vie
> Sont ceux que je passe, ô ma belle, à t'adorer.
>
> Les moments les plus heureux, les plus pleins,
> Sont ceux que je passe, ô bonheur !
> A adorer tes yeux pleins d'amour.
> Peut-être est-ce ainsi qu'au ciel jouissent
> En face de Dieu les âmes des bienheureux.
> . . . .
>
> En extase devant ta beauté,
> Je brûle d'une amoureuse flamme,

Et vers les plus hautes, les plus pures sphères,
Je sens monter mon âme qui se fond dans un soupir.
En face d'un astre si beau
Le soleil arrêterait sa course.
Plus je t'admire, plus tu m'enchantes
   Et m'obliges à t'aimer (1).

Quand l'amour est si pur, si élevé, si ardent, il n'a nul besoin d'échanger des promesses, de se lier par des serments. Et pourtant il ne se lasse jamais d'en faire, car il lui semble qu'il ajoute ainsi aux jouissances du présent celles de l'avenir, et qu'il se donne par avance l'éternité du bonheur. « Le temps, » dit l'amant.

Le temps ne peut plus
Changer ma destinée.
Fidèle je te garderai
Ou sans toi je mourrai.
. . . .
Comme un écueil immuable,
Invincible à tous les éléments,
Un serment sacré
Me lie jusqu'à la mort.
. . . .
Que la fortune cruelle
Invente pour moi des tourments,
Elle ne changera pas mon cœur,
Elle ne changera pas ma destinée (2).

Et sa maîtresse répond :

Si tu es constant, je le suis aussi,
Et ferme en mes desseins.
Va, toute femme que je suis,
   Ne crains pas que je change.

(1) *Poes. Temp.*, p. 263.
(2) Spano. *Canz. prof.* LXIII et LXIV, p. 243 et suiv.

Dès ma tendre jeunesse
Je t'ai donné mon cœur,
Et pour toi j'ai juré
D'endurer et peines et douleurs.
. . . .
Que la mer s'agite et s'irrite,
Le lien qui nous unit
Tant que je vivrai restera pur et fort.
. . . .
A toi seul je consacrerai
Les années, les mois, les heures.
  Si tu es constant,
Va, ne crains pas que je change.

Le cœur ne change pas, en effet, tant qu'il est si rempli. Il faut qu'il soit déjà détaché pour se mettre en quête d'un nouvel amour. Aussi, comme l'amant dédaigne et comme il plaint les malheureux qui sont réduits à étaler leurs bonnes fortunes. Il sait bien qu'ils n'ont pas trouvé le bonheur puisqu'ils le cherchent encore :

Il en est qui dans le nombre de leurs maîtresses
  Font consister leur bonheur ;
Pour moi en aimer une seule
  Fait tout le mien.

. . . .
. . . .
D'une seule je me contente,
D'une seule je me rappelle,
Car je n'ai qu'un seul cœur.
. . . .
Dans le nombre de leurs belles
Ils mettent leur orgueil,
Et moi je mets mon bonheur
  Dans une seule.
    . . . .

> Partout où s'arrête leur regard
> Leur cœur se pose,
> Et moi, hors d'une seule,
> Je ne sais ce qu'est l'amour.
> Et je n'ambitionne pas d'autre honneur
> Que de lui être fidèle (1).

La fidélité, qui est une des formes de la foi, met au cœur une cuirasse d'airain. Tant que l'amant a la foi, l'humeur de sa maîtresse lui est douce à supporter. Il vit dans une sphère où nul coup ne peut l'atteindre. A la hauteur où il plane les nuages ne montent pas. Il se croit aimé, il aime, n'est-ce point assez? De quoi se plaindrait-il? Sa maîtresse a des caprices, elle n'en est que plus charmante. Elle boude, mais elle rachète ses bouderies par de si tendres caresses! On se brouille, mais c'est pour se raccommoder, et tout raccommodement est un renouvellement d'amour. Les roses sans épines sont aussi sans odeur :

> Belle, toutes les injures que tu peux me faire
> Je les supporterai, hors l'infidélité.
>
> Traite-moi comme tu voudras.
> Montre-toi ingrate, montre-toi cruelle,
> Invente des tourments, imagine des peines,
> Abreuve-moi d'amertume et de fiel,
> Pourvu que ni dans tes paroles ni dans tes actes
> Tu ne sois ni fausse ni infidèle!
> . . . .
>
> Condamne-moi à un continuel martyre,
> Imite, surpasse les tyrans,

---

(1) *Poes. Temp.*, p. 179.

> Flagelle-moi durement. Tout de ta main
> Me sera doux, pourvu que la trahison
> Tienne toujours éloigné de mon cœur
>   Son âpre aiguillon (1).

On a beau accuser sa maîtresse, l'amant reste sourd. Il sait combien le bonheur fait d'envieux, et combien la beauté fait de jalouses. Il ne veut rien entendre. Il n'a jamais mieux senti la force des liens qui l'enchaînent que depuis qu'il croit qu'on les veut rompre. Son amour trouve une excitation nouvelle dans les obstacles qu'on lui oppose.

> Si par leurs méchants propos,
> Si par leurs outrages
>   Ils se flattent
> De te faire abandonner de moi,
> Ils se trompent; car à ton amour
>   Ta douceur m'enchaîne.
>
> Loin de te nuire en mon esprit,
> Ces méchantes langues
> Rendent mon amour plus fort,
>   Sinon plus grand (2).

L'amant eût-il des soupçons, il en souffrira cruellement, mais il ne se détachera pas pour cela. Il y a des illusions auxquelles il en coûte trop de renoncer. Quand l'amour est immense, rien n'en guérit. Pour ne rien voir, on aime mieux fermer les yeux.

> Les infidélités qu'on t'impute,
> Je ne veux pas les savoir, car je ne veux pas te quitter.

---

(1) Don Gavino Pes.
(2) Poes. Temp., p. 126.

Contre toi, les reproches pleuvent.
On me dit que tu es infidèle,
Que de mon bon cœur tu abuses,
Que plus je t'aime, plus tu m'es cruelle.
Mais je tiens l'œil et l'oreille fermés
A tout ce qui me pourrait rendre jaloux.
O ciel ! comment croire jamais
Que tu consentes à me tromper ?

De tout ce qu'on dit contre toi
On s'offre à me donner des preuves,
On s'offre à me faire voir, à me faire toucher du doigt
Tes caprices anciens et nouveaux ;
    Mais je t'aime trop
Pour m'exposer à une telle enquête.
Ce qu'on dit fût-il vrai,
Aurais-je le cœur de t'abandonner ?

Si tu songes à me trahir, ou si tu m'as trahi,
C'est pour moi la plus cruelle des morts,
Le plus douloureux coup de poignard.
Mieux vaut cent fois ne rien savoir.
Ainsi me conseille l'amour,
Complice, hélas ! trop facile de mes désirs,
Car je ne puis me lasser de t'aimer (1).

Marot avait répondu de même, lorsqu'on lui disait qu'il était trahi par sa maîtresse :

Je le sais bien, mais point ne veux le croire ;
Car je perdrais l'aise que j'ai reçu.

(1) *Poes. Temp.*, p. 12.

L'amour est comme le soleil, il ne peut pas rester au zénith. Une fois à son apogée, il redescend, et l'ombre de plus en plus se mêle à ses rayons. Tous les sentiments qui lui font cortége, et qui autrefois multipliaient ses joies, multiplient alors ses souffrances, et il n'est pas une puissance dans l'âme, pas une situation dans la société qu'il ne laisse, lorsqu'il meurt, flétrie et désenchantée. Plus son empire est vaste, plus les ruines y sont nombreuses, plus l'histoire de sa décadence est triste et complexe.

Déjà dans l'amour heureux on voit poindre un germe empoisonné, la jalousie. La jalousie à ses débuts n'est guère pour la passion qu'un nouvel aiguillon, une intermittence dans la foi, qui loin de l'abattre lui fait reprendre haleine et la fortifie. Elle ne détruit pas le bonheur, elle y ajoute, au contraire, un âpre stimulant :

> Il est vrai que l'amour
> Est pour le cœur la source de mille peines ;
>   Mais sans ces peines
> Il n'est point de bel amour.
> . . . .
> . . . .
>   La chaîne pèse
> A l'amant qui la porte ;
> Mais à qui la porte
> Elle ne serait point douce, si elle n'était pesante.
> . . . .
> Sans doute c'est une peine
> Que les soupçons jaloux ;
> Mais c'est la jalousie
> Qui de l'amour fait la force,
> Sans elle l'amour aisément

Devient inconstant (1).

Mais dès que la jalousie prend pied dans l'âme, dès qu'elle devient autre chose qu'un éclair passager, elle cesse d'être goûtée, même des poëtes vieillis et blasés. Elle n'est plus un raffinement dans le plaisir, elle est une souffrance, la plus cruelle des souffrances, car elle atteint l'homme à la fois dans ce qu'il a de plus cher et de plus intime, dans son amour et dans son amour-propre. L'amant, double supplice, doute alors et de lui-même et de sa maîtresse. Et plus il fait d'efforts pour ne pas douter d'elle, plus il découvre en elle de perfections nouvelles, plus le trésor qu'il craint de perdre lui paraît précieux, plus il s'y attache et devient malheureux. Non content de souffrir, il fait souffrir les autres. Un sourire, un mot, un silence, un soupir, les joies, les peines de sa maîtresse, tout, même ce qui devrait le rassurer, l'inquiète. Il épie, il soupçonne, il accuse, et il finit par être aussi ridicule qu'odieux :

>   Ingrate, car tu ne mérites
>   Que trop ce nom,
>   Dis-moi, comment peux-tu te réjouir,
>   Sachant que si cruellement je souffre?
>
>   Pourquoi te livrer
>   A ces transports de joie,
>   Tandis que je suis à l'agonie?
>   Moi qui donnerais ma vie
>   Pour te procurer des plaisirs,
>   Quel cœur as-tu, sans moi,
>   De te réjouir?

(1) *Poes. Temp.* p. 177.

Pourquoi ces galanteries
Faites sur ta porte, de ton balcon,
Sachant les souffrances,
Le trouble, les douleurs
De ton amoureux absent?
Peux-tu donc sans moi
   Goûter tant de joies?

Comment peux-tu,
Aux champs comme à la ville,
Prendre part à tant de fêtes,
Quand jusqu'aux étrangers,
En voyant ma tristesse,
   Sur mon sort s'apitoient (1).

Avoir ainsi des soupçons et ne pas savoir s'y soustraire, accuser sa maîtresse (2) de parjure et de trahison, lui reprocher son indifférence, ses joies, ses amitiés, être sans cesse en éveil pour découvrir de nouvelles raisons de se tourmenter, ne pouvoir s'affranchir ni de son amour ni de ses doutes, sentir sa foi défaillir au moment où l'on comprend qu'elle seule donnerait le bonheur, c'est là une des formes les plus ordinaires de la jalousie. Mais ce n'est pas celle qu'on rencontre le plus souvent en Sardaigne. Chez les Sardes, la jalousie est plus intense, plus absolue. Elle ne s'enferme pas dans l'âme, elle ne s'exhale pas dans des récriminations amères. Violente et muette, elle dédaigne de se plaindre, elle tue. Un soupçon pour ces

---

(1) *Poes. Temp.*, p. 62.
(2) J'emploie presque toujours ici le mot maîtresse dans le sens d'amante, de bien-aimée, dans le sens que lui donnait Joseph de Maistre lorsqu'il écrivait à sa bru : « Soyez la maîtresse de Rodolphe. » (*Lettres et Opuscules* du comte J. de Maistre, 2 vol. in-8°.)

hommes farouches est déjà une réalité. Ils ne le pèsent pas, ils ne le contrôlent pas, ils lui obéissent. Aucun des sentiments ordinaires aux races polies par une civilisation plus avancée ne fait contre-poids à leur imagination fougueuse. Rien ne les modère ni ne les retient. Les traditions et les habitudes au milieu desquelles ils vivent, les aiguillonnent plutôt qu'elles ne les refrènent, et, tout entiers à leur colère, dès qu'ils se croient outragés, ils ne songent qu'à se venger. Ils se précipitent dans la haine comme ils s'étaient jetés dans l'amour, avec une énergie sauvage. Ils la couvent en secret, longtemps, jusqu'à ce qu'ils trouvent l'occasion de l'assouvir dans le sang, et un beau jour ils font tomber sous leur escopette ou sous leur poignard leur maîtresse ou leur rival. Du moment qu'ils se croient offensés, ils ne reconnaissent plus de droit à l'offenseur. Ils regarderaient comme une folie un duel qui laisserait douteuse leur vengeance. La vie de leur rival leur appartient ; ils la prennent sans scrupule. Ils croiraient manquer à leur conscience, ils se déshonoreraient à leurs propres yeux, s'ils n'allaient pas jusqu'au meurtre. Parmi les nombreuses *vendette* dont la Sardaigne était, est encore le théâtre, les *vendette* par jalousie sont les plus nombreuses. Là, Othello n'épargne pas Desdemona, Paolo n'achève pas avec Francesca son amoureuse lecture, et les côtes empestées de l'île font penser au sort sinistre de la Pia (1). On voit souvent de tendres

---

(1) Ces deux épisodes du poëme de Dante sont trop connus pour qu'i soit nécessaire d'y renvoyer.

jeunes filles qui eussent pleuré devant un reproche de leur amant, le tuer sans merci s'il les abandonne, anges de la haine qui deviennent cruelles par excès d'amour.

Il n'y a pas bien des années, un bandit célèbre, réfugié dans les montagnes du Logudoro, avait, dans l'une de ses courses rapides aux villages de la plaine, rencontré une jeune contadine. Séduit par sa beauté, il l'aima, il le lui dit. Antonica vit avec orgueil le cavalier farouche devant qui tremblait tout le pays, implorer d'elle en tremblant un regard, un sourire. Elle se sentait doucement, profondément émue chaque fois que pour la voir il accourait, risquant sa liberté, sa vie. Elle lui donna son cœur et lui promit sa main. Elle attendait impatiente, mais heureuse, l'heure annoncée du mariage. Tout d'un coup, elle apprend que son amant la trompe. Il en aime, il va en épouser une autre. Elle lui demande un rendez-vous. Elle le somme de s'expliquer. Lui, hautain et dur, ne dissimule rien. Libre dans ses amours comme dans sa vie, il ne veut pas s'enchaîner aujourd'hui à celle qui lui plaisait hier. N'en est-il pas le maître? Doit-il sacrifier sa passion nouvelle à ses vieux serments? Est-ce sa faute si deux beaux yeux le rendent infidèle, et si ses habitudes vagabondes l'ont rendu capricieux? A ce dédain brutal, Antonica ne répond ni par des larmes, ni par des prières. Elle n'essaie pas de fléchir un cœur qui ne lui appartient plus; où l'amour a échoué, elle sait que la pitié serait impuissante. Pâle de rage, elle saisit un pistolet et tue l'infidèle. La Sardaigne est pleine de ces aimables furies qui, sous l'empire de la passion, ne connaissent plus de limites à leurs emportements, et plus d'une fois les drames amoureux ont eu jusque dans son histoire un retentissement sinistre (1).

Si violente et si souvent sanglante, on comprend que la jalousie ne prenne plus la poésie pour interprète, et il n'est pas étonnant qu'on trouve si rarement dans les chants populaires des Sardes l'expression d'un sentiment qui tient tant de place dans leur vie. La poésie abdique où le coup de poignard commence. Il lui reste d'ailleurs sur le terrain des infortunes amoureuses un champ assez vaste à parcourir et celui-là est bien de son domaine, car l'imagination entre toujours pour une grande part dans les souffrances d'amour, quand à elle seule elle ne les crée pas. Les chagrins du départ, les inquiétudes et les langueurs de l'absence, les cruels propos des envieux, les amertumes du délaissement, les noirceurs de la trahison, voilà le thème éternel que chaque peuple, chaque esprit brode à son tour de nuances diverses. Nous retrouvons ce thème dans les chants sardes; s'il n'y est guère rajeuni, il y revêt au moins une forme toujours vive, simple et franche :

> Je vais partir. Oh! quelle douleur!
> Quelle peine, quel désespoir!
> O ma belle, il n'est pas vrai
> Qu'on meure de chagrin.

(1) Voyez dans les historiens sardes, entre autres dans Gazzano et dans Manno (livre X), l'histoire du meurtre du marquis Laconi et du marquis Cea (1668).

> Je pars, je vais me consumer dans les pleurs,
>   Loin de tes beaux yeux.
>
> . . . .
>
> Quel poignard empoisonné
> Sera ce dernier adieu !
>
> . . . .
>
> Lorsque dans mon affliction violente,
> Je suivrai mon chemin,
> J'aurai sans cesse auprès de moi
>   Mes tristes pensées.
>
> . . . .
>
>   J'aurai devant moi
> Le doux cortége de tes gracieuses manières,
>   De tes caresses amoureuses,
> Tes beaux traits, tes confidences,
>   Et ces douces espérances
> Qui se sont séchées dans leur fleur.

S'il est des amours qui résistent à la séparation, et qui, loin de s'affaiblir dans l'isolement, semblent y puiser une force nouvelle, la plupart, il faut l'avouer, n'ont pas assez d'énergie ni de profondeur pour se suffire à eux-mêmes, et loin de l'objet aimé ils cèdent peu à peu à l'oubli, ils se laissent détourner par les intérêts, les affaires, les plaisirs, et finissent par s'éteindre sous le tumulte des distractions et l'invasion des sentiments parasites. Toutefois il faut du temps pour que la séparation amène le détachement. La douleur qu'elle cause ne fait d'abord que stimuler l'amour, le rendre plus ardent et plus tendre. L'amant, au moment où il se voit séparé de sa maîtresse, s'imagine qu'il perd tout point d'appui dans le monde, Il ne trouve plus autour de lui qu'une tristesse immense, celle qu'il porte en son âme. Rien ni personne ne l'attache plus. Tout prend à ses yeux la teinte lugubre de ses sentiments. Dans ce vide et cet isolement, son amour se double de toutes les souffrances qu'il éprouve, et tous les élans de son cœur le reportent vers celle qui enchantait tout, animait tout pour lui, lui faisait trouver tant de charmes à la vie. Il efface de son souvenir, comme un outrage, les défauts qu'autrefois il reconnaissait en elle. Lui étant plus nécessaire, elle devient pour lui plus parfaite. Il l'appelle, il l'implore, il n'a qu'un désir, se rapprocher d'elle :

>Je ne puis souffrir, ô ma belle,
>De te voir loin de moi.
>Pour moi, vivre sans toi
>Ce n'est pas vivre, c'est mourir.
>
>Comment veux-tu que mon cœur
>   Puisse résister
>En se voyant séparé
>De l'objet de son amour ?
>. . . . .
>. . . . .
>A quelle vie serai-je donc
>   Condamné,
>Si de ta beauté je ne puis
>   Jouir (1).

Non content de se plaindre, l'amant veut être plaint :

>Soupirs de mon cœur
>Allez en ma place,
>Et, messagers fidèles,
>Visitez l'unique objet de mon amour.

(1) *Poes. Temp.* p. 290.

Allez, ô mes soupirs,
Visiter cet objet chéri,
Dites-lui que je porte en mon âme
L'idole de ma vie.
O mes soupirs, peignez-lui
Ma passion en traits de flamme,
  Et, messagers fidèles,
Visitez l'unique objet de mes amours.
. . . .

Soupirs pleins d'amour
. . . .
Tâchez de réunir
Mon cœur à son cœur,
Sinon, toujours inquiet,
Dans la peine je passe et les jours et les heures.

. . . .
  Tendres soupirs
De mon cœur amoureux,
. . . .
Sur ses lèvres chéries.
Si on vous le permet, laissez un doux baiser (1).

Souvent deux amants séparés l'un de l'autre, voient se dresser entre eux des obstacles qui menacent leur amour et qui ne leur laissent plus même la sécurité de l'espérance. Aux chagrins de l'absence s'ajoute alors pour eux la tristesse des pressentiments, l'inquiétude de l'avenir. Ils souffrent doublement, ne se voyant plus et craignant d'être perdus l'un pour l'autre. Et pourtant cette double et amère douleur n'est pas pour eux sans compensation, si elle leur fait mieux comprendre l'étendue de leur amour. Ils souffrent, il est vrai,

(1) *Poesie Tempiesi*, pag. 274.

d'autant plus qu'ils s'aiment davantage ; mais peut-être s'aiment-ils un peu plus depuis qu'ils souffrent l'un pour l'autre. Pour s'aimer beaucoup, en effet, il faut avoir pleuré ensemble. Le lien le plus fort entre deux cœurs généreux est celui du mutuel sacrifice, et la passion la plus durable est celle qui a été cimentée par les larmes ;

>   O ma belle ! ne pouvant t'aller voir,
>   Je t'envoie une colombe messagère,
>   . . . .
>   . . . .
>   Elle te portera fidèlement
>   Les soupirs où sans cesse je me plonge ;
>   Elle te dira dans quel tourment
>   Ma vie tout entière se passe,
>   Et que, fidèle à mes vœux,
>   Jamais je ne t'oublie.
>   Mais, je t'en prie, ne te chagrine pas,
>   Notre sort peut changer.
>
>   Pour moi j'espère ; j'ai vu
>   Tant de fois la fortune tourner,
>   Et la tristesse, l'affliction
>   Se changer en fête, en bonheur.
>   Je ne m'abandonne pas,
>   Tout battu et persécuté
>   Que je sois par le destin.
>   D'ailleurs, toujours et toujours
>   Tu seras la seule que j'aimerai.
>
>   . . . .
>   . . . .
>
>   Ah ! voici ma colombe intelligente,
>   Elle vient, elle me dit :
>   « Ton amante est belle et bien portante ;

« Elle a pour toi un amour sincère ;
« Elle gémit d'être séparée de toi. »
. . . .

Je ne regrette pas les chagrins que me coûte
Mon amour, ô mon olive verte (1).
Puisque tu es constante et disposée
   A m'aimer toujours,
Nulle anxiété ne trouble plus
Ma paix ; tu m'as rendu la vie.

Pourtant c'est une douleur, une peine pour moi,
De ne pouvoir échanger avec toi un regard,
Avec toi, ma rose charmante
Que je porte sans cesse en mon cœur.
. . . . (2)

La séparation vraiment cruelle est celle qui se complique d'abandon et de trahison ; car elle ne sépare pas seulement les amants, elle sépare les âmes, et met entre elles un infranchissable abîme. Tant que l'amant avait à lutter contre des obstacles, il était soutenu par l'espoir et par la nécessité de l'action. Obligé de déployer son énergie, ses ressources, il échappait par moment à la préoccupation de son mal, qui d'autant se trouvait diminué. Mais maintenant délaissé, trahi, ne pouvant qu'accuser sa destinée et ne pouvant plus la changer, sa douleur est sans bornes parce qu'elle est sans diversion. Poursuivi par l'obsession des souvenirs heureux, il cherche en vain l'oubli. C'est justement quand on le cherche qu'on ne le trouve pas. Car le chercher c'est

---

(1) Cette comparaison est fréquente dans les chants populaires de la Toscane.
(2) Spano, *Canz. prof.* LIII, p. 198.

s'occuper encore des pensées dont on voudrait s'affranchir. L'oubli d'ailleurs que le temps seul amène, quand il l'amène, les vrais amants n'en veulent pas. Le chagrin est pour eux un fruit amer auquel ils ne peuvent plus renoncer, qu'ils savourent avec une âpre volupté. Il devient pour eux une passion qui, comme les autres passions, ne meurt que d'épuisement et ne finit qu'avec leur amour. L'âme ne se console guère que quand elle a touché le fond de la douleur ; car, c'est là seulement qu'elle trouve un point d'appui pour reprendre son essor. Elle remonte alors, ne pouvant plus descendre, semblable au plongeur qui a besoin d'aller au fond du lac pour y prendre l'élan qui le ramène à la surface.

L'expression de la douleur varie avec les situations et les caractères. La femme abandonnée mêle à ses imprécations un dernier effort de tendresse amoureuse :

> Troublée par tant de souffrances,
> O mon ami, permettez que je pleure,
> Que je gémisse. Comment m'avez-vous traitée?
> Votre conduite a été barbare, ingrate et traîtresse.
> . . . .
>
> Cette foi, ô mon ami, que vous m'aviez jurée
> Dites, comment l'avez-vous gardée?
> . . . .
> Et pour y manquer, quelle raison
> Aviez-vous qui fût légitime?
> Dites, ô mon ami, quelle est de mes actions
> Celle qui vous a paru imprudente?
> Aviez-vous de justes soupçons?
> M'avez-vous vu changer?
> Dites, ô mon ami, quel est le motif
> De votre prompt oubli?

> Peut-être mon unique tort est-il dans l'excès
> D'amour que je vous ai montré.
> . . . .
> . . . .
> De votre part, certes, je ne m'attendais pas
>   A être ainsi traitée.
> C'est avec le mensonge que vous avez payé ma foi :
> Souvenez-vous que par vous
> Une âme innocente a été déchirée.
> . . . .
> . . . .
> Ce n'est plus le nom d'ami que je dois vous donner,
> C'est celui de traître infâme et d'homicide (1).

N'est-ce point là l'accent ému d'une femme qui aime encore et dont les souvenirs combattent la colère ? Elle n'a pas la force de s'arracher à ses illusions et de se détacher de l'espérance ; mais sous ses pleurs on la sent frémir, et déjà la haine l'attire et l'envahit. Dans son abandon la vengeance prend pour elle un éclat fascinateur, comme la lame du poignard qui étincelle dans la nuit. Elle supplie encore et déjà l'on comprend qu'elle va être impitoyable.

Il y a des âmes dont la douleur est plus calme ; elle n'en est que plus profonde. Au lieu de répandre leur énergie dans d'amères imprécations, elles se replient sur elles-mêmes, et il se passe en elles quelque chose qui ressemble à une mort. Pauvres âmes délaissées ! Elles se reportent vers le passé qui est tout pour elles, et elles en évoquent les souvenirs avec une ardeur désespérée. Les faveurs autrefois dédaignées reprennent

---

(1) Spano, Canz. prof. LV, p. 205.

pour elles, à travers la magie de l'éloignement, un prix immense. Et les objets, les lieux qui ont été les muets témoins de leur bonheur, prennent une voix pour leur rappeler les circonstances les plus fugitives de leur amour. Les sentiments qui finissent sont comme les hommes qui vieillissent : ils regardent derrière eux. Ce regret des temps heureux est cruel sans doute aux malheureux, et cependant il est leur unique consolation, leur seul refuge. Il est moins triste encore que le vide du présent et le désenchantement de l'avenir. C'est une fleur fanée, mais c'est pourtant une fleur :

. . . .
De lui parler on m'a défendu
Si par hasard je la rencontre.
Ainsi à toute heure,
Au logis, dehors, partout,
A la tristesse et au deuil
Mon cœur est condamné ;
Mon tombeau est ouvert.

On a poussé la tyrannie
Jusqu'à vouloir enchaîner mes yeux ;
   De la regarder
On me fait un crime.
. . . .
Le cœur qu'elle m'avait donné
En garde, elle me l'a repris,
A un autre elle l'a livré,
Et de le reconquérir je n'ai pas d'espoir.
Pourtant je l'aime encore.
Mon amour, mes désirs n'ont fait que grandir.

Joies et plaisirs
Allez vers de plus heureux.

. . . .
Un amant trompé
Doit avoir la tristesse pour compagne.

Pierres de la chambre
Qui avez entendu les serments
De celle qui, pour mon malheur,
Maintenant m'a délaissé,
　Apitoyez-vous
Sur ce cœur triste et déchiré.
. . . .

. . . .
Vous tous, lieux
Qui avez entendu les déclarations de notre amour,
　Venez pleurer
Sur mes malheurs.

Amoureuses œillades,
Qui connaissez nos secrets
Et qui, en pénétrant dans nos cœurs,
　Y avez formé
Les liens de notre amour,
Vous aussi, venez vous associer à mes tourments.

Et toi, ingrate amante,
　Sois fidèle et constante
A l'amant que tu as choisi ;
Mais si tu n'es pas dure comme un diamant,
Donne au moins un souvenir
A celui que tu as trahi (1).

Il y a de la mélancolie et de la grâce dans ces stances. Je préfère pourtant les suivantes ; elles me paraissent plus simples, plus franches, plus naïves, plus émues :

Puisque mon mauvais sort
Me défend de t'aimer, ô mon Hélène,

(1) Spano. *Canz. prof.*, XVIII, p. 77.

Je m'éloigne...
Je vais passer ma vie
Là où mes yeux ne te verront plus.

O cruel arrêt,
O dure séparation! ô douleur amère!
Je souffrirais moins
A recevoir la mort
Qu'à me voir séparé
De la belle que j'ai aimée et que j'adore.
. . . .
. . . . , ...

O mobilité du sort,
O fortune irritée contre moi!
Jadis si aimable,
Nuit et jour tu me comblais de joies
Et maintenant, cruelle,
Tu me condamnes à vivre en un tombeau.

Mourons! je suis content de mourir;
Il est temps. Adieu, monde,
Adieu, ô ma beauté,
Joies et plaisirs, adieu!;
Adieu, riche trésor.
. . . .
Rappelle-toi toujours
Que je n'ai cessé d'être fidèle et constant.
De nous revoir encore
En ce monde, nous n'aurons pas, je le crains, le bon

Si par hasard, ô ma rose effeuillée,
Tu apprends que je vais mourir,
Accours, n'y manque pas,
Les cheveux épars, baignée de larmes,
Dis un dernier adieu à mon tombeau,
Et songe que je meurs de t'avoir aimée (1).

---

(1) Spano. *Canzoni profane*, XXII, p. 93. Nous parlerons plus loi hants funèbres dont il est question dans cette dernière strophe.

La pensée de la mort est naturelle à l'amant abandonné. Tout étant désenchanté pour lui, il se figure aisément que la fin de son amour est la fin de sa vie. Dans le désespoir qui l'accable, une pensée seule survit, celle de son bonheur passé, et sa dernière pensée est pour celle qu'il n'a cessé d'aimer.

> A grands cris je t'appelle,
> Et tu ne veux point m'entendre ;
> Viens avant que je meure,
> Je n'ai point au monde d'autre désir.
>
> C'est la voix d'un vrai amant
> Qui t'appelle et te supplie ;
>   Viens rendre la vie
> A un cœur agonisant,
> Viens lui rendre la vie
>   Qui lui échappe (1).

L'amour est un sentiment tellement universel, si profondément inhérent à la nature humaine, que partout, à toutes les époques et sous toutes les latitudes, il porte en lui les germes de son complet développement. L'amour d'une bayadère, celui d'une hétaïre ou d'une vierge chrétienne, sont bien différents, et cependant ils ont leurs points de contact et leurs ressemblances.

Lisez les épithalames et les chants populaires de l'Inde, vous y verrez le plaisir sans voiles, qui s'étale

(1) *Poes. Temp.*, p. 352.

sans honte et qui étreint sans scrupules. Écoutez l'épouse :

« O mon amie, j'ai compté les nuits que j'ai passées avec mon
« bien-aimé, nuits pendant lesquelles il ne s'est pas séparé de
« moi un seul instant. Mais depuis lors, des années, des heures
« et des minutes se sont écoulées..... Hélas! sans mon bien-
« aimé, mon lit brûle comme s'il y avait des étincelles de feu.
« Le nom d'une rivale a pénétré dans mon cœur; mes yeux
« en sont devenus rouges. »

Et voyez la bacchante :

« Dans l'agitation du plaisir, la coupe en main elle vient vers
« moi. O mon cœur, sois ivre de joie, et mets de côté toute re-
« tenue. »

Il n'y a guère de transports plus sauvages et plus jaloux ; cependant ils n'étouffent pas les élans et les cris du cœur :

« Si tu exigeais le sacrifice de ma vie, je te l'abandonnerais
« volontiers, et je me glorifierais d'une mort si douce pour un
« cœur aimant (1) ».

Ainsi, jusque dans l'Inde, sous le sensualisme le plus effréné, on découvre le dévouement absolu. A côté de la passion qui sacrifie tout à elle, on retrouve l'abnégation qui ne connaît pas de limite au sacrifice, et l'on voit pour ainsi dire les deux pôles de l'amour se rejoindre.

Comme dans l'Inde, l'amour en Grèce se produit en même temps sous les formes les plus opposées.

(1) *Chants populaires de l'Inde*, traduits par M. Garcin de Tassy.

En Grèce, la femme n'occupait qu'une place inférieure dans la société, et Iphigénie exprimait un fait trop réel lorsqu'elle disait : « La vie d'un seul homme vaut plus que celle de mille femmes (1). » Et cependant y a-t-il une littérature qui ait peint aussi bien que la littérature grecque les sollicitudes délicates, les chastes tendresses, la fidélité de l'épouse? Y a-t-il des types de l'amour conjugal plus purs, plus charmants, plus achevés, que Pénélope et Andromaque (2)? Et Ulysse ne semble-t-il pas avoir pressenti les douceurs idéales du mariage chrétien lorsqu'il s'écriait : « Je ne sais pas de « bonheur plus grand que celui d'une maison où l'époux « et l'épouse n'ont qu'une volonté, qu'une âme (3) » ? Le harem, même, n'étouffe pas toutes les vertus qu'il voile, et de récents voyageurs ont retrouvé avec étonnement sous la polygamie, comme un diamant dans la boue, les plus nobles inspirations de l'amour et les plus tendres attachements de la famille (4).

Ainsi, jusque dans les conditions les moins favorables, l'âme humaine conserve sa grandeur, et elle se manifeste partout avec toutes ses énergies dans le plus intime des sentiments, l'amour. Mais si elle reste au fond partout la même, il s'en faut cependant qu'elle soit partout également développée. Si elle ne change pas de nature, elle change de taille. Elle grandit parce qu'elle

---

(1) Dans Euripide.
(2) Dans Homère.
(3) *Odyssée*. L. VI. Ulysse s'adressant à Nausicaa.
(4) *Souvenirs d'Asie-Mineure*, par M. G. Perrot, ancien élève de l'école d'Athènes. Michel Lévy. 1 vol. in-8°, 1863.

est un organe de l'humanité et qu'elle vit, et sans être altérée dans son essence, elle subit toutes les influences de l'atmosphère sociale et religieuse où elle est placée. Ses croyances deviennent pour elle une seconde nature.

Sans doute, nulle religion n'introduit en elle de sentiments, d'instincts nouveaux ; mais une religion peut changer la hiérarchie des sentiments et des instincts, refouler les uns, favoriser l'essor des autres, étouffer certains germes, en développer d'autres, et par là renouveler l'âme. C'est ce qu'a fait le christianisme. Il a ouvert à tous les cœurs les sources pures où jusqu'alors quelques cœurs d'élite s'étaient seuls abreuvés. Il a fait participer les plus humbles aux idées qui n'avaient été jusqu'alors que le patrimoine des plus grands, et c'est ainsi que sans rien détruire, sans rien créer, il a changé la physionomie de l'amour. L'amour antique connaissait la pudeur, l'amour chrétien connaît les scrupules. Tandis que l'un suivait librement sa pente, l'autre souvent se combat lui-même, et par là il se montre plus varié et plus dramatique sans être moins ardent. Il tient une plus grande place dans la société. N'étant plus couvert par l'ombre du gynécée, il prend plus souvent le voile séduisant d'un mystérieux demi-jour. Rencontrant plus d'obstacles, battu par plus d'orages, il a plus de nuances. Il accepte plus volontiers les sacrifices obscurs et en comprend mieux la grandeur. Il s'épure au pied des autels où il vient se faire bénir. Il remonte plus aisément vers Dieu qui est sa source première. Il trouve à sa mobilité un appui plus ferme dans une règle plus sévère, et dans ses désenchantements de plus efficaces consolations. Il est plus près du devoir et moins près de l'instinct. Il a gagné en délicatesse tout ce que la femme a gagné en liberté ; car les noblesses de l'âme commencent toujours par l'émancipation. L'antiquité adorait l'Amour comme un dieu, mais les dieux sont si loin ! Nous lui obéissons comme à un roi.

Dans les chants sardes que j'ai cités, la gamme de l'amour est complète : aucune note n'y manque ; on y retrouve toutes les variétés, tous les degrés de la passion amoureuse. Le christianisme a là, comme partout, produit des effets profonds. En faisant la femme souveraine, il a soumis à son sceptre non point l'amour, mais les amoureux. En ne la laissant plus dépendre que d'elle-même, en la rendant plus complétement maîtresse de son âme, en lui donnant dans la société une place plus élevée, en la mettant en présence de l'homme avec des droits égaux, en substituant au joug matériel du gynécée le joug moral du devoir (1), il a multiplié les situations dans lesquelles l'amour se produit, et par conséquent les formes qu'il peut revêtir. Mais si son action a été grande, il n'a pourtant changé ni le pays ni la race, et il n'a pas détruit l'influence qu'exercent toujours les habitudes de la vie et les conditions de la société. La Sardaigne devenue chrétienne n'en reste pas moins voisine de l'Afrique ; et comme elle a gardé son soleil, elle a conservé ses passions ardentes. Elle

---

(1) Dans la société romaine c'était déjà presque le seul.

ne s'est pas dépouillée de son tempérament. Elle ne s'est pas affranchie de ce paganisme éternel commun aux peuples méditerranéens, que pour moi je regretterais de voir s'affaiblir, car il n'est que l'amour du beau sensible, l'adoration de la nature et de l'homme, c'est-à-dire le principe même de l'art. Le christianisme ne pouvait pas plus transformer un Sarde en Germain qu'il ne peut d'un nègre faire un blanc. L'amour, en Sardaigne, est resté plus docile à la nature qu'à la règle. Il a conservé sa fougue et sa violence. Il a la fidélité de l'instinct plus que celle du devoir. Lors même qu'il n'est que caprice, il prend l'air et l'attitude de la passion et il en donne pour un instant les joies, tant il est accompagné de trouble, de vivacité, d'ardeur. Il est pur, parce que la vie est simple et qu'il n'est point exposé aux sollicitations qui ailleurs souvent le corrompent (1). Mais, si, dans les mœurs comme dans la langue, il se sépare rarement de l'estime (2), il ne se sépare pas non plus du plaisir. Il a dans le tête-à-tête des enivrements, il a dans les sérénades une familiarité hardie et gracieuse, il a dans les rendez-vous du *ballu tundu* des ententes muettes et des engagements sacrés, il a dans la jalousie une fureur sombre que les chants populaires ne rendent qu'à demi. Il faut le voir à l'œuvre pour en comprendre toute l'énergie ; car le peuple agit plus qu'il ne parle et fait l'amour plus encore qu'il ne le chante.

(1) Casta est quam nemo rogavit. (Ovid).
(2) *Istimari*, en sarde, veut dire aimer.

On se tromperait si l'on attribuait à l'amour en Sardaigne, le caractère langoureux, galant et fade qu'il prend dans certains recueils de poésies. Ces poésies amoureuses, bien qu'écrites en dialecte vulgaire, appartiennent à la classe des œuvres littéraires. Elles ne sont pas un fruit du sol ; elles ne sont qu'une imitation. Datant presque toutes du dix-huitième siècle, elles ont le ton de la poésie italienne à cette époque. Elles sont pleines de recherche et de prétention. Elles étouffent la vérité sous les nuances, et si, comme expression de la galanterie des salons, dont elles sont à la fois et la copie et le modèle, elles ne sont pas absolument fausses, elles sont fausses comme expression des sentiments populaires. Leur style tantôt a l'allure leste et pimpante d'un mousquetaire en bonne fortune, tantôt la coquetterie nonchalante d'une marquise ennuyée. Il n'est jamais sans fard. Les passions, les douleurs, les émotions y sont toutes superficielles. L'amour n'y est qu'un thème inépuisable de madrigaux précieux ou de voluptueuses romances. Il reste trop maître de lui pour pousser jamais un cri aigu et pathétique. Et que sont les poëtes ? le plus souvent de jeunes abbés de ruelles, qui ont pris le petit collet pour se mettre au service non de Dieu, mais des belles dames, et qui, introduits dans les cercles aristocratiques, se sont empressés d'en prendre le ton, et s'efforcent de plaire aux nobles patronnes qui distribuent les bénéfices et les grâces. Ce n'est point dans de tels poëtes, ce n'est point dans de telles œuvres qu'il faut étudier les sentiments d'un peuple.

Sous ce rapport, du reste, la littérature sarde tout entière ne présente qu'un faible intérêt. Elle ne nous révèle pas l'âme de la nation. Elle a toujours été ou étrangère ou factice (1). Il faut une vie nationale pour produire une littérature nationale. L'Italie n'a gardé sa séve littéraire que jusqu'au moment où elle s'est appartenue, et de nos jours le réveil de son indépendance a été précédé d'un mouvement général de renaissance intellectuelle. La pensée captive s'étiole. L'esprit souffre de toutes les règles qu'il ne se donne pas lui-même. Il faut, pour que le génie se déploie, qu'il soit libre; car il est avant tout la hauteur de l'âme, la largeur des horizons, l'indépendance des idées et du caractère. Il n'y a pas de grands écrivains où il n'y a pas de grands citoyens.

(1) J'oppose ici les productions littéraires aux chants populaires, et je ne parle pas de la littérature sarde contemporaine. La Sardaigne n'a rien à envier sous ce rapport aux autres parties de l'Italie. M. Siotto Pintor, dont certains opuscules rappellent la verve spirituelle du célèbre abbé Galiani (*Discorso al barone Melis*) a écrit une remarquable histoire littéraire de la Sardaigne, dont le seul défaut est la stérilité du sujet. 4 vol. in-8°. Cagliari.

V

A côté des chants d'amour, il vient s'en grouper d'autres qui s'y rattachent naturellement, soit par le contraste, soit par la similitude des sentiments qu'ils expriment. Le mariage, qui n'est si souvent en Sardaigne que le doux couronnement d'une passion mutuelle, s'y aigrit pourtant comme ailleurs (1) et les poëtes en racontent les misères plus volontiers encore qu'ils n'en célèbrent les joies. Célibataires las de leur solitude, maris aussi malheureux et moins philosophes que Socrate, vieillards ennuyés, jouvenceaux en belle humeur, qui n'a pas fait une fois en sa vie sa satire contre les femmes?

> Jeunes gens qui avez des amoureuses,
>   Écoutez mon conseil :
> Aux femmes ne vous fiez pas,
> Ce sont des friponnes.
>
> . . . .
> Fausses de cœur et de visage,
> Elles sont mobiles comme le vent.
>   De bonnes et de fidèles,
> Vous n'en trouverez pas.
>
>   Sexe maudit
> Qui engendre la guerre et les disputes,

---

(1) « Le mariage vient de l'amour, comme le vinaigre du vin. »
(Lord Byron, *Don Juan*.)

. . . .
Jusqu'à ce qu'elles vous aient tout pris
Elles vous font bonne mine,
Si aimables, si bonnes
Qu'elles n'ont point leurs pareilles;
Voulez-vous les retenir,
Comme l'anguille, elles vous glissent des mains.

Qui veut vivre en repos,
Exempt de tout souci,
   Comme la peste
Doit fuir les femmes.
. . . .
. . . .

Malheureux les maris
Qui à elles sont liés;
Plus que les condamnés
Ils souffrent, ils endurent.

  A deux genoux
Fondant en larmes, les hypocrites,
Elles demandent à leurs confesseurs
De leur donner l'absolution;
La leur refusent-ils?
Les voilà qui diffament l'Église.

Leur langue est affilée
Comme une épée tranchante.
. . . .
Démons échappés de l'enfer
  Sous une forme humaine,
Il ne fut jamais dans la nature
De bête plus méchante.
L'histoire l'a conté :
Lisez-la, vous verrez.

. . . .
. . . .

Femmes fidèles et pures

Vous ne trouvez pas en amour.
Elles vous trahissent à toute heure,
Et quand le moins vous y pensez.

Quand à l'église vous les voyez
Toutes confites en patenôtres,
C'est alors qu'elles songent
A tromper leurs maris.

. . . .
. . . .
Heureux les garçons! (1)

Il y a de la grâce dans ces stances populaires. Mais le vieux thème de l'inconstance des femmes n'y est guère rajeuni. Il ne serait pas difficile de trouver dans nos fabliaux et dans les conteurs italiens, si fins, si mordants, si spirituels, dans Boccacio, dans Sacchetti, dans Cademosto, dans Bandello, des traits plus piquants et plus gais. J'aime mieux la satire suivante. Sans hausser le ton, sans quitter le sourire, elle flagelle d'une main virile, et elle étale dans toute sa nudité un vice ignoble, celui de ces maris accommodants pour lesquels leurs malheurs conjugaux sont une ressource et leur honte un profit.

Qui a femme jolie passe sa vie
Dans la joie et les plaisirs;
Dans sa maison, ce n'est que rires et fêtes
Et divertissements de toutes sortes.
Pourvu qu'il soit fin et rusé,
En peu de temps il sait se mettre à l'abri des orages
De tout le monde à souhait il est servi,
Prévenu, bien vu, adoré.

(1) *Poes. Temp.*, p. 128.

. . . .
. . . .
. . . .
Rien ne lui manque; tout pleut chez lui,
  Cadeaux, présents.
Ses journées s'écoulent dans la joie.
De chacun il rit, il plaisante;
Dans sa maison on n'entend pas une plainte,
La plus grande harmonie ne cesse d'y régner.

. . . .
Toujours visité
Par les gens de qualité,
Sa maison jamais ne désemplit.
Heureux qui a femme jolie! (1)

L'ironie hautaine ou légère n'épuise pas la verve comique. Il y a encore, pour le peuple surtout, le rire sonore, la gaîté superficielle, mais franche et hardie, qui joint la pantomime aux paroles, qui a plus d'éclat que de finesse, qui agite follement ses grelots, qui tire la langue, qui montre toutes ses dents et même autre chose et qui, pour une bonne moitié, consiste dans l'intonation et dans le geste (2). Cet amour du burlesque, si saillant à Naples, ne fait point défaut en Sardaigne, quoiqu'il y soit beaucoup plus rare. Écoutez cette requête des femmes d'Olzaï en quête de maris.

A Olzaï, ni veuve ni pucelle
Ne se marient plus, chacun le sait;
La conscription nous fait grand tort,
Mais ce qui nous tue c'est Ottana.

---

(1) *Poes. Temp.*, p. 127.
(2) « Toto corpore ridetur. » (CICÉRON.)

. . . .
. . . .
Si nous ne nous hâtons d'y porter remède,
Il ne nous restera pas un garçon ;
Le Roi en prend une partie,
Les Ottanaises accaparent le reste ;
Elles viennent ici sous prétexte de servir,
En réalité, dans un tout autre but.
Elles nous tirent les morceaux de la bouche.
Et nous laissent mourir d'envie.

. . . .
. . . .
Le temps d'un signe de croix, les voilà mariées.
Elles ne sont ni timides ni hésitantes ;
Elles promettent et elles donnent des arrhes.

Une fois le premier pas fait,
Pour le reste, elles ne manquent pas de protecteurs ;
. . . .

Et à force de crier, de se plaindre,
Elles obtiennent que l'erreur soit réparée.

Disons en confidence à notre recteur
Nos chagrins et nos peines.
Prions-le comme un père
De ne plus recevoir cette gent éhontée.
Qu'il fasse venir d'Orient des servantes,
Mais qu'il n'en laisse plus venir d'Ottana.

. . . .
Si vous m'en croyez, recourons
Au syndic de la commune ;
Demandons-lui franchement
De procéder par voie criminelle.
C'est un homme juste, impartial,
Qui nous fera rendre justice, on me l'assure.
. . . .

« Monsieur le syndic, écoutez les plaintes
« Que vous adressent de malheureuses femmes
. . . .
. . . .
« Si des Ottanaises on ne fait un exemple
« Il se produira des choses terribles.
. . . .
. . . .
. . . .
. . . .
Pour qu'il n'arrive point d'autres malheurs,
Aux filles d'Ottana défendons
De dépasser Ogozzidaï (1).
Plaçons une sentinelle à Lostoli
Pour leur défendre les bois d'Olzaï.
. . . .

Nous avons essuyé les plus graves,
Les plus intolérables outrages ;
En nous armant de patience,
Nous avons tout supporté.
Pour montrer l'étendue de notre clémence,
Mon avis est de leur pardonner;
Bénis soient les maris qu'elles ont pris,
Pourvu qu'elles n'en prennent pas d'autres !

Le dernier trait n'est pas le moins piquant, in faudrait l'accentuation du débit :

Les gens d'Ottana sont bien heureux.
Ils ont un curé plein de zèle,
Désireux que toute fille
Soit pourvue d'un amant ;
Que cet amant soit beau, qu'il soit volage,
Qu'il soit déjà lié par d'autres chaines,
    Peu importe !
Pourvu que ce soit un amant.

(1) Frontière des deux communes.

Heureux le pays
Qui a un pasteur si zélé.

. . . .

Le nôtre est plein de rigueur,
C'est un rétrograde, un *codino*,
Encroûté dans la loi diocésaine (1).

La loi est dure et pèse à tout le monde ; à côté des regrets de la femme, je trouve ceux du prêtre :

Heureux
Vous qui avez femme,
Et vous, jeunes garçons,
Qui dès demain en pouvez avoir !
Seuls les pauvres prêtres
Sont comme des condamnés.

Les maris sont heureux ;
Le garçon amoureux
Parfois satisfait ses désirs ;
Seul le pauvre prêtre
Est dans une triste condition
Qui jamais ne change.
Tous ont quelque espérance,
Jusqu'au plus déshérité.
Seuls les pauvres prêtres
Sont comme des condamnés.

Oh ! votre vie est joyeuse,
Laïques fortunés !
Nous jusqu'à la mort
Sans plaisirs et sans femmes,
Pour souffrir nous sommes nés.
Vous avez deux paradis, ô maris,
  Si vous le voulez.
Seuls les pauvres prêtres
Sont comme des condamnés.

(1) Spano. *Canz. prof.* XI, p. 51.

. . . .
. . . .

A nous seuls vous réservez
Les prières et les pleurs,
Les jeûnes, la discipline.
Vous nous laissez les épines
Et vous gardez les roses.
Seuls les pauvres prêtres
Sont comme des condamnés.

Au Pape nous avons demandé
De nous laisser marier.

. . . .
Il nous a répondu
Qu'il ne le peut point encore.
. . . .
. . . .
Seuls les pauvres prêtres
Sont comme des condamnés.

Pour nous enfin il n'est
Pas de joie complète.
   Toujours tristes,
Nous ne pouvons aspirer
Qu'aux biens de l'autre vie.

. . . .
Mal vus de tous,
Et surtout des maris.
Seuls les pauvres prêtres
Sont comme des condamnés (1).

Voilà l'expression un peu grossière, mais naïv[e]
sincère, de bien des aspirations secrètes. Le célib[at]
toujours paru lourd au clergé sarde (2). Les races

---

(1) *Poes. Temp.* p. 260.
(2) Voyez Manno, *Storia di Sardegna*; Martini, *Storia ecclesiasti[que]*
Sardegna, et plus particulièrement les canons du concile de Sainte-Jus[te]

ridionales n'ont pas l'esprit d'abnégation, et comment l'attendre cet esprit de jeunes gens pleins de fougue et de passion qui ont embrassé l'état ecclésiastique comme une carrière, qui se sont faits prêtres pour vivre plus à l'aise, pour avoir un logis plus commode, des journées moins laborieuses, une table moins frugale, en un mot, pour faire moins de sacrifices?

Ils sont, la plupart, fils de paysans. Enfants, ils ont grandi un peu au hasard, dans une liberté vagabonde, et plus tard ils ont appris, sans trop de peine, le latin, qu'ils parlaient, presque sans s'en douter, depuis leur naissance. Le séminaire est pour eux une rude épreuve. Ils ne courbent pas sans efforts leurs esprits, avides de poésie plus encore que d'indépendance, sous la pesante discipline des études théologiques, et du fond de leurs cellules ils ne songent pas sans envie aux vastes plaines où ils s'ébattaient autrefois, ils ne se rappellent pas sans regret la petite place devant l'église où ils dansaient le dimanche avec les belles jeunes filles (1).

(1) Comparez le chant breton de Genovefa Rustefan, *Barzaz-Breis*, par le vicomte de la Villemarqué, t. II. pag. 62.

— Quand le petit Jannick gardait ses moutons, il ne songeait guère à être prêtre.

— Je ne serai certes ni prêtre, ni moine ; j'ai placé mon esprit dans les jeunes filles...

Comme Jannick allait recevoir les ordres, Geneviève était sur le seuil de sa porte...

— . . . . Jannick, croyez-moi, n'allez point recevoir les ordres à cause du temps passé...

— Je ne puis retourner à la maison, car je serais appelé parjure !

— Vous ne vous souvenez donc plus de tous les propos qui ont couru sur nous deux? Vous avez donc perdu l'anneau que je vous ai donné er dansant ?

— Je n'ai point perdu votre anneau d'or, Dieu me l'a pris.

A peine prêtres on les renvoie à la campagne. Là, que faire? Comment passer les longues journées solitaires? A quoi employer ces soirées pleines d'étoiles qui conseillent toutes les voluptés? Nulle société, nul délassement, un éternel loisir qui ajoute ses sollicitations à celles de leur jeunesse. N'ayant jamais eu entre les mains que des livres ennuyeux, ils n'aiment pas les livres; et, étrangers au siècle, ils ne savent rien de ses progrès, de ses doutes, de ses souffrances, ils ne le suivent point par la pensée dans le mouvement qui l'entraîne. La science qu'ils ont rapportée des villes est une science morte qui ne les rattache à rien de vivant. Ils reprennent vite le ton, le niveau du petit monde rural dans lequel ils doivent passer leur existence et au dessus duquel ils s'étaient à peine un instant élevés. Les paysans qui les entourent ne sont pas des puritains. Ils suivent naïvement la pente de leurs instincts. Ils ne font pas plus d'efforts pour se vaincre qu'ils n'en font pour transformer la nature de leur sol. Le puritanisme est un fruit des climats froids, dans lesquels les luttes extérieures trempent l'homme pour les luttes intimes. Le prêtre sarde subit bientôt l'influence de la petite société qu'il devrait diriger, et finit par en partager les idées et les aspirations. Mais ce sont justement ces idées, ces aspirations qui lui sont interdites. Il n'y aurait qu'une jouissance à sa portée, qu'un bonheur capable de combler le vide qu'il porte en lui, et cette jouissance, ce bonheur ne lui sont pas permis. Aussi, comme il se nourrit de rêves amers, comme il gémit douloureusement, comme il souffre quand les jeunes vierges agenouillées à ses pieds, lui ouvrent leur âme avec d'autant plus de confiance qu'elles sont plus pures, et lui confessent, en rougissant, leur naissant amour! Comme, à ces candides aveux, son cœur palpite! Les plus dangereuses tentations sont celles de l'innocence. On n'y résiste qu'en montant dans les sphères de la pensée pure, en s'élevant dans les régions idéales qui dominent les passions et les intérêts de la terre. Ne demandons rien de semblable aux pauvres curés perdus dans les campagnes de la Sardaigne, et surtout ne nous hâtons pas de les condamner. Ils sont ce que les font leur origine, leur éducation, la société dans laquelle ils vivent. S'ils sont plus faibles que d'autres, c'est qu'ils ont moins de points d'appui; s'ils sont plus rebelles aux sacrifices, c'est que le sacrifice est pour eux plus complet; s'ils se plaignent avec plus d'insistance, c'est que leur chair crie plus haut et que leur voix est plus sincère.

On se laisse trop aisément aller à juger une classe, un clergé, par l'opinion, la secte, la religion à laquelle il appartient. Tout cela n'est que la montre. Sans changer de nom, les choses changent avec les siècles. Quand Pintor dédiait à Alexandre VI son *Tractatus de morbo fœdo et occulto, his temporibus affligente*, et lui souhaitait de n'avoir jamais besoin de ses soins, il rendait au pape un hommage qui, de nos jours, serait considéré comme un outrage sanglant. Deux clergés appartenant à la même religion, mais à des sociétés profondément différentes, ont quelquefois moins de rapports entre eux, moins d'idées communes que deux clergés appartenant à des religions différentes, mais à des civilisations analogues.

Il y a quelques années, un jeune baron allemand avec lequel je parcourais les Deux-Siciles, eut l'idée d'étudier minutieusement, et par lui-même, l'état moral de l'Église napolitaine. Dans ce but, il allait, voyageant à petites journées, ne laissant pas passer une ville, un bourg, un couvent, une chapelle où il ne se confessât. Desservants, chanoines, jésuites, ne se doutaient guère que le faux pénitent agenouillé devant eux les tenait eux-mêmes sur la sellette, ne leur répondait que pour les interroger, et ne leur ouvrait une âme imaginaire que pour mieux lire dans leur âme. Il variait les cas, il feignait des doutes, il inventait des péchés afin d'éclairer sous toutes les faces les consciences qu'il voulait scruter. Après chaque absolution, il rentrait chez lui et religieusement notait sa confession. A ces premiers aveux, d'autant plus précieux qu'ils étaient involontaires, il joignait les confidences recueillies dans le laisser-aller des conversations familières. Accueilli partout avec le plus vif empressement, grâce à de puissantes recommandations, grâce aussi à beaucoup d'esprit, d'argent et de générosité, il savait faire causer ses hôtes, en entrant dans le courant de leurs idées, en se mettant avec eux à l'unisson. Son enquête terminée, il se proposait de la publier. Entré depuis dans la diplomatie, il n'a pu donner suite à ce projet ;

car son livre, qui eût été regardé comme un sacrilége par les âmes timides et qui eût fait traiter l'auteur de mécréant par les sots, devait absolument être signé, et ses fonctions ne lui permettaient plus de soulever dans la presse, autour de son nom, des discussions orageuses. J'ai eu entre les mains toutes les pièces de cette enquête inédite, et je dois dire que l'impression qui m'en est restée a été plus favorable que je ne le supposais au clergé napolitain. Je me suis convaincu que si ce clergé a, en général, dans les campagnes, des idées peu épurées sur le bien et sur le mal, s'il est peu éclairé, peu préoccupé des grands problèmes de la destinée humaine, s'il est généralement superstitieux et se laisse aller parfois à exploiter les superstitions qu'il ne partage pas, il n'est pourtant pas partout sans mérite et sans vertu, et peut exercer encore à bien des points de vue une influence salutaire sur les populations qu'il dirige.

Le clergé sarde, qui vaut infiniment mieux que le clergé napolitain, a été, comme lui, calomnié. Le chant populaire, que nous avons cité, ne nous le montre que par un côté bien secondaire et un des moins beaux côtés. Ce clergé, toujours distingué, souvent éminent dans les villes, a gardé dans les campagnes quelque chose de la rouille du passé. Ne trouvant pas de résistances à ses volontés, il n'a plus mis de bornes à ses exigences, et il a usé sans retenue des armes spirituelles, dans son intérêt temporel. N'ayant pas à craindre le contrôle de la liberté, il n'est pas resté toujours assez sévère pour lui-même, et il s'est laissé aller parfois à de douces et dangereuses faiblesses (1). Mais, s'il a les défauts de son pays et de sa situation, il en a aussi les qualités. Il est hospitalier, simple, tolérant, plein de charité, d'ardeur, de foi naïve, et s'il est trop étranger à la science, il est étranger aussi aux coteries, et il ne se donne pas le vernis et ne prétend point au mérite des vertus qu'il n'a pas.

(1) Comparez les appréciations beaucoup plus sévères, mais trop sévères, suivant moi, de M. le comte Baudi di Vesme : *Considerazioni sulla Sardegna*, in-8°., et de M. Ed. Delessert, *Six semaines en Sardaigne*, 1 vol. in-18. Librairie nouvelle.

VI

Il y a une poésie pastorale qui naît aux époques de trouble et de bouleversement, et qui, semblable à la fleur des ruines, ne se montre que dans les sociétés en révolution ou chez les peuples en décadence. Quand tout s'écroule ou s'affaisse autour de lui, l'homme sent le besoin de se soustraire aux tristes spectacles qu'il a sous les yeux, aux malheurs qui le menacent, aux corruptions qui le dégoûtent, et il se réfugie en imagination dans le monde enchanté de l'idylle. Plus sont durs les temps où il est condamné à vivre, plus il aime à rêver de l'âge d'or. Tout n'est que sang et licence autour de lui ; il n'y aura que paix, bonheur, grâce, innocence dans les peintures qu'il demandera à ses poëtes. La littérature est l'image de nos désirs, de nos regrets et de nos rêves plus souvent encore que de nos mœurs, et chez les nations vieillies et blasées, elle retourne volontiers à la simplicité dans l'espérance de se rajeunir.

Toutefois, il n'en est pas toujours ainsi. L'idylle ne naît pas toujours dans les villes du contraste même qu'il y a entre l'état de la société et ses aspirations. Elle prend aussi naissance dans les champs, dans l'âme des paysans, et si elle est alors moins épurée par l'art, elle est aussi moins conventionnelle, plus naïve et plus vraie (1). Telle est le plus souvent l'idylle en Sardaigne. On la rencontre à chaque instant dans la vie. Comment ne la retrouverait-on pas dans la poésie? La société est encore assez simple pour que les sentiments naturels y dominent. Les liens de famille sont d'autant plus forts que les relations du monde sont moins fréquentes et moins étroites. Les événements domestiques qui, chez nous, disparaissent pour ainsi dire dans le tumulte de notre existence fiévreuse, tiennent la première place dans la vie. La terre est assez vaste pour être à tous, et assez riche pour nourrir tout le monde sans trop d'efforts. Les paysans ont des loisirs. Ils ne sont pas, comme chez nous, courbés sans trêve sous un écrasant labeur. Ils ont du temps pour la chasse, pour la danse, pour les cavalcades. La plupart, sans doute, n'en restent pas moins rudes et grossiers. Mais quelques-uns, doués d'une imagination ardente, ayant le don d'improvisation commun à la race italienne, sous l'empire d'une pensée qui les trouble ou d'une joie qui les enivre, un jour se mettent à chanter, et l'idylle éclot sur leurs lèvres, comme l'inspiration naturelle du spectacle qui les entoure et des sentiments qui les animent, comme l'expression idéalisée de la vie qu'ils mènent ou l'image de la vie qu'ils rêvent.

Voyez le mariage, qui ailleurs se réduit de plus en plus à n'être qu'une sèche convention d'affaires : ses

---

(1) Voyez dans le *Cours de Littérature dramatique* de M. Saint-Marc-Girardin (4 vol. in-18.), les chapitres consacrés à l'idylle.

préludes, ses cérémonies en font encore parmi eux une vivante poésie.

S'agit-il de la demande? Le père qui la fait pour son fils, feint d'avoir égaré une de ses brebis et la vient réclamer. Tour à tour, toutes les femmes de la maison lui sont présentées ; il leur adresse à toutes un mot, un sourire, un compliment, qui toujours finit par un « doux nenni » ; nulle d'elles n'est la brebis qu'il cherche. Elle paraît enfin, rougissante et timide, et comme amenée de force par sa mère. Il l'accueille alors à bras ouverts, l'embrasse, lui passe au cou un collier, lui met au doigt un anneau ; poétiques fiançailles qui nous reportent au monde biblique et nous rappellent ces scènes des temps héroïques dont les vases peints ont retracé la gracieuse image.

S'agit-il de la mise en ménage? L'époux, à cheval avec ses parents et ses amis, se rend chez sa fiancée, et lorsqu'il a reçu d'elle le mobilier qui doit orner la maison, le départ a lieu. Les joueurs de launedda ouvrent la marche. Ensuite viennent dans leurs plus beaux atours, des femmes, des enfants portant sur leur tête les objets les plus fragiles, les miroirs qu'on pendra au mur, le tableau grossier qui représente la Madone ou le saint patron, des coussins garnis de rubans de couleur éclatante, de branchages et de fleurs. Une gracieuse jeune fille pittoresquement vêtue, comme la Calabrese (1), est chargée de la cruche aux formes an-

---

(1) Dans le tableau d'Hébert.

tiques que l'épouse ou ses servantes iront chaque jour remplir à la fontaine. Derrière ce premier groupe, l'époux s'avance au milieu d'une joyeuse cavalcade, montant un cheval richement harnaché. Puis viennent les chariots aux roues massives, chargés de provisions et de meubles, traînés par des bœufs dont les cornes sont garnies d'oranges et la tête ornée de bandelettes éclatantes. A l'arrière-garde, le petit âne, le molentu (1), tout enrubanné comme s'il était de la fête, et qui demain commencera sa triste tâche, condamné à tourner du matin au soir et tous les jours la pierre qui moudra le blé de la famille. Enfin, pour clore le cortége, les amies de l'épouse, gracieusement groupées sur un char garni de matelas et abrité d'une toile, devisant entre elles et chantant. Une fois arrivé, on met tout en place, et aux murs, aux meubles, on suspend des guirlandes de verdure et de fleurs, afin que tout sourie aux nouveaux mariés.

Le jour des noces c'est le même appareil, mais plus brillant encore ; ce sont des danses et des banquets sans fin, des cavalcades effrénées, des chants, des cris joyeux. Quand l'épouse arrive, on jette sur son passage, vrai *Spargete nuces* des Romains (2), du blé, du sel, des dragées, et à table elle mange dans la même as-

---

(1) L'âne s'appelle en sarde *molentu* (meunier), du nom des fonctions qu'il remplit.

(2) En Bavière, j'ai vu jeter des fleurs sous les pas de la nouvelle mariée. Sauf la différence des costumes, le cortége d'un mariage turc ressemble beaucoup à celui du mariage sarde.

siette et avec la même cuiller que l'époux, reine aujourd'hui et servante peut-être demain.

Cette poésie que les Sardes mettent dans le mariage, ils la mettent aussi dans leurs amours, dans leurs plaisirs, dans leurs danses, dans leurs promenades solitaires ; car elle est dans leur âme. Leur vie n'est pas une de ces pastorales enchantées et élégantes où tout n'est qu'harmonie, soupirs, luttes amoureuses, où la flûte de Pan anime la solitude des grands bois, où les nymphes agiles fuient devant les satyres, où Daphnis et Chloé échangent en rougissant leur premier baiser. Elle garde sa rusticité et sa vérité. Elle est pleine d'humbles détails, de fatigues, de soins grossiers. Mais elle a ses éclaircies et ses rayons de soleil ; elle est comme la prairie qui est faite pour donner de l'herbe, mais qui donne aussi des fleurs. Tous les jours on rencontre dans l'île, sur les routes, sur la place des villages, de belles jeunes filles que le passant vulgaire prend pour des paysannes, et dont Phidias eût fait des déesses et Raphaël des madones. De même, pour qui sait l'y trouver, la vie des bergers en Sardaigne a aussi sa poésie, quoique tous les bergers ne soient pas poëtes et que tous leurs amours ne soient pas des idylles.

L'un des caractères de cette poésie, c'est la sobriété des descriptions. La nature en est le cadre, elle n'en est pas le fond. Le poëte décrit, lorsqu'il songe au lecteur ; mais lorsqu'il ne songe qu'à traduire ses sentiments intimes, quelle que soit la profondeur ou la vivacité des émotions que lui donne le spectacle des beautés qu'il a sous les yeux, un vers, un mot lui suffisent.

Voici une idylle très-populaire en Sardaigne :

— Dis-moi, ami, n'as-tu pas sur ton chemin
  Rencontré une brebis ?
Si tu l'as vue, dis-le moi, et que Dieu
Garde le troupeau que tu mènes au paturage !
  Depuis hier, je cours
D'un sommet à l'autre, et je guette,
Avec quelle hâte, quelle peine, quelle inquiétude,
Tu peux l'imaginer, toi qui sais ce qu'est la perte d'un objet chéri.

— Ami, j'ai traversé
Ce champ hier, et deux fois aujourd'hui,
  Et je n'ai pas vu,
Dans mon troupeau, de brebis étrangère.
Si la tienne aux miennes s'est mêlée,
  Je n'en sais rien.
Mais les voici, regarde toi-même.
De quelle couleur était ta brebis ?

— Ma brebis est blanche
  Et sans tache,
De taille moyenne. Tous ceux qui l'ont vue
  La croient du printemps.
Sa toison toute frisée se divise avec grâce
  Au cou elle porte un collier
  Rouge avec une clochette.
  On ne peut la voir sans l'admirer.

. . . .

. . . .
  Hier j'étais sur le col de Barbara ;
    Elle tout près de moi ;
  Je ne sais comment, errant au hasard,
En quête de pâture ou de tout autre plaisir, elle s'est perdue.
  Je me précipite... je l'appelle : Chexi ! Chexi !

Je cherche, je crie, je regarde. En vain !
Je crains qu'une bête féroce, un torrent, ou quelque coquin
Ne me l'ait enlevée.

— Tout est sans doute à craindre,
Si le loup l'a vue ou entendu'
Passer dans les parages où il est accoutumé
D'aller chercher sa proie.
Pourtant, comme rien n'est sûr,
Prends ce chemin entre les rochers
Et cherche partout dans cette direction.

. . . .

— A ces mots
Je partis plein de douleur
Disant : « Où te caches-tu
« Es-tu vive, es-tu morte, ma chère petite brebis?

. . . .

Après avoir marché une heure et demie
Criant : Chexi ! Chexi! sans cesse,
J'entrai dans un bois sombre
Que nul rayon n'éclairait
Et je m'avançai pas à pas,
Sans rien remarquer,
Jusqu'à une clairière,
Où, suivant la coutume des bergers, je m'étendis à terre.

. . . .
. . . .
. . . .
. . . .

— La brebis, qui connaissait la voix du berger,
De toute sa vitesse
Accourt sur un monticule
Où elle pousse un doux bêlement.
Le loup se précipite pour la dévorer.
Elle, dans sa simplicité,
Ne fuit pas, mais s'arrête et bêle
Frappant du pied la terre et regardant le loup.

A cette vue, le berger court
Plus que ne fait un voleur,
Traversant broussailles et rochers
Pour rejoindre sa brebis.
. . . .
. . . .

Le loup, qui voit un rival
Lui disputer sa victime,
Non plus comme un loup, mais comme une lionne
A laquelle on a ravi ses lionceaux,
Sans renoncer à sa proie,
Tournant de tous côtés son regard,
   Hérissé et furieux,
Mesure tour à tour de l'œil, et le chemin et le berger.

Puis s'élance et saisit
La brebis plus morte que vive;
La pauvre bête, dans son silence, semblait dire :
A mon aide, à mon aide !
Le berger, prenant sa massue
A deux mains, ô prodige !
Au moment même où le loup ouvre la gueule
   L'en frappe à la tête.

   Le loup tombe mort,
La brebis se met à fuir.
Le berger l'appelle, s'approche,
La prend dans ses bras, la baise et s'écrie :
« Que de larmes tu me coûtes !
« J'ai pleuré de tristesse
« Comme je pleure de joie maintenant.

Avec des vivats et des bénédictions,
Tous accourent, petits et grands.
On voit se former un long cortége
De pâtres, de serviteurs, de bergères.
L'un donne un agneau au vainqueur,
L'autre offre une fleur à la brebis.

On n'entend retentir qu'un cri :
« Vive la brebis et le berger ! »

Ils bâtirent avec soin
Une cabane de feuillage
Où, heureux et contents,
Pauvres d'argent, mais riches d'amour,
Vivent, et puissent-ils vivre cent ans!
    La brebis et le berger (1).

Cette pastorale allégorique a du naturel et de la grâce, mais le ton en est un peu monotone. Sans s'élever au-dessus de leur condition, les bergers pourraient avoir plus d'idées, et le récit gagnerait à être semé de quelques-uns de ces détails domestiques qui ont tant de charme lorsqu'ils sont exprimés avec naïveté. Ne croyons pas, du reste, que toutes les idylles se ressemblent. Elles ne sont pas toujours élégantes et gracieuses. Il y a des bergers qui n'aiment leurs brebis que pour en manger quelqu'une de temps en temps :

Moi aussi, je me fais berger (2);
Car, cultivateur, je ne puis m'en tirer.
Je sème et ne récolte rien,
Et, au bout du compte, je me trouve ruiné.
Le berger, au contraire, toujours
A ce qu'il paraît, vit grassement.
S'il laisse un pauvre testament, il mène joyeuse vie,
Il est le favori de la fortune;

« .... Il a toujours du lait en abondance...., de temps

---

(1) Pischedda, 72, *S'anzone.*
(2) Spano, *Canz. profane,* LXV, p. 216.

« en temps il tue quelque jeune bête....; seul, loin de
« l'œil du maître, les comptes sont si aisés à ren-
« dre !... »

Théocrite, Virgile, et leur heureux rival, Meli, n'ont pas inventé l'idylle. Ils n'ont fait que reproduire, en les marquant de l'empreinte de leur génie, les jeux poétiques et les conversations des bergers de la Sicile et de la Sardaigne; et dans les chants populaires de ces deux îles, improvisés ou écrits, on trouve encore non-seulement les sentiments et les idées que ces grands poëtes ont exprimés dans leurs églogues, mais jusqu'à certaines habitudes de leur versification. Ce sont les mêmes vers revenant comme des refrains à des intervalles égaux (1); c'est la même finale répétée avec de légères variantes (2), et jusqu'aux mêmes jeux de mots. Virgile avait dit :

..... Crudelis tu quoque mater
Crudelis mater magis, an puer improbus ille?
Improbus ille puer. Crudelis tu quoque mater (3).

(1) Dans Virgile, Églog. VIII, le vers :
    Incipe Mænalios mecum mea tibia versus,
sert de refrain, et dans la chanson d'un improvisateur sarde contemporain citée par Spano, ortografia sarda, le vers :
    Fui dai su fogu, fuind' attesu
remplit le même office.

(2)   Pastorum musam Damonis et Alphesibœi
    Damonis musam dicemus et Alphesibœi.
                          (VIRGIL., Eclog. VIII.)

    Et tue sutt' et basciu des istare
    Tando has a istare a sutta et basciu.

(3) VIRGIL. Eclog. VIII.

Et un poëte sarde s'exprime ainsi :

> O coro totu penas
> Penas tot imprimidas in su coro!
> Parent d'oro cadenas
> Cadenas sunt ma non cadenas d'oro.
> D'oro sunt cussas friccias
> Friccias, penas, cadenas, pro me diccias.

La plupart des idylles sardes sont improvisées, car nulle terre plus que la Sardaigne n'est féconde en esprits poétiques. Horace nous a conservé le nom de ce Tigellius qui faisait les délices de la société polie de son temps (1), et il n'y a pas de village dans le Logudoro qui n'ait eu autrefois ou qui n'ait aujourd'hui ses poëtes. Pour quelques-uns, c'est un métier, méchant métier, si l'on en juge par les plaintes de l'un d'entre eux. Car

Voici un autre exemple de répétitions bizarres :

> S'ischeres rosa amena
> Sa pena qui conservo intro su coro ;
> T'ador' essende in pena
> Qua so vivende in cadena que moro,
> T'adoro essende in pena
> Qua so vivende que moro in cadena,
> T'adoro in pena essende
> Qua que moro in cadena so vivende.

Le jeu de mots suivant est encore plus curieux :

> Cha mi la diia di'
> Chi mi diia tradi
> Cha tantu mi diia ?

> Cha diia imaginà
> Chi mi diia ingannà
> Cha mi diia tantu
> Etc.

(*Poes. Temp.*, p. 25.)

(1) Sat. III. Liv. 1.

ces pauvres natures, amoureuses et rêveuses, ne savent que vibrer sous l'influence des événements ; elles sont incapables de réagir sur eux et la fortune les roule avec elle en les faisant crier sans qu'ils sachent l'arrêter au passage :

> Tout le monde m'a reproché de chanter
> Depuis qu'on a vu que je suis pauvre.
> . . . .
> Voilà que je ne puis plus parler,
> Que j'aie raison ou que j'aie tort.
> Car chacun me jette au visage
> Que si je suis pauvre, c'est que je suis poëte.
> . . . .
> Le pauvre chante-t-il, on lui en fait un crime ;
> Si c'est un riche, on lui en fait honneur.
> Combien d'autres aussi coupables que moi
> Vivent heureux dans le monde !
> Pour moi, je me résigne à ce que Dieu a fait,
> A la fortune qu'il m'envoie (1).

Mais, le plus souvent, les poëtes sardes ne le sont que par circonstance. Ce sont des agriculteurs ou des pâtres, quelquefois même des enfants, qui n'ont jamais vu le monde, qui n'ont jamais quitté leur province, et qui souvent ne savent pas lire. Mais ils apportent en naissant le don divin, et sentant fortement, s'abandonnant sans contrainte à leurs instincts, ils traduisent, à l'occasion, en un style simple, énergique, plein d'images, le spectacle qu'ils ont sous les yeux ou les sentiments qu'ils ont dans le cœur. Chanter pour eux est un besoin ; et

---

(1) Spano, Canz. profane, LXX, p. 266.

quand une forte impression vient remuer leur âme, cette corde sonore qui est en eux vibre d'elle-même, et les vers éclosent sur leurs lèvres, comme les chants au gosier de l'oiseau quand les premières mousses verdoient pour son nid. Enfants d'une race poétique, tout concourt à féconder en eux les germes qu'ils ont reçus du ciel. Car leur vie elle-même est souvent un poëme au lieu d'être un labeur, et il n'y a peut-être pas de source d'inspiration plus puissante que cette contemplation solitaire et naïve du ciel et d'eux-mêmes, dans laquelle s'écoule leur existence. Contents de ce que la nature a fait pour eux, ils n'emprisonnent pas leurs pensées dans de mesquins calculs, ils ne mettent pas leur intelligence au service d'une étroite ambition, et leur âme conserve sa jeunesse, sa vigueur et ses ailes. Je n'oublierai jamais les heures que j'ai passées parmi eux, l'hospitalité que j'ai reçue dans leurs cabanes; et quand je m'y reporte en souvenir, les doutes qui m'assaillaient alors reviennent. Je me demande si le progrès n'a pas aussi son revers, et je ne puis m'empêcher de gémir sur les tristes populations qui s'étiolent dans nos ateliers, qui, contre le moindre coup de vent de la misère, ont besoin d'un refuge et d'une tutelle, de l'hôpital et de la charité, qui portent sur leur front pâli le signe héréditaire de leur faiblesse, qui usent, plus que leur corps, leur âme dans le travail forcé auquel elles sont sans relâche enchaînées; qui s'habituent, étant déshéritées de l'espérance, à ne plus chercher qu'une jouissance brutale dans l'instant présent, et qui, par un triste contraste, nous montrent parfois dans les sociétés les plus avancées et les plus riches, les hommes les plus dégradés. Car il n'est pas rare de voir l'inégalité s'introduire dans les mœurs à mesure que l'égalité s'introduit dans le droit.

VII

Quoique la gaieté soit l'un des côtés les plus saillants du caractère sarde et la note dominante dans les poésies populaires de la Sardaigne, il y a pourtant parmi ces âmes naïvement heureuses, des âmes déçues et attristées, et sur cette lyre joyeuse, une corde pour la douleur. Sans doute, la simplicité des mœurs épargne les mécomptes de l'ambition, les soucis dévorants de l'envie, et par là bien des tristesses. Mais toute existence, quelque simple qu'elle soit, a ses désillusions, et il n'est pas nécessaire d'avoir beaucoup vécu pour avoir pleuré. A peine hors du berceau, nous courons après le bonheur, et chacun de nos pas, dans cette poursuite fiévreuse, est marqué par un chagrin. Plus nos âmes sont ardentes et élevées, plus difficilement elles se contentent. Avides d'infini, toute limite leur pèse et elles s'élancent comme les grands aigles vers les sommets pour y respirer un air pur. Mais en ces hauteurs solitaires, elles ne trouvent souvent que le vide, et elles retombent alors plus blessées, plus souffrantes, plus affamées de jouissances parmi les tristes réalités d'ici-bas. Quelques-unes ne font que toucher à terre, et aussitôt qu'elles ont repris haleine, tentent de s'envoler de nouveau vers le ciel. Ce sont les plus malheureuses et les plus grandes. Elles ne peuvent vivre que dans l'azur, et elles poursuivent éternellement un idéal qui leur échappe toujours. D'autres, plus fatiguées et moins puissantes, une fois descendues, replient leurs ailes et apprennent à jouir, non sans regrets, des petits bonheurs mélangés qu'on trouve terre à terre. Ce sont peut-être les plus sages.

Cette histoire est notre histoire à tous. Jeunes, si nous avons plus d'âme que de sang, si notre imagination est plus ardente que nos instincts, nous ne voyons pas ou nous dédaignons les plaisirs qui nous sollicitent, et que plus tard, peut-être, nous regretterons. Nous en poursuivons de chimériques que nous n'atteindrons jamais et qui sont pour nous comme la vision d'un monde meilleur. Le besoin d'aimer surtout, nous tourmente, et nous sentons en notre âme un vide qu'une autre âme seule pourrait combler. Mais où trouver une telle âme? Où sont celles qui s'attachent dès la première rencontre, et, parmi tant de causes de désunion, se lient chaque jour d'une étreinte plus forte? L'amour s'épuise souvent avec les jouissances mêmes qui en sont l'aliment, heureux quand il laisse derrière lui, pour lui survivre, une affection refroidie, mais sincère. Les amitiés inaltérables et complètes ne sont pas moins rares, et il ne faut pas une grande expérience pour savoir combien sont aisées à se rompre celles qu'on croyait les plus solides. Ceux que la sympathie avait rapprochés, l'intérêt les divise. Ceux qui ont pris l'avance sur le chemin des honneurs et de la fortune, oublient leurs amis restés en arrière. On a donné son cœur ; mais, qu'est-ce, quand on ne peut plus y ajouter la communauté des plaisirs et l'échange des services ? Beaucoup, instruits par leurs déceptions, se résignent et ne demandent plus au monde ce qu'il donne si rarement. Mais il en est qui ne se résignent pas et qui conservent jusqu'au bout le besoin inassouvi d'aimer.

Cette vue mélancolique de la destinée, particulière aux peuples du nord et aux races vieillies, n'est guère dans le génie des Sardes ; elle se fait jour cependant jusque dans leurs poésies populaires. Car en Sardaigne, comme ailleurs, les âmes, entravées dans leurs aspirations, ont pleuré, ont saigné. Les fleurs des champs ne sont pas les dernières à se faner, et les sentiments les plus naïfs ne sont pas les moins prompts à s'aigrir. Toutefois, la mélancolie en Sardaigne est toujours mêlée d'amertume, et l'attendrissement d'ironie. Il semble que le Sarde, quand la vie lui arrache une plainte, veuille montrer qu'il domine encore ses souffrances avec une fermeté hautaine :

> Aujourd'hui on ne trouve plus
> D'amis fidèles et sincères.
> Tous poursuivent leur intérêt,
> Cherchant à se tromper l'un l'autre.
> . . . .
> On se montre un visage riant
> Et on dissimule son cœur.
> . . . .
> Hommes qui cherchez des amis,
> Ne donnez votre cœur et votre affection
>   Qu'avec calcul ;

> Ne vous confiez pas tout entiers
> Si vous ne voulez pas être dupes.
>
> . . . .
>
> Ne croyez point aux dévots;
> Ce sont d'indolents satrapes.
> Ils semblent pleins de piété;
> Mais tout ce qui luit n'est pas d'or;
> Quand vous croyez qu'ils donnent leur cœur,
> C'est du poison qu'ils cherchent à donner.
>
> . . . .
>
> Chevaliers et seigneurs,
> Jeunes garçons et maris,
> Tous sont habitués à tromper;
>
> . . . .
>
> Gens de bas étage et gens de qualité
> Ne s'étudient à rien autre.
>
> . . . .
>
> Au dehors, vous diriez de douces brebis,
> Au fond ce sont des loups affamés.
> Ne vous fiez pas à ces bouffons.
> Pétris de malice et de bassesse,
> Avec leurs manières courtoises et polies,
> Ils ne cherchent qu'à duper le monde.
>
> . . . .
>
> Je ne parle pas des femmes.
>
> . . . .
>
> Elles-mêmes ont déclaré
> Qu'en malice nul ne les surpasse.
> A tous leurs amants elles font bon visage;
> Elles cherchent toujours à les contenter tous (1).
>
> . . . .

Le peuple ne connaît guère les tristesses vagues et les rêveries sans but. Trop de choses lui manquent et le font souffrir, pour que ses désirs, comme ses chagrins,

---

(1) Spano. *Canz. prof.* XXI, p. 86.

n'aient pas un objet déterminé et une cause précise. Il est rarement assez heureux, assez riche, assez inoccupé pour être mélancolique. Mais il n'en est pas de même des poëtes populaires. Car on n'est poëte qu'à la condition de sentir plus vivement les joies et les froissements du monde, et de vivre dans les régions élevées où souvent la lumière a plus d'éclat, mais où souvent aussi les nuages sont plus épais et plus chargés d'orage :

> Je ne sais plus
> Ni chanter ni rire.
> A gémir et à pleurer
> Mon destin cruel
> Pour toujours m'a condamné.
>
> Depuis qu'à l'Orient le soleil
> Apparaît, jusqu'à ce qu'il se couche
> D'hélas incessants
> J'accuse le sort,
> Et je l'accuse amèrement.
> Adieu, plaisirs.
> Adieu, joies de la vie !
>
> C'est dans la tristesse et l'angoisse
> Que je passe mes nuits.
> . . . .
> Mon imagination
>   En deuil
> Ne sait plus à cette heure
> Me montrer que de sombres visions.
>
> Mon cœur ne retrouve plus
> Sa paix, sa sérénité d'autrefois.
> Nuit et jour, à toute heure,
> Je le sens qui se plonge
> Dans un abîme de douleur.

Pauvre cœur affligé jusqu'à la mort
Sans jamais mourir !

De pleurer et de rire
Chacun en ce monde a sujet,
. . . .
Moi seul je ne vis
Que pour gémir et pour pleurer.

A pleurer tout me pousse,
Ce que je vois, ce que j'entends ;
Mon cœur est toujours en deuil ;
La vie est pour moi
Un châtiment que m'impose le ciel.
Ah ! mes espérances, quel fruit
Deviez-vous donc porter (1)?

Ce n'est pas là une douleur bien vive ; mais ce n'est pas non plus un chagrin à fleur de peau. C'est une plainte vague qui s'adresse peut-être moins à la fortune qu'à une femme aimée, un cri sorti du cœur sous le coup d'un de ces chagrins dont on croit mourir, et que parfois un sourire suffit à dissiper. La mélancolie est souvent plus profonde, quoique plus douce, et elle prend alors un accent plus mâle et plus fier quoique plus résigné. Le poëte quitte la guitare pour la lyre ; son vers, qui autrefois, comme un papillon léger et brillant, courait de fleur en fleur, son vers prend un vol plus hardi et sa voix un éclat plus sonore. Il ne caresse plus sa pensée pour la faire briller. Il lui obéit. Il se laisse emporter par elle :

Ma pauvre muse, depuis longtemps

(1) *Poes. Temp.*, p. 161.

Muette, est morte maintenant.
Du clou où elle était pendue,
Ma lyre en tombant s'est brisée,
Et le laurier est sec
Qui sur mon front brillait.

Des muses sur la montagne
Je ne respire plus l'air serein.
Horizons poétiques, frémissements sacrés,
Imagination créatrice, j'ai tout perdu.
Les bergers d'Arcadie
Ne veulent plus de moi parmi leurs chantres.

Bois, ruisseaux, fontaines,
Me cachent leurs nymphes jalouses.
Les sirènes ne chantent plus
Pour moi sur les flots.
A ma voix, à mes plaintes
L'écho des montagnes ne répond plus.

L'aimable rossignol
. . . .
Dès avant l'aurore
Ne charme plus mes peines
Par la vive harmonie
De son chant si varié et si doux.

Les champs ne revêtent plus pour moi
Leur parure et leurs gaies couleurs.
La rose et les autres fleurs,
Prennent un air triste
Et les arbres
Me paraissent en deuil.
. . . .
. . . .
. . . .

Les campagnes jolies
Pour moi sont sèches et ne fleurissent plus.

Les voilà bien loin déjà
Les années de ma première jeunesse.
De l'âge mûr
A peine ai-je entrevu la figure.

. . . .

La vieillesse est venue
Alors que je me croyais encore jeune.
Je dormais ; elle m'éveille.

. . . .

Je regarde et je vois
Combien j'ai changé,
Le visage plissé, couvert de rides,
La tête chauve, le corps maigre et sans ardeur.

Semblable à l'ombre vaine,
Amours et plaisirs ont disparu, hélas !
Les joies du monde
Se sont éloignées
Et l'amour m'a fui,
Car il est nu et près de moi il ne trouve que glace.

On ne trouve plus de charmes
A ma conversation, à mes visites.
En me voyant, chacun me fuit, chacun m'évite ;
De l'un et l'autre sexe
Je suis devenu la risée.

Honteux et confus
Dans ma triste chambre je m'enferme,
Et je pleure vainement
Le temps que j'ai perdu.

. . . .

Où était ma sagesse ?
Ah ! quelle folle vie ! quelles occupations vaines !

Que d'efforts pénibles
Ne me suis-je pas imposés
Pour atteindre un mal
Que je croyais un bien !

Que de peines, que de fatigues j'ai endurées
A la poursuite d'une récompense qui devait être si funeste.

Ah ! que d'avances fastueuses,
Que de bienfaits, de cadeaux, d'hommages,
De faveurs, de ruses,
Et en retour l'ingratitude !
Pour toute reconnaissance,
Le mépris ou la trahison !

Combien de colères, de peines, de battements de cœur,
De veilles, de nuits passées sans sommeil,
Pour recueillir des dégoûts amers
Que j'avais pris pour des plaisirs !
Je prenais, ô insensé !
Les épines pour les roses.

Les trompeuses vanités
M'ont dérobé la moitié de mon temps,
Sans que j'aie goûté jamais
Un plaisir qui fût vrai.
Me voilà détrompé
Maintenant que je suis à moitié mort.

Mes fautes sont
Sans nombre. Que faire ?
Désespérer ? Non....
. . . .

Au ciel j'ai un père, un ami,
. . . .
. . . .
Prompt à pardonner les offenses,
Et dont les bras s'ouvrent avec indulgence
Au pasteur repentant.

Les jours, les heures, les instants
Que j'ai encore à vivre, avec un amour sincère
Je les consacre à cet amant
Qui de l'homme ne veut que le cœur (1).

) Texte dans *Pischedda* p. 4, et dans *Poesie Tempiesi*, p. 29.

On voit que les poëtes sardes se conforment à toutes les traditions classiques. Quand ils ont cinquante ans, les cheveux gris et des rhumatismes, et que l'amour se détourne d'eux, ils disent adieu à l'amour. Ils se convertissent. Ils chantent leur *meá culpá*. Ils deviennent pieux. L'âge des doux péchés est passé. Ils s'en confessent pour avoir le plaisir de s'en souvenir, mêlant un peu de repentir à beaucoup de regrets. Mais cette transformation obligée et prévue, ne nous fera pas conclure contre la jeunesse en faveur de l'âge mûr, car l'une n'est que le chemin de l'autre. Et nous n'aurions pas la poésie du regret, si nous n'avions eu la poésie de la jouissance.

VIII

Il y a deux sortes de chants populaires en Sardaigne, que les femmes semblent s'être réservés. Ce sont ceux qui touchent aux deux extrémités de la vie, à la naissance et à la mort. Éducatrices et consolatrices du genre humain, qui saurait, mieux que les femmes, parler à un berceau ou à une tombe? Quand leur enfant dort, assises près de lui, elles chantent. Leur bonheur s'épanche en doux refrains, et leur pensée va d'espérance en espérance, comme l'abeille de rose en rose. Souvent elles répètent de vieilles strophes, toujours nouvelles, parce que leur imagination, se dégageant de l'étreinte des paroles, leur donne un sens toujours nouveau. Mais parfois aussi elles improvisent, et les vers jaillissent sans effort de leur cœur; car, vivant près de la nature et toutes débordantes d'une séve printanière, elles ne sont pas réduites, comme nos pauvres ouvrières, à se décharger sur une crèche du fardeau de la maternité, et elles en ont gardé non-seulement les sollicitudes et les joies, mais toute la poésie. Ces chants du berceau s'appellent en sarde *ninnia, ninnidu*, du latin *neniæ*, ou plutôt du grec νήνιτος, νήνιαι. En voici un, recueilli d'une bouche de douze ans :

Oh ! Ninna et Anninia
Dors, dors, mon frère.
Oh ! Ninna et Anninia
Dieu te donne le bonheur !
Oh ! Ninna et Anninia
Ici comme ailleurs,
Oh ! Ninna et Anninia
Dors, dors, mon frère.
Dors, précieux trésor,
Beau comme l'or,
Pupille de mes yeux,
Dors, ne crains rien.
Joie de ma mère,
Dors, sans peur
Oh ! Ninna et Anninia
Dors, dors, mon frère.
Oh ! Ninna et Anninia
Dieu te donne le bonheur !
Oh ! Ninna et Anninia
Ici comme ailleurs,
Oh ! Ninna et Anninia
Dors, dors, mon frère.

Ce chant est celui d'une enfant qui n'a point encore porté ses regards au delà du foyer domestique, dont l'âme se partage entre sa mère et son frère, et qui, dans son doux office de berceuse, fait gravement l'apprentissage de la maternité. Comment, ignorante qu'elle est de la vie, essaierait-elle d'en deviner l'énigme ? Quelles joies peut-elle souhaiter, quelles peines peut-elle craindre, quels présages peut-elle faire pour ce cher et frêle nourrisson ? Sa pensée ne peut qu'aller de l'un à l'autre des amours qui remplissent son existence.

Mais il est des ninnias qui sortent de ce cadre étroit. Les mères sardes, comme toutes les mères, aiment à se laisser aller, pour leurs enfants, à ces rêves de bonheur, sans mélange et sans fin, qui ne leur paraissent pas moins doux lorsque l'expérience leur en a appris les chimères. Elles associent à la tendresse passionnée qu'elles ont pour eux, la nature entière, les mouflons et les cerfs, les brebis, les pâtres, le chien de la maison. Elles convoquent les astres auprès de leur berceau, et parmi les étoiles choisissent pour eux la plus brillante. Elles aplanissent devant eux toutes les voies ; elles leur bâtissent un avenir tout rose. Cette petite fille qu'elles allaitent, elles la voient déjà dans ses habits de fiancée, portant avec grâce la chemisette qui se moule sur sa ferme poitrine, fière de sa lourde chaîne d'or et des bagues qui étincellent à ses doigts, la plus belle danseuse du *ballu tundu,* rendant toutes les mères jalouses et tous les jeunes gens amoureux. Et de ce gros garçon, qui bat sa nourrice, elles en font déjà le plus intrépide cavalier et le plus hardi chasseur de la montagne. Heureuse la femme qu'il prendra pour épouse ! Malheur à qui méritera sa vengeance ! Ces rêves, ces aspirations, ces présages, épars çà et là dans différentes ninnias sardes, je les trouve réunis dans la chanson corse que voici :

> Ninnina, ma chérie,
> Ninnina, mon espérance,
> Tu es ma barque jolie
> Qui vogue avec audace,
> Qui ne craint ni le vent
> Ni les tempêtes de la mer ;

Dors, dors un peu,
Fais la ninnani ;

Ma barque chargée de précieuses étoffes,
Chargée d'or et de perles,
Ses voiles sont de brocard
Venu d'outre-mer,
Son timon d'or fin,
Du travail le plus rare.
    Dors, dors un peu,
    Fais la ninnani.

Quand tu vins au monde
On te porta au baptême.
La marraine fut la lune
Et le soleil le parrain ;
Les étoiles qui étaient au ciel
Avaient leurs colliers d'or.
    Dors, dors un peu,
    Fais la ninnani.

L'air devint pur
Et s'emplit de splendeurs,
Et les sept planètes
Répandirent sur toi leurs dons.
Pendant huit jours ce fut fête
Parmi tous les bergers.
    Dors, dors un peu,
    Fais la ninnani.

On n'entendit que chants,
On ne vit que danses
Dans la vallée de Cuscioni
Et partout aux environs
Gueule-Noire et *Faucon* (1),
Firent fête à leur façon.
    Dors, dors un peu,
    Fais la ninnani.

(1) Noms de chiens : *Boccanera* et *Falconi*.

Quand, devenue grande,
Tu traverseras la plaine,
Sous tes pas, les herbes se changeront en fleurs,
L'huile coulera des fontaines,
Toute l'eau de la mer
Ne sera que parfum.
    Dors, dors un peu
    Fais la ninnani.

Toutes les montagnes
Se couvriront de brebis.
Cerfs et mouflons
Apprivoisés accourront à l'envi :
Tandis que vautours et renards
Fuiront à tout jamais.
    Dors, dors un peu,
    Fais la ninnani.

Tu es la sarriette précieuse
Qui croît sur le Bavelle,
Tu es le thym odorant
Qui croît sur le Cuscione ;
Tu es l'herbe mufrelle (1)
Qui nourrit les moutons.
De ton aïeul et de ta mère
Tu remplis tout le cœur.
    Dors, dors un peu,
    Fais la ninnani.

Dans cette ninnia, comme dans toutes les autres, que le cercle des idées soit plus ou moins étendu, que l'expression soit plus ou moins pittoresque et vive, le merveilleux est toujours rare et ne sort jamais du cercle des habitudes journalières. On ne voit pas figurer dans les chants sardes, comme dans les chants du Nord,

(1) Herbe assez commune en Corse.

de fées bienfaisantes et de génies malins auprès du berceau des nouveau-nés. On n'y trouve que des mères souriantes dont nul souci ne trouble le bonheur, dont nul pressentiment n'attriste les refrains. Point d'accents mélancoliques et inquiets; mais une sérénité et une fraîcheur toujours égale, une grâce familière et enfantine. Pour tout souhait, le bonheur domestique. Car les mères sardes ne trouvent rien dans les traditions de leur île qui leur inspire des rêves ambitieux, et elles ne peuvent pas dire comme les mères grecques à leur petit palikare : « Dors, mon cher petit. J'ai quelque chose à te donner : pour ton sucre, Alexandrie, pour ton riz le Caire, et Constantinople pour y commander trois ans (1). »

Les ninnias du petit Jésus, qu'on chante dans les églises pendant la nuit de Noël, ont elles-mêmes ce caractère. Elles ne célèbrent que la beauté de l'enfant : elles se taisent presque toujours sur le rôle du divin Crucifié :

> Ninna, Ninna, cheveux d'or (2),
> Ninna, Ninna, lis fleuri,
> Ninna, Ninna, doux trésor,
> Ninna, Ninna, fils chéri.

Sous ce rapport, elles ne diffèrent pas des ninniæ romaines :

---

(1) Voyez *Chants populaires de la Grèce*, de Fauriel et du comte Marcellus. Les chants des nourrices s'appellent, en grec moderne, *Nannarismata*.

(2) Chant du diocèse de Nuoro.

— Dormi, dormi, nel mio senno
Dormi, o mio fior Nazareno.
Il mio cuor culla sarà
Fa la ninna, nanna na.

— Testa d'argento e fronte di cristallo
Occhi, che ci si vede il paradiso,
Denti d'avorio e labro di corallo,
La bianca gola et l'incarnato ciglio,
Li vostri orecchi son tanto belli !
Son fila d'oro i vostri capelli.

Si un pressentiment de douleur plisse son front, la mère cherche à l'éloigner. Elle ne veut auprès du berceau du nouveau-né que des chœurs d'anges et de célestes mélodies, une joie sans mélange sur terre et dans le ciel, dans son cœur et dans celui du divin enfant :

Céleste trésor
D'éternelle joie,
Dors, ô ma vie, ô mon cœur ;
　Dors, dors, Anninia.

Ce n'est point un lit de brocard
　Qu'on te prépare,
C'est un lit de foin
　Sec et dur,
A toi le plus riche,
Le plus puissant seigneur !

　Quel beau sort
　　M'est échu,
Avoir mon fils bien-aimé
Dans la cour céleste !
Pourtant ma douleur est amère,
Si je pense à l'agonie.

Un gémissement
S'exhale de ton cœur,
　Aimable trésor
　Brillant soleil.
　Dors doucement,
　Ô mon cœur, ô mon âme.

Dors, fils bien aimé,
Dors d'un doux sommeil.
　Ne crains pas
　D'être troublé,
　Verbe incarné
Dans le sein de Marie.

· Divins esprits,
Anges et saintes,
Venez, accourez tous
Avec les séraphins.
　Voilà ma vie
　　Qui dort.

Musique divine,
Céleste milice,
Chante avec délice.
. . . .
Étoile du matin
Fais-lui compagnie.

Quand tu me regardes,
Avec ta couronne de roses,
Et ta bouche amoureuse,
Dis-moi pourquoi ces soupirs?
Dors, dors, oublie, mon cœur,
　Tous les ennuis.

Quel est le pressentiment
　Qui te trouble?
Et dans le sommeil et dans la veille
Pourquoi es-tu ainsi pensif?
　C'est pour nous,

Dans ce jour de fête,
Une peine, un tourment.

Réserve tes larmes.
   Dors, ô mon bien,
    Fils de Dieu
Ne pleure point ainsi ;
Retiens, retiens tes larmes.
Pourquoi cette douleur amère ?

Dors aux sons de la douce musique
Que le ciel t'envoie.
   Dors sans souci,
   Dors, ô ma vie,
   Ange immaculé,
   Espérance du monde.

   Chœurs des anges,
   Vierges bienheureuses,
Faites entendre vos douces voix.
Mortels, unissez vos chants
   Dans une joyeuse
     Symphonie.

Dors dans mon sein,
   Fils chéri ;
N'aie ni crainte, ni doute.
. . . .
Dors, divin poupon,
Dors, bercé par de doux chants.

Pour qui t'a dans le cœur,
Tu es la joie sans mélange.
Tu es le vase d'argent
Plein de fleurs d'or,
Tu es l'unique consolation
   De mon âme.

Candeur immaculée,
Éternelle lumière,

Sagesse immortelle,
Fils et père incréé ;
Dors, fils chéri,
Dans le sein de Marie.

Dors, ô ma vie, ô mon cœur.
 Dors, dors, ô Anninia.

IX

Les chants de la tombe sont plus variés que ceux du berceau, parce que les uns sont consacrés à une existence qui finit et dont toutes les pages sont pleines, et les autres à une existence qui commence et dont toutes les pages sont blanches, et peut-être aussi parce que la plus grande place dans le cœur humain n'appartient pas à la joie, mais à la douleur.

C'était un usage antique en Sardaigne que personne ne quittât la vie sans avoir son oraison funèbre, le berger dans sa cabane comme le seigneur dans son palais. Quelqu'un venait-il à mourir, toutes les femmes du voisinage, vêtues de deuil et un mouchoir blanc à la main, se réunissaient à la maison mortuaire. Là, rangées autour du cercueil et ayant parmi elles les parents du défunt, elles commençaient leurs chants lugubres. Chacune d'elles à son tour entrait dans le cercle, disait quelques strophes et répétait le triste refrain au milieu des soupirs et des gémissements de l'assistance. Ces *attitadoras* sardes rappelaient les *preficæ* antiques qui conduisaient le deuil au son des instruments, criant, s'arrachant les cheveux, et versant des larmes feintes. Mais elles n'étaient point comme elles, des pleureuses mercenaires. Elles ne jouaient point la douleur. Elles venaient, spontanément, pour rendre un dernier hommage à un parent, à un ami, pour faire honneur ou pour apporter quelque consolation à sa famille. Ce n'étaient point des comédiennes; c'étaient des prêtresses émues qui célébraient les vertus du mort, sa piété, sa beauté, son courage, et qui exprimaient à la fois et leurs regrets et ceux des autres (1).

Les chants des attitadoras ont le plus souvent un refrain qui reparaît à chaque vers, comme un sanglot qui oppresse l'âme et ne lui permet pas les longs développements :

> Ohi ! su bene et i su coro meu !
> Bellu et raru qu' et i s'oro
> Ohi ! su bene et i su coro meu !
> Sempre ti tenzo in coro.

Et ce refrain ne varie guère. Si c'est un mari qui a perdu sa femme :

> Ohi ! su bene et i sa bona muzere !

Si c'est une sœur qui a perdu son frère :

> Ohi ! su bene et i su frade meu !

Mais quelquefois l'attitido s'étend, suit un rhythme

---

(1) Il y a chez les Roumains, comme chez les Sardes, des pleureuses qui accompagnent les morts et qui chantent leur vertu, leurs talents, leurs hauts faits, mêlant les sanglots aux éloges. Les Grecs modernes ont leurs myriologues, et c'est chez eux une bien vieille tradition, car elle remonte jusqu'à Homère. Voyez les lamentations de la famille de Priam sur le corps d'Hector.

plus large, moins monotone et moins lugubre. En voici un à deux voix sur la mort d'un enfant de douze ans. La mère dit la première strophe et une de ses amies lui répond :

— Délices de mon cœur,
　Lumière chérie !
Et désormais douleur amère,
Soupirs, deuil éternel !
Comme un arbre choisi,
Tu grandissais fort et beau.
Heureuse de mon sort,
Je te contemplais sans cesse :
　Et, pleine de joie,
Je sentais fleurir dans mon cœur
　La douce espérance
Que Dieu te conserverait pour moi.

— Quelle douleur, ô mort !
A ce cœur tu causes !
A quel triste sort
Mon Dieu, l'as-tu réservé !
　A ton ombre
　J'espérais reposer ;
　De tes fruits
　J'espérais me nourrir.
　Mais à peine avais-tu
　Tes onze ans accomplis,
　Qu'en deuil ma joie se change.

— Délices de mon cœur,
　Lumière chérie !
　Et désormais, douleur amère.
　Soupirs, deuil éternel !
Hélas ! sur mon arbrisseau chéri,
Au milieu de cette fête,
Une tempête cruelle
Se précipite, et jette

Sa racine au vent.
Ah! malheureuse!
Qui maintenant viendra
Me consoler dans ma douleur?

— Quelle douleur, ô mort!
  A ce cœur tu causes!
  A quel triste sort
  Mon Dieu! l'as-tu réservé!
Et qui viendra avec moi pleurer?
Jeune enfant amoureuse,
Qui pour épouse à mon fils
  Étais destinée,
  Sa mère l'a perdu ;
Il est perdu aussi pour toi.
Pleure avec elle et crie :
Pitié, pitié pour sa douleur!

La poésie a besoin de l'infini pour déployer ses ailes. Ce n'est pas une bacchante qui, la tête couronnée de roses, présente à l'homme en souriant la coupe du plaisir. Les courtes ivresses ne lui suffisent pas. Il lui faut ces bonheurs ou ces tristesses immenses qui ont leur racine sur la terre, mais qui ne trouvent qu'au delà leur épanouissement ou leur consolation. Elle est l'ange de l'espérance qui, le regard tourné vers le ciel, pleure la nuit sur les tombeaux, et qui souvent garde pour la mort son plus doux sourire et ses plus belles fleurs.

De trois colombes, une
A dix-sept ans s'est envolée.
. . . .
Chacun pleure le coup fatal ;
Tous accusent le sort
En apprenant sa mort.

Dans la fleur de son âge,
Antoinette a été enlevée.
. . . .
La voilà brisée
Cette belle trinité de grâces.
Mariette et Anne-Marie
N'ont plus de compagne.

A la voir, on eût dit
Qu'elle ne devait pas mourir.
Sa joie, sa vivacité, sa gaieté
Promettaient de durer toujours.
Elle a quitté la vie
Dans tout l'éclat de la santé.
. . . .
. . . .
Elle s'est envolée de nos mains
Sans savoir ni comment ni pourquoi.
. . . .
. . . .

. . . .
Mais, ô Dieu ! qui m'appelle ?
Quelle est la voix que j'entends ?
C'est mon Antoinette
Qui, toute glorieuse, m'apparaît.

« Oublie mon nom,
« Calme-toi, me dit-elle, ne pleure plus ;
« Je ne suis pas morte, je dors.
« Tu me verras, plus belle un jour,
« Au paradis où je t'attends. »
. . . . (1)

J'aime à me figurer ces trois sœurs s'ouvrant toutes trois à la vie comme trois roses qui s'épanouissent à la fois sur la même branche, et dont l'une, brisée par l'o-

(1) *Poes. Temp.*, p. 338.

rage, se flétrit tout à coup. Le même cœur semblait battre en elles, comme le même sang coulait dans leurs veines, et leurs espérances se confondaient comme les fils d'or du même tissu. Hier encore, elles interrogeaient ensemble l'avenir, et le soir, à l'heure des rêves, échangeaient leurs doux secrets. L'une d'elles s'est endormie pour toujours, et voilà que les autres ne connaîtront plus de joie sans mélange. Dans toutes leurs fêtes elles chercheront l'absente, et toujours sous leur rire on trouvera des larmes. Quand la vie est brisée ainsi dès ses premiers pas, les promesses qu'elle contenait semblent n'être qu'ajournées pour le ciel et quelque chose du charme de la jeunesse s'étend jusque sur la mort. La poésie sarde a senti ce charme sévère; mais elle ne l'a pas exprimé aussi heureusement que la poésie bretonne :

« Qui aurait vu Jeff, sur la grève, les yeux brillants et les joues roses, qui aurait vu Jeff au Pardon, aurait eu le cœur réjoui ; mais qui l'aurait vue sur son lit, eût pleuré de pitié pour elle, pour la pauvre fille malade aussi pâle qu'un lis d'été. Elle disait à ses compagnes, assises sur le bord de son lit : « Mes compagnes, si vous m'aimez, au nom de Dieu, ne pleurez pas ; vous savez bien, il faut mourir; Dieu lui-même est mort, mort en croix.

« Comme j'allais puiser de l'eau à la fontaine, le rossignol de nuit chantait d'une voix douce : « Voilà le mois de mai qui passe et les fleurs des haies avec lui. Heureuses les jeunes filles qui meurent au printemps! Comme la rose quitte la branche du rosier, la jeunesse quitte la vie. Celles qui mourront avant huit jours, on les couvrira de fleurs nouvelles, et du milieu de ces fleurs elles s'élèveront vers le ciel comme le passe-vole du calice des roses.

. . . .

« Sa prière était à peine finie, qu'elle pencha la tête et puis ferma les yeux. En ce moment on entendit le rossignol qui chantait encore au courtil : « Heureuses les jeunes filles qui meurent au printemps! Heureuses les jeunes filles que l'on couvre de fleurs nouvelles (1)! »

L'attitido est plein tantôt d'une vive amertume, tantôt d'une douce résignation. En voici un consacré à la mémoire d'un digne et saint évêque, tendre et calme comme la vie qu'il retrace, tout pénétré de foi et de charité :

    Son plaisir,
A ce bon père, à ce doux pasteur,
    Était à toute heure
De nourrir son troupeau bien-aimé :
    Au pain de l'âme
Il ajoutait le pain du corps.

L'épouse était-elle nue,
Ses fils affamés, dépouillés,
Il travaillait sans relâche
    A les consoler tous.
Il donnait des vêtements à l'une
Et aux autres des aliments.

On ne saurait compter
Les pauvres qu'il a secourus.
Ceux qui étaient nus pour se vêtir,
Ceux qui étaient affamés pour se nourrir
A lui avaient recours,
Et tous s'en allaient consolés.

Combien auraient souffert de la faim,
Du froid pendant l'hiver,
. . . .

---

(1) De la Villemarqué, *Barzas-Breis*, t. II, p. 264.

Si son cœur humain
Ne leur eût tendu la main !

Il était beau de voir
Tant de pauvres dans sa maison rassemblés,
. . . .
. . . .
    En haut, en bas,
Si nombreux qu'on ne pouvait passer.

Et c'étaient là ceux qui se montraient,
    Ceux de tous les jours.
Je ne parle pas de ceux auxquels chaque mois
Il procurait les aliments nécessaires,
    Et ces autres pauvres
Auxquels il venait secrètement en aide.

    Par les pauvres cupides
Il se laissait tromper les yeux fermés.
. . . .
. . . .
    Il connaissait la fraude
Mais il estimait que c'était gagner, de perdre ainsi.

    Ah ! cher père,
Père de tout le monde, cher ami,
Je ne dois pas pleurer pour toi.
Je pleure notre perte à tous,
Ta mort étant aujourd'hui
Un châtiment pour tous, même les plus forts (1).

L'attitido prend quelquefois la forme dramatique, l'on y voit alors apparaître tout un coin des mœurs sardes. On sait qu'en Sardaigne c'est un honneur une habitude d'aller armé. On ne rencontre guère

---

(1) *Poes. Temp.*, p. 321.

voyageur ou de paysan qui n'ait au côté son large coutelas, autour de la taille sa giberne, sur l'épaule son escopette (1). Dans les longs voyages à travers les campagnes solitaires on est seul, loin de tout secours ; il faut pouvoir se défendre soi-même. Il n'y a pas de fêtes, d'ailleurs, sans coups de fusil. Les Sardes, comme les Arabes, aiment à faire jouer la poudre.

> Attendrissez-vous, durs rochers,
> Et toi, monde, prends le deuil !
> Quittez, ô campagnes, votre parure joyeuse,
> Et vous, plantes, votre verdure !
> Venez, accourez aux cris
> D'une mère désolée,
> Qui pleure son fils bien-aimé
> Victime d'un accident terrible.

> . . . .

> Ce n'est pas d'une main étrangère,
> C'est de sa propre main
> Que le sang de ses veines
> A terre a été répandu.
> Oh ! cruelle émotion ! peine terrible !
> Lui-même s'est donné la mort ;
> Il chargeait son escopette,
> Le coup part et le frappe à la tête.

> A la tête le coup l'atteint,
> Oh ! cruelle émotion ! peine terrible !
> Au bruit, la mère accourt
> Tremblante, effarée ;
> Elle aperçoit son fils gisant

(1)   Hac arat infelix, hac tenet arma manu
(OVIDE.)

A terre sur le seuil.
Elle le saisit soudain dans ses bras
Et tous deux tombent morts.

. . . .

Tous s'imaginent
Qu'un même coup a tranché les deux vies.
Tous pleurent amèrement
Et du fond du cœur soupirent.
Cependant en regardant bien les deux corps,
Ils voient qu'ils respirent.
. . . .

. . . .
. . . .
La mère, évanouie, revient à elle ;
Mais le fils est frappé à mort.

. . . .
La mère pleurant
Sur ce corps à l'agonie,
Vaincue par la douleur
Contre le mur se frappe la tête.

. . . .
Le matin son fils était frais et fort
Le soir il est aux bras de la mort.

Le matin il est allé à la fête
Du glorieux saint Maurice.
. . . .
. . . .
Le soir, il se retire,
Pour rentrer à la maison.
Mais à peine est-il arrivé sur le seuil de la po
Qu'il passe de la vie au trépas.

. . . .
. . . .

Une cruelle décharge
A terre l'étend mort.

. . . .

Mieux eût valu n'être pas né
Que de se donner la mort soi-même (1) !

A côté de l'oraison funèbre profane, il y a l'oraison funèbre religieuse.

Quiconque a vu des enterrements en Italie ou dans le midi de la France, connaît ces confréries de la mort qui confondent, sous un habit uniforme, tous les rangs et tous les âges et établissent entre les hommes la plus touchante solidarité, celle qui puise ses enseignements dans le spectacle du néant des distinctions et des grandeurs humaines. Les confrères ont un poste en permanence qui guette l'arrivée de la mort. Aussitôt qu'un des leurs a rendu le dernier soupir, ils se rendent auprès de lui et, tour à tour, veillent et prient auprès de son lit. La tête couverte par l'espèce de sac qui les enveloppe en entier, ils ne se connaissent point entre eux. Ils ne sont rien l'un pour l'autre que des frères en Jésus-Christ. Ces confrères sont nombreux en Italie. J'en ai vu à Cagliari de toutes les couleurs, blancs, gris, rouges, sortant des églises et accompagnant les morts aux cimetières. Voici un des *Epicedio* qu'ils ont coutume de chanter dans la maison du défunt avant de le porter à l'église. Il n'est ni bien profond ni bien neuf ; mais, chanté en présence du mort, il ne laisse pas d'éveiller de grandes pensées et

(1) Spano. *Canz. prof.*, II, p. 8.

remue d'autant plus sûrement l'assistance qu'étant en langue vulgaire, tous, jusqu'aux plus humbles, peuvent s'y associer.

>Triste jour que nous attendons,
>Nous qui vivons dans le monde,
>Un à un la mort nous moissonne ;
>Et nous ne pensons pas à la mort !
>
>Regarde, ô chrétien,
>Ce monde faux et léger,
>Où tout passe si vite,
>Plus vite qu'un vain songe
>Qui le matin venu
>Se dissipe comme la nuit.
>
>Ce monde est une fleur
>Qui se sèche en un instant,
>Une fleur qui souffre de tous les vents,
>De la chaleur et du froid,
>Une fumée, une vapeur,
>   Un monde déchu.
>
>Nous avons ici sous les yeux
>   Ce mort,
>Séparé du monde;
>Laid, triste, sans regard,
>Les mains croisées sur la poitrine.
>. . . . .
>. . . . .
>
>Comme il est immobile
>Couché dans sa bière !
>Il a laissé toutes les chimères
>De ce monde trompeur ;
>   Si grand est
>Le pas qu'il a franchi !

O mort puissante,
De qui tout le monde relève
Jusqu'au Fils de Dieu,
O mort infatigable
Tu ne te reposes jamais ;
Tous, nous passons sous ton joug.

Seigneur, divin crucifié,
Regarde avec pitié
Ce soldat de ta milice ;
Il était inscrit sous l'étendard
   De ta croix ;
Il portait l'habit que nous portons.

Marie, consolatrice
De toute âme affligée,
Secours, ô Marie,
L'âme qui vient
Maintenant de quitter le monde,
Accorde-lui ton appui.

Sénat des apôtres,
Martyrs, confesseurs,
Vierges, qui avec éclat
Avez su rester pures,
Si en quelque point il a failli
Nous vous le recommandons.

. . . .
Le frère que nous pleurons,
Si vivant hier, est mort aujourd'hui,
Ainsi devons-nous faire tous...
  . . . .
  . . . .
C'est dans une fosse profonde,
   Toute murée
Toute pleine de vers au fond,
Qu'il habite maintenant.

Voilà la récompense que donne le monde
A ceux qui mettent en lui leurs espérances.

Triste jour que nous attendons,
Nous qui vivons ici-bas,
Un à un la mort nous moissonne;
Et nous ne pensons pas à la mort (1)!

Il s'en faut que tous les attitidos respirent ainsi une tristesse calme et résignée. Dans un pays de vendette comme la Sardaigne, où les morts violentes ne sont pas rares, ils prenaient souvent un caractère d'énergie sauvage et devenaient l'occasion d'un sanguinaire appel à la vengeance. Les femmes qui se succédaient autour du cadavre, vraies furies, se répandaient en malédictions, faisaient un tableau dramatique et passionné du meurtre accompli, appelaient aux armes les parents, les amis de la victime, et semaient pour ainsi dire dans le sang répandu les germes d'un nouveau crime. C'était une sœur qui, devant le corps sanglant de son frère assassiné, s'écriait : « O mon lion généreux ! rien n'a pu te préserver, ni ton fusil, ni ton poignard, ni le charme que je t'avais donné, ni la relique que tu portais au cou. Cachés comme des lâches, tes ennemis, qui n'auraient osé affronter ton regard, t'ont tué traîtreusement, de loin, la nuit, et il ne te reste que moi, pauvre orpheline, pour te venger. Mais va, j'y suffirai, je cacherai un stylet dans mon sein, je pendrai des pistolets à ma ceinture et le sang de tes ennemis paiera le tien! »

---

(1) Spano. *Canzoni sacre* XIV, p. 61.

C'était une veuve qui s'abandonnait à ces furieuses imprécations : « Ah! si j'avais un garçon, si j'avais un fils, je prendrais une de mes robes, je lui en ferais un corset afin que jamais il n'oubliât la mort de son père, et qu'une fois devenu homme, son premier soin fût de le venger. J'ai soif de sang, j'éprouve un désir de mort! » C'était une fiancée qui disait : « O mon bien-aimé! je ne sais quel pressentiment m'annonçait ta mort. Ce coup de fusil qui t'a tué, je l'ai senti au cœur. Ah! si je pouvais frapper ton ennemi, si je pouvais lui arracher les entrailles, les déchirer avec les dents, et jeter son corps aux vautours et aux corbeaux (1)! »

Ces accents farouches, ces cris de fureur ne datent pas de plusieurs siècles, ils sont d'hier. Car c'est d'hier seulement que l'habitude des attitidos a disparu devant les efforts répétés du clergé et les menaces d'excommunication, et dans maint village, les vieilles traditions ont conservé leur empire, et les anciens usages, suspendus plutôt que détruits, semblent toujours à la veille de reprendre le dessus. Ne nous hâtons pas de crier à la barbarie. Nous en étions là il y a trois cents ans. Un gentilhomme du seizième siècle n'éprouvait nul scrupule à se défaire de son ennemi. Il pouvait se piquer de sentiments chevaleresques comme François Ier, faire des vers comme Marot, être voluptueux comme Henri III ; à l'occasion, il frappait un rival de sa dague

---

(1) Les Attitidos sardes que j'ai pu recueillir étant très-peu nombreux, quelques-uns des traits précédents ont été empruntés aux Voceri corses, qui ont absolument le même caractère.

ou le faisait arquebuser par ses bravi, et de tels coups d'audace, presque toujours impunis, étaient souvent un titre à l'admiration des honnêtes gens. Pourquoi s'étonner que des pâtres isolés, ignorants et rudes, aient conservé l'habitude de jouer du fusil et trouvent encore un plaisir divin à se venger?

X

La vengeance et le brigandage se tiennent de près en Sardaigne. Comme le pays est couvert de grands bois, qu'il est à moitié désert, qu'il manque de routes, et que par conséquent l'œuvre de la justice y est lente et difficile, chacun cherche à se faire justice à soi-même. De là des meurtres fréquents. Quand il a fait son coup, le meurtrier, pour se soustraire à la loi ou aux représailles, gagne la montagne et le voilà dès lors condamné à une vie errante. Malheureux, mais non pas déshonoré, la crainte et l'admiration sont les seuls sentiments qu'il inspire. Le soir, on s'entretient de la hardiesse qu'il a déployée, du courage avec lequel il résiste aux gendarmes, des tristesses de sa vie solitaire. Les jeunes gens vantent ses exploits et les jeunes filles ont pour lui des rêves et des admirations. C'est que la cause qui l'a fait bannir est, aux yeux de tous, une noble cause. S'il a tué, c'est pour laver un outrage fait à son honneur ou à l'honneur de sa famille. On l'estime comme un brave au lieu de le repousser comme un assassin. Chacun lui vient en aide. Il est assuré de trouver partout des secours ou un asile ; il ne trouvera nulle part un traître. La crainte qu'on a de son fusil vient d'ailleurs en aide aux sympathies naturelles qu'il inspire, et ceux-mêmes qui ne l'aiment pas le respectent ou le redoutent. Sa vie est rude. Avoir la terre pour couche, passer la nuit dans les bois ou dans de misérables cabanes, être toujours sur le qui-vive, se défier de toutes les rencontres, être séparé par une infranchissable barrière de ses parents et de ses amis, être condamné à l'isolement, à l'incertitude du lendemain, être réduit à soupçonner dans chacun de ses semblables un ennemi, serait déjà la plus cruelle des punitions pour des hommes moins sauvages, moins fermes, plus amollis par les douceurs de la civilisation. Et pourtant ce n'est pas tout. Le banni est souvent condamné à de terribles complicités. Il rencontre dans les maquis des brigands sans honneur, couverts de crimes, souillés de honteux méfaits. Il entre dans une bande et, subissant jusqu'au bout les nécessités de l'alliance qu'il a été obligé de contracter, il se laisse entraîner à son tour au vol et au pillage. Puis un jour la troupe se montre; il faut fuir, lutter de vitesse, affronter les balles, à tout prix ne pas se laisser prendre, car une fois pris il n'y a plus d'autre alternative que la potence ou la prison.

Un brigand de bonne maison, Francesco Satta d'Osilo, poëte comme son frère, le chanoine Satta, a raconté les détails de sa capture et les ennuis de sa captivité. C'est tout un drame. Les soldats entourent sa maison. Il saisit son fusil et veut fuir. Mais toutes les issues sont gardées. Il entend monter l'officier chargé de l'arrêter. Il pense à sa pauvre Giuana qui, s'il meurt, ne pourra vivre. Décidé dès lors à ne pas se faire tuer et comprenant l'inutilité de la résistance, il consent à se rendre. On le lie et on l'emmène sous bonne escorte;

> Pleure maintenant, traître,
> Ce que tu as fait à Bittoria Fiore!

Les insultes pleuvent sur lui sans l'émouvoir. Qu'ils prennent garde ceux qui l'injurient à ne pas tomber un jour entre ses mains!..... Il arrive enfin devant le gouverneur.

> Tu es Cicciu Satta d'Osilo?
> Oui, Monsieur, lui répondis-je,
> Pour vous servir, bien que prisonnier.
> . . . .
> Sa femme m'entendant parler,
> Accourt. . . . .
> . . . .
>
> Elle accourt et soupire
> En voyant que je suis lié;
> . . . .
> Au gouverneur elle demande
> La grâce de me laisser évader.

Cependant, malgré l'intercession émue de sa femme, qui ne veut pas croire qu'un bandit soit coupable lorsqu'il a une si fière attitude, le juge reste inflexible. Il faut aller en prison, le supplice le plus cruel pour des hommes habitués à la vie libre des champs.

> Ceux qui ne savent ce qu'est une prison
> N'ont point connu ce qu'est le malheur.

. . . .
Pendant le jour on me tient derrière les verroux,
Pendant la nuit on me charge de menottes et de chaines.
Quand je pense à ces tourments,
Mon sang se sèche dans mes veines.
Il y a moins de grains de sable dans la mer
Que je n'ai de maux à supporter (1).

Ne croyez pas pourtant que les souffrances feront plier le bandit. Non, il restera indomptable et hautain. Écoutez ce chant corse :

Ces cruels gendarmes
M'avaient bien recommandé :
« Gardez-le bien, c'est un bandit fameux.
« Il y a dix-huit ans
« Qu'il a été condamné.
. . . .
Alors le geôlier
Me dit :
« Êtes-vous Rossi,
« Ce corps de fer,
« Le prince
   «Des scélérats ?
. . . .
« Pauvre malheureux,
« Nous vous avons pourtant pris !
. . . .
Je le regarde et je m'arrête,
. . . .
Tout étonné
De m'entendre
Appeler scélérat (2).

C'est que le bandit a son point d'honneur. Il n'est

---

(1) Spano. *Canz. prof.* X., p. 48.
(2) Chant de Rossi di Balagna dans Tommaseo, *Canti corsi*, p. 43.

point un scélérat. Dans la langue illyrienne, se venger, c'est se sanctifier. En Sardaigne comme en Corse, se venger c'est se faire honneur.

Le plus souvent ce sont les femmes qui excitent à la vengeance. Tant qu'elles n'ont pas lavé leur injure dans le sang, elles demeurent implacables. Ne leur demandez pas de pardonner ; elles vous répondraient comme Cornélie :

> N'attendez point de moi de regrets ni de larmes,
> Un grand cœur à ses maux applique d'autres charmes ;
> Les faibles déplaisirs s'amusent à parler,
> Et quiconque se plaint, cherche à se consoler.
> Moi je jure des Dieux la puissance suprême
> . . . .
> De n'éteindre jamais l'ardeur de me venger (1).

Elles arment les bras en se promettant pour récompense à celui qui osera tout pour elles. Et c'est alors qu'elles sont le plus séduisantes, ces fières héroïnes. Leurs colères ont des tendresses, leurs soupirs ont des frémissements qui enivrent. On pressent, dans l'énergie de leurs ressentiments, toutes les ardeurs des attachements passionnés. Leur grâce paraît plus charmante étant plus sauvage, et leur haine même n'est qu'une des formes de l'amour, d'un amour dont la mort n'a pu briser les liens.

(1) Corneille, *Mort de Pompée*, acte v, scène I.

XI

J'assistais un jour à Bologne, dans un vaste amphithéâtre en plein air, à une représentation dramatique. Le public était nombreux. Quelques élégants officiers autrichiens occupaient avec moi les hauts gradins. Les autres étaient garnis de paysans, de contadines, d'enfants, de porte-faix, de mendiants, de vrais sans-culottes, les bras, souvent les pieds nus. Les places d'honneur coûtaient un *baioccone* (1). On passait dans les entr'actes des rafraîchissements à deux liards. Je n'ai jamais vu de foule plus attentive, plus émue, suivant avec plus d'intérêt les péripéties de l'action, prenant une part plus vive aux passions des personnages, attendant avec une plus curieuse impatience le dénouement du drame. Les acteurs étaient pourtant bien mauvais et la pièce bien froide. C'était une tragédie de Silvio Pellico. L'attitude des spectateurs n'en était que plus remarquable. Elle montrait de quel besoin d'émotions ils étaient tourmentés et quels trésors de poésie ils portaient en eux-mêmes ; car on ne sent si vivement que ce qu'on a en germe dans le cœur.

(1) Cinq sous.

Cette passion de poésie, cette richesse de veine poétique se retrouve partout en Italie. Elle a donné à Dante son influence immense. Elle a valu à Pétrarque un royal triomphe. Elle a, dans tous les arts, créé des chefs-d'œuvre. Elle a fait naître dans les plus chétives bourgades des monuments, des statues, des fresques admirables. Elle a soutenu pendant plusieurs siècles la verve intarissable de la *commedia dell' arte*. Elle renouvelle encore chaque jour l'inspiration, le succès des improvisateurs. Jusque dans les plus misérables cabanes de la Corse, on trouve, si quelqu'un y sait lire, Tasso, Marini, Metastasio ou Monti, et on voit en Sicile jusqu'à de pauvres aveugles former des associations poétiques où ils viennent tour à tour réciter leurs chants (1), comme si, ne pouvant jouir de la belle nature qui les entoure, ils cherchaient à s'en consoler par un spectacle encore plus beau, celui de l'âme humaine.

Cette poésie qui surabonde a, dans presque toute l'Italie, revêtu toutes les formes. Elle a coulé à pleins bords et s'est répandue avec une prodigieuse richesse dans les voies les plus diverses. En Sardaigne, elle se concentre tout entière dans les chants populaires. Il n'y a pas de traditions de grandeur qui nourrissent la fierté de la race et exaltent les âmes. On ne trouve qu'en petit nombre sur le sol ces monuments admirables qui ailleurs parlent si éloquemment à l'imagination

---

(1) Sur ces associations d'aveugles que j'ai vues moi-même, on trouve d'intéressants détails dans le *Voyage en Sicile*, de M. Gregorovius, le savant auteur de *Geschichte der stadt Rom im Mitelalter*, 4 vol. parus.

et au cœur. Le peuple ne lit pas, ne fréquente pas les théâtres. Il ne voit pas se déployer pour lui les pompes religieuses qui sont pour les paysans romains le plus beau, le plus enivrant des spectacles. Son unique jouissance intellectuelle, ce sont ses chants. Eux seuls font pénétrer en lui un rayon de ce monde invisible que les hommes ne se lassent jamais de chercher, qu'ils cherchent jusque dans les hallucinations de l'opium quand la source de la poésie s'est tarie en eux. Ils le reposent dans ses travaux, ils le consolent dans ses peines, ils font la joie de ses veillées. Les jeunes gens y trouvent un écho de leurs sentiments, de leurs amours, de leurs espérances. Les vieillards y retrouvent toute leur jeunesse, la voix de leur nourrice, de leur aïeule, de leur maîtresse, les souvenirs doux et amers de leur vie, et quand le hasard les apporte à leurs oreilles il semble que c'est leur passé tout entier qui ressuscite (1).

Mêlés ainsi à toutes les passions, à tous les incidents de la vie, et formant à eux seuls toute la poésie d'une race si poétique, les chants populaires de la Sardaigne ont, comme étude de mœurs, la plus haute importance. Ils sont le miroir fidèle de sa civilisation : ils nous en révèlent les détails et les nuances. Ils nous initient aux secrets des pensées et des cœurs. Ils sont le commentaire le plus gracieux et le plus complet des croyances, des usages, des préjugés du peuple.

(1) Canzoni dei miei padri
Che a' felici d'infanzia anni imparai
Nel mio alpestre idioma.   (PELLICO).

Malheureusement il y en a beaucoup qu'on ne connait pas. Car s'ils sont très-nombreux, ils sont encore plus difficiles à recueillir. Il n'y a pas de sujet sur lequel le peuple montre plus de défiance envers ceux qui l'interrogent. Demandez à la jeune fille le refrain amoureux qu'elle répète, vous la verrez rougir, s'effaroucher, comme si vous songiez à violer la pudeur de son secret. Adressez-vous aux cultivateurs de la plaine ou aux bergers de la montagne ; moins timides, ils ne seront pas moins réservés. Ils dédaigneront ou ils refuseront de répondre. Ils suspectent une curiosité qu'ils ne comprennent pas. Tommaseo, Visconti, le vicomte de La Villemarqué, ont rencontré partout les mêmes refus et les mêmes obstacles.

Le peuple livre-t-il ses chants, il y ajoute souvent des commentaires dont on ne saurait trop se défier ; car on risquerait, en les acceptant sans contrôle, de prendre pour une tradition locale ce qui souvent n'est qu'une ignorance grossière ou un audacieux mensonge. Je me souviens qu'un jour, après avoir visité le monastère de la Cava et longtemps admiré la vue dont on jouit du village de Ravello, j'étais redescendu des Apennins dans la plaine pour y passer la nuit. Le soir, après le souper, pendant que nous causions de la promenade du jour et de celle du lendemain, le désir nous vint d'entendre quelques-uns des chants du village. Pour quelques piastres on nous en répéta plusieurs. Le nom de sainte Lucie revenait à chaque refrain. « Quelle est, dit l'un de nous, cette sainte dont vous parlez avec tant d'amour et que vous associez toujours à vos fêtes, à vos danses, à vos joies? Ne craignez-vous pas que saint Janvier ne soit jaloux? » — « Mà che, Eccellenza, santa Lucia era la moglie di san Gennaro (1)! Oh! que nenni, Excellence, sainte Lucie était la femme de saint Janvier. » — Quand l'imposture est moins hardie, au lieu de faire rire, elle peut tromper (2).

Je me suis toujours montré très-circonspect dans mes commentaires. Je ne sais si je l'ai été autant dans le choix des chansons. Ici, la tentation était grande; peut-être y ai-je plus d'une fois succombé. Tous les chants que j'ai traduits sont en dialecte vulgaire, mais tous ne sont pas également populaires. J'ai recherché de préférence ceux qui sont sortis de l'âme du peuple, ceux qui n'ayant point été écrits d'abord, s'étant conservés par la tradition, ayant été par suite remaniés sans cesse, n'appartiennent plus ni à un auteur connu, ni à un temps déterminé. Mais je n'ai pas rejeté systématiquement tous ceux qui sont l'œuvre des lettrés. Les uns m'ont paru importants, parce qu'à défaut de chants populaires, ils éclairent d'un jour plus vif certains côtés du caractère sarde. Les autres avaient déjà été adoptés par le peuple, et je n'ai eu qu'à me conformer à son adoption. Parmi ces derniers, il en est quelques-uns de fort subtils, mais cela ne surprendra pas

---

(1) On nous faisait l'honneur de nous répondre en italien.
(2) Voyez dans M. J.-J. Ampère, *Tableau de Rome à différents âges*, l'histoire très-curieuse des traditions relatives aux chevaux de Montecavallo. (*Rome, la Grèce et Dante*.)

ceux qui savent combien la simplicité des mœurs s'allie aisément au raffinement de l'esprit (1). L'Arabe n'a-t-il pas à la fois toutes les délicatesses du poëte et toute la cruauté du barbare? Et le moyen âge, qui était l'âge de la brutalité, n'a-t-il pas été aussi l'époque de la chevalerie?

Subtils ou simples, tous ces chants sont nécessaires pour comprendre la vie intime de la Sardaigne; car ils sont l'âme de ses travaux et de ses plaisirs, les faces diverses de son génie. Mais tous ont-ils un charme égal? Ont-ils tous cette première fleur de poésie si délicate, mais si prompte à se faner? Sont-ils encore à cette heure si courte où la jeune fille cesse d'être enfant et n'est point encore femme, heure délicieuse de trouble et d'épanouissement que les vieillards aiment à contempler comme une vision du paradis perdu de leur jeunesse? Ont-ils encore cette séve qui gonfle les premiers bourgeons, ce souffle printanier qui est, pour les sociétés vieillies, le plaisir le plus pénétrant, car il semble qu'à son contact elles se rajeunissent? Je crains bien que non, je crains surtout que ma traduction ne leur ait enlevé une partie de leur saveur. Quand je les relis en français, je ne leur trouve plus la grâce naïve

---

(1) La simplicité dans les productions populaires tient autant à l'indigence des idées qu'à la pureté du goût. Les paysans, le peuple, les hommes dont l'esprit et le goût n'ont pas été épurés par l'éducation, préfèrent le plus souvent ce qui est compliqué à ce qui est simple, ce qui est violent à ce qui est grand, ce qui frappe à ce qui charme, une parade militaire à une tragédie de Corneille, les luttes du cirque aux finesses de la comédie, une image en cire à une statue de bronze.

qu'ils avaient dans l'original. Ils me font penser à ces belles bruyères que j'ai cueillies en Sardaigne, et qui maintenant, séchées dans un herbier, ont perdu leur port superbe et leurs vives couleurs. C'est de la poésie devenue prose. Au lieu de ces fines médailles en or et en bronze que nous ont laissées l'antiquité et la renaissance, ce ne sont plus, j'en ai peur, que de viles empreintes en plomb.

XII

Un des caractères les plus constants des poésies populaires, c'est que le génie ne s'y montre jamais que de loin en loin, par intervalles, comme un éclair rapide et fugitif. En effet, le génie c'est la personnalité élevée à sa plus haute puissance, et le propre des poésies populaires c'est justement l'impersonnalité. Elles sont, en général, comme la foule, anonymes, et elles en traduisent souvent d'autant mieux les aspirations et les sentiments qu'elles n'en dépassent pas trop le niveau. Toutefois, si elles n'atteignent pas à la perfection des chefs-d'œuvre, elles ont parfois des élans, des cris, des traits, des coups de pinceau incomparables. Il y a dans les catacombes et dans les basiliques de Rome des peintures, des sculptures, des mosaïques qui datent des derniers temps de l'Empire. Ce sont les premiers essais d'un art qui, n'étant plus soutenu par la tradition, retourne à l'enfance. L'inexpérience est grande et les défauts sont choquants. Et cependant, sous les imperfections de la forme, on voit, parfois, dans l'expression d'une tête, dans l'attitude d'un groupe, dans la puissance d'un geste, l'inspiration resplendir. Il n'en est pas autrement des chants populaires. Ils sont parfois pleins de grandeur; et cette grandeur étonne d'autant plus qu'elle est plus naïve, de même que l'héroïsme et le dévouement frappent davantage dans un homme vulgaire.

Un autre caractère des poésies populaires c'est que l'invention y est rare. Le poëte trouve, dans les traditions, de son pays, des événements qui le frappent. Il les raconte. Il sent des passions bouillonner dans son cœur. Il les laisse parler. Il n'imagine guère; il se contente de puiser dans ses souvenirs ou dans ses impressions. Ce qu'il chante, il le croit; ce qu'il exprime, il l'a éprouvé. Il n'est que l'interprète naïf des légendes de sa race ou de ses propres émotions. Il ne fait que traduire les superstitions, les croyances qui règnent autour de lui et en lui, les sentiments qui l'animent et qu'il ne peut comprimer. Sa muse n'est pas celle de la fiction, mais celle de la réalité et voilà pourquoi sa poésie est toujours si vivante et si vraie.

A côté de ces caractères généraux communs à tous les chants populaires, les chants sardes ont leurs caractères particuliers.

L'élément fantastique y est nul, et l'élément historique y est rare. On n'y trouve pas les hommes aux prises avec les démons. On n'y voit pas les esprits folâtrer au crépuscule parmi les herbes humides de rosée et les morts sortir du tombeau pour sourire aux vivants ou pour les effrayer, pour raviver leurs souvenirs ou pour éveiller leurs remords, pour leur rappeler le passé ou pour leur annoncer l'avenir. On n'y rencontre pas de sylphes dans les forêts, ni de sirènes dans les ondes écumantes, ni de sorcières parmi les ruines. Les nuits sont trop claires pour avoir leurs spectres, et les montagnes trop hantées des chasseurs pour avoir leur sabbat. La poésie n'y sort pas de la région des sentiments humains. Elle est comme un fleuve limpide qui ne réfléchit dans ses eaux que l'azur du ciel et le panorama de ses rives. Le poëte se contente d'ouvrir l'oreille aux bruits de la nature et d'écouter les battements de son cœur. Quand il s'endort au frémissement du vent dans la forêt, il n'est point assiégé de visions mystérieuses; il ne voit flotter devant lui que l'ombre gracieuse de ses désirs ou de ses regrets. Ce n'est point auprès des monuments sombres qu'il s'arrête pour rêver, ni la corneille qu'il interroge sur les secrets des vieux murs où elle fait son nid. Il aime mieux s'asseoir au pied de l'olivier où roucoule la tourterelle. Il préfère s'attarder sous la treille où causent les jeunes filles pour leur conter ses soupirs et pour allumer sa verve à la flamme de leurs beaux yeux. Presque toujours il s'enferme dans le présent et se laisse emporter par le courant de la vie. Si le passé a eu ses souffrances, ses luttes, ses orages, ses drames sanglants, il ne les recueille pas, il les ignore. Vécus par d'autres ils sont pour lui maintenant aussi froids que la cendre des aïeux. Il ne songe qu'à vivre à son tour. Il n'aime des tombeaux que les fleurs qui les recouvrent et les cyprès qui les cachent. Où trouverait-il, d'ailleurs, les souvenirs qui inspirent? Sa nourrice ne l'a pas bercé au récit d'héroïques aventures. Son aïeule n'a pas eu de brillants exploits à lui conter. Où sont les trophées de se pères ? Où sont les drapeaux poudreux qu'ils ont conquis sur l'ennemi ? Où sont les héros qui ont sauvé l'indépendance de son pays et fondé sa gloire ? Le poëte ne trouve pas dans la mémoire du peuple de traditions qui parlent à son imagination ou à son orgueil. Il faut bien qu'il se renferme dans le cercle de la vie intime, qu'il se réduise aux sentiments, aux idées, aux passions de son temps. Qu'emprunterait-il à une histoire vide ? Où puiserait-il des légendes s'il n'y en a pas dans l'air qu'il respire, dans la société à laquelle il appartient ?

Les chants sardes étant presque exclusivement domestiques, il en résulte qu'il y en a peu d'anciens (1). La race est trop poétique pour n'avoir pas eu autrefois, comme aujourd'hui, de nombreux poëtes. Mais comme leurs œuvres n'avaient rien d'historique, ne renfermaient aucun fait, aucun souvenir qui méritât d'être transmis de génération en génération, on n'en a conservé qu'un petit nombre. Chaque siècle s'est inspiré à son tour des sentiments éternels qui remplissent le cœur humain ; il a improvisé sans souci du lendemain, comme à chaque printemps le rossignol recommence sa chanson, sans savoir si l'écho la retiendra. Refaits ainsi d'âge en âge, et toujours nouveaux, quoique au fond toujours les mêmes, les chants sardes ont un

---

(1) A l'exception peut-être de quelques chants religieux qui sont d'ailleurs très-peu nombreux.

grand charme de moins. Car la poésie populaire a besoin d'être vue à distance. Elle est comme le fleuve qui, en sortant avec impétuosité des montagnes, entraîne avec lui des terres, des débris, du limon, et ne devient limpide et clair qu'après avoir gagné la plaine et coulé sur un lit de sable. Le temps seul lui donne tout son caractère et tout son relief. C'est ainsi que le soleil a modelé, après Phidias, les statues du Parthénon, en y incrustant ses rayons d'or (1), et que les siècles ont répandu sur les bronzes florentins d'admirables reflets.

Trop rapprochés pour avoir le prestige de l'antiquité, les chants sardes ont par cela même l'inconvénient d'appartenir à des époques littéraires. L'influence des lettrés parfois s'y fait sentir et y répand je ne sais quel souffle académique qui les refroidit. Leur simplicité en souffre. Plus anciens, ils eussent été plus naïfs et plus charmants ; ils eussent eu plus de verve, d'originalité et de jeunesse ; la muse qui les inspire est une fille des champs qui perd de sa grâce à échanger sa couronne de bleuets contre une couronne de perles.

En maint pays, les chants populaires prennent la forme dramatique. En Grèce, par exemple, ils ne sont que le prélude ou la suite de l'action, ils sont l'action même, tant ils s'y mêlent étroitement ; ils servent d'entr'acte aux combats ; ils ont pour commentaires es exploits des palikares, les têtes coupées, les assauts terribles, les femmes mettant le feu aux poudres pour

---

(1) L'expression est littéralement vraie pour ceux qui ont vu l'Acropole

échapper à la violence des ravisseurs. En Bretagne, ce sont de vrais petits drames. La mise en scène y est complète. Les caractères s'y dessinent avec vigueur. Les personnages agissent en même temps qu'ils parlent. Ce sont des épopées en germe et comme les épisodes détachés d'un grand poëme. Il n'en est pas de même des chants sardes. Comme la plupart des chants italiens, ils sont exclusivement lyriques. Ils ne sont que l'effusion d'une âme, l'expression d'un sentiment intime, et, par suite, ils sont beaucoup moins variés. Quelque riche, en effet, que soit la veine, quelque puissante que soit l'inspiration, lorsque la poésie est condamnée à revêtir toujours la même forme, il lui est difficile d'échapper à la monotonie. La pensée ne gagne pas à suivre toujours les mêmes voies, et l'oreille n'aime point à être bercée sans cesse des mêmes refrains.

En général, dans les chants dramatiques tout est rapide et vif; les détails manquent et les transitions. Vous diriez une de ces ébauches de génie où rien n'est fini, où tout est indiqué par de simples traits, mais que la pensée complète et qu'on n'oublie plus; un de ces bas-reliefs inachevés où le marbre n'a pas encore reçu les dernières caresses du sculpteur, mais où les attitudes, les expressions ont d'autant plus de grandeur et de force que les nuances, en les raffinant, ne les ont point amollies. Le poëte glisse en les rappelant d'un mot sur les faits connus, se contente de peindre d'un trait les caractères, aime mieux faire agir les personnages que les faire parler, et négligeant les détails, se hâte vers le dénoûement, qui résume tout l'effet de son œuvre.

Les chants sardes, étant lyriques, ne peuvent avoir cette allure. Au lieu d'enfermer leur idée dans un tour énergique et concis, ils la développent jusqu'à l'épuiser. Au lieu de condenser leur passion dans un de ces mots assez vibrants pour retentir à travers les traductions et les siècles, dans un de ces accents éternels comme les cris du cœur, ils la noient trop souvent dans un flot de vers faciles. Ils se complaisent trop dans les détails et nuisent par là à l'ensemble. Le poëte, dominé par la passion qui l'inspire, ne croit jamais avoir épuisé l'expression d'un sentiment qu'il trouve intarissable en lui. Préoccupé d'une seule chose, il ne songe aussi qu'à dire une seule chose, et son abondance apparente n'est parfois que pauvreté, comme celle de ces peintres du quinzième siècle qui, sans scrupule, répétaient dans de nombreux tableaux la même figure de vierge.

Même sur le terrain commun et dans le cercle restreint de la poésie domestique, les chants sardes ont un caractère spécial qui les sépare nettement des chants du Nord, qu'ils soient écossais, germaniques ou bretons. Dans les chants du Nord, tout reste dans le demi-jour. Les faits, les sentiments sont voilés d'un doux mystère qui en double le charme. On sent que le poëte n'exprime que la moitié de ce qu'il sent, et que ce qu'il tait vaut mieux que ce qu'il dit. En Sardaigne, le poëte dit tout. Il déchire tous les voiles, il répand son cœur tout entier. Il ne cherche point une ombre discrète. Il lui faut le grand jour et la pleine lumière. Il y a chez l'un plus de pensées qui font rêver, et chez l'autre plus de mouvements qui entraînent. L'un contient sa force et l'autre la déploie. L'un a plus de nuances et l'autre un coloris plus ardent. L'un a plus de tendresse et d'énergie, l'autre a plus de fougue et d'impétuosité.

Les poëtes sardes ont, en général, peu de souci de la forme. Ils la trouvent sans la chercher, comme ces bergères d'Ionie qui, semblables à des cariatides descendues du temple d'Érechtée, ont plus de noblesse dans leur simplicité que des reines dans leurs habits de pourpre. On rencontre souvent dans leurs chants ces traits pleins de beauté qui, sans effort, jaillissent de l'inspiration, qui ne coûtent rien à la nature, car ils sont la nature même, l'expression toute naïve et toute bouillante de la passion. On y rencontre plus souvent encore cette vigueur de jet qui de l'âme du poëte rayonne dans tous les vers de la canzone et y répand une unité de ton admirable. Mais leur charme le plus vif est peut-être, pour les lettrés, le contraste qu'ils révèlent entre la rudesse des mœurs et la délicatesse des sentiments. En entendant des accents si doux sortir de la bouche d'hommes si sauvages, on songe à ce hardi clair-obscur qui illumine les tableaux de Rembrandt, ou à ces doux refrains que les troubadours ont mis sur les lèvres des plus fiers barons, de ces géants bardés de fer, si tendres avec leurs cœurs de lions.

Il y a peu d'idées neuves dans les poëtes sardes. Ils enchâssent quelques perles communes dans un style agréable, facile, élégant, sonore. On trouverait difficilement dans leur œuvre une canzone qui fût un pur diamant. Ils ne repoussent point assez ces sujets périlleux dont la grandeur même est l'écueil et qui sont, pour ainsi dire, les académies de la poésie. Pour parler sans lieu commun de Dieu, de la fortune, du repentir, de la misère humaine, ce n'est pas trop du vol hardi du génie. Ils seraient plus sûrs de plaire en restant plus près de terre. Il est plus aisé de crayonner une scène d'intérieur que de peindre une déesse dans sa splendide nudité. Leur imagination est riche, mais pas assez contenue. Leur veine est féconde, mais pas assez pure. Leur couleur est éclatante, mais leur dessin manque parfois de fermeté. Ils ont plus de souplesse que de grandeur. Ce sont des improvisateurs. Ils cueillent au hasard de l'inspiration toutes les fleurs qu'ils trouvent sur leur chemin ; ils ne rejettent ni celles qui sont déjà fanées, ni celles qui sont pâles et sans odeur. Ils ne songent guère à en assortir les couleurs. Ils composent leur gerbe un peu à l'aventure, et trop souvent l'herbe des champs qui, toute fraîche coupée, y gardait une pénétrante senteur, une fois séchée n'y semble plus qu'un foin vulgaire. Ils ne s'inspirent ni du sourd mugissement des flots sur la grève, ni du frémissement des chênes gigantesques dans les vieilles forêts. Les aigles passent trop au-dessus de leurs têtes pour qu'ils conversent avec eux. C'est au son du hautbois et de la launedda, sous les orangers en fleur, qu'ils chantent, gais et légers comme la fauvette au printemps. Ils n'ont pas la force qui subjugue, mais ils ont l'amabilité qui séduit. Ils ont surtout ce charme insaisissable qui se sent et ne s'explique pas, le charme du rayon de soleil qui se joue dans la cascade, ou de la rosée qui tremble au matin sur l'herbe humide, la grâce enfin qui ne vaut pas la beauté, mais qui souvent en égale la puissance.

Les mœurs sardes sont le commentaire des chants sardes. Pour goûter ces chants, il faut les replacer dans leur cadre naturel. Ils sont comme l'églantine, qui se flétrit dès qu'on la cueille. Vous avez vu ces tableaux dans lesquels une tête de madone est entourée d'une guirlande de fleurs. L'œil va de la guirlande à la figure, et les fleurs semblent plus belles près de cette bouche qui leur sourit, et le sourire de la Vierge paraît plus virginal au milieu des fleurs. Ce double charme, on le trouve dans les chants sardes lorsqu'au lieu de les lire on les recueille, après une journée de voyage, de la bouche d'un pâtre ou d'un enfant. C'est sur les lèvres roses des nourrices que les ninnias ont toute leur douceur. C'est sous les voûtes dorées des églises que les pieux cantiques se colorent d'un rayon céleste. C'est sur la barque des pêcheurs de corail, par les nuits étoilées, que les chansons marines nous font délicieusement rêver. Qu'on aille en Sardaigne, qu'on en parcoure à cheval les plaines couvertes de lentisques, qu'on en gravisse en chassant les montagnes boisées, qu'on s'y mêle surtout au peuple, qu'on accepte de lui l'hospitalité et qu'on vive quelque temps de sa vie, on en comprendra alors et on en aimera la poésie.

Cette poésie est profondément nationale. Elle n'a pas subi, comme on pourrait le croire, l'influence espagnole. Les chants espagnols sont surtout historiques et chevaleresques. Les sentiments qui y dominent sont l'orgueil sans limite et sans frein ;

> Soy el Cid honra d'España ;
> Si alguno pudò ser mas
> En mis obras lo verás.

l'indépendance qui jamais ne se courbe devant personne,

> El bien de la libertad
> Per ningun precio es comprado.

le courage qui jamais ne recule, la témérité qui sourit aux dangers, l'héroïsme serein, la confiance absolue en soi-même et dans son épée. Ces sentiments sont complétement étrangers à la poésie sarde. Elle n'a ni l'énergie ni l'ardeur sombre des romanceros. Elle ne peint pas les exploits des chevaliers et les assauts brillants des tournois. Elle n'est que l'image de la vie sarde. On y entend retentir le galop du cheval sur les rochers sonores, et le beuglement des taureaux dans les landes bocagères. On y retrouve les plaisirs des chasseurs farouches, la vie ténébreuse des bandits, les longues contemplations des pâtres dans la monotonie de leurs solitudes, les regards échangés et les poignées de main furtives qui font si souvent du *ballu tundu* un roman, les mille songes dont l'imagination peut se bercer au son vague de la launedda, et jusqu'aux sérénades brillantes sous le balcon des señoras. On y voit à nu le caractère du peuple sarde, avec ses qualités et ses défauts, amoureux, dévot, ardent, passionné, subtil, plein d'un patriotisme exalté et d'une susceptibilité farouche, âpre à la vengeance, mais loyal et plein d'une vive intelligence quoique superstitieux et inculte.

Il est des peuples comme des époques pour qui le spectacle des choses et le train commun de la vie sont une source intarissable de poésie (1). Cet âge de la civilisation, bien court pour certaines races, a duré longtemps pour les Sardes. Il dure encore. Ayant reçu en partage une terre féconde et magnifique, ils ne songent guère à l'exploiter, ils ne songent qu'à en jouir par la vue et par l'imagination. Leur soleil a des feux qui animent toutes les ardeurs, leur mer a des brises qui sollicitent toutes les voluptés, leurs nuits ont des parfums qui enivrent et des splendeurs qui éblouissent. Les Sardes, étrangers aux passions artificielles qu'engendre chez nous le développement de la vie sociale, s'abandonnent tout entiers aux charmes de cette puis-

---

(1) Walter Scott a très-bien dit :

« The more rude and wild the state of society, the more general and violent is the impulse received from poetry and music. The music whose effusions are the amusement of a very small part of a polished nation record in the lays of inspiration, the history, the laws, the very religion of savages. . . . . Verse is naturally connected with music ; and, among a rude people, the union is seldom broken. »

sante nature et cueillent, sans souci, les heures présentes (1). Ce ne sont pas des voluptueux. Il y a toujours dans la volupté une part de douleur, le souvenir ou le pressentiment d'une amertume, et il y entre souvent beaucoup de résignation. Car c'est seulement lorsque les grandes joies qu'il avait longtemps et inutilement poursuivies lui font défaut, que l'homme apprend à savourer les petits bonheurs du moment et arrive à s'en contenter. Les Sardes n'en sont point là. Comme ils n'ont pas consumé leur cœur dans de vains rêves, ils ne connaissent pas la mélancolie qu'engendre le désabusement. Ils sont pleins de flamme, de vigueur, de sérénité et de naïve insouciance. Le plaisir est pour eux un élan, une ardeur, une passion et non point une recherche. Ils embrassent la vie dans toute sa plénitude, ils ne la raffinent pas. La nature qu'ils aiment et qu'ils peignent est une nature rustique et mâle, quoiqu'elle ait ses délicatesses ; les paysages auxquels ils se complaisent ont des tons éclatants, mais parfois un peu violents et un peu durs ; les femmes qu'ils chantent, aussi belles que les filles de la Grèce, ont souvent dans le feu de leurs regards je ne sais quoi d'âpre et de sauvage. Leur Dieu n'a rien de vague ni de terrible. Leur religion n'est pas une effusion mystique, elle est une conversation familière et émue de la terre avec le ciel. Leurs superstitions gracieuses parfument leur âme sans la rétrécir, car l'intelligence se

---

(1) Carpe diem.

mesure aux idées qu'on a, non point aux préjugés qu'on n'a pas. Jeunes et pleins de séve, l'ardeur de leur foi, la fraîcheur de leurs illusions, la contemplation de la nature fait toute leur poésie. Cette poésie, simple comme leur cœur, ne cherche point de héros et ne se met point en quête d'aventures. Elle a ses ailes ouvertes vers le ciel, mais elle garde un pied sur la terre. Elle n'est que la vie pastorale elle-même interprétée par des âmes naïves, enthousiastes et passionnées, qui, en l'interprétant, la transfigurent comme fait le soleil d'un rocher nu en y jetant son manteau de magicien.

APPENDICE

I

CLASSIFICATION DES DIALECTES ITALIENS.

(Voyez page 14).

J'essaierai peut-être un jour une classification des dialectes italiens. Voici celle qu'a adoptée le prince Louis-Lucien Bonaparte ; on verra la place qu'il y assigne au dialecte sarde. Le prince Bonaparte admet deux grandes divisions, A et B, comprenant neuf familles se ramifiant elles-mêmes en seize branches dont chacune se sous-divise quelquefois en plusieurs groupes distincts :

A.
- (1) I.
  - 1 Dialecte milanais.
  - 2 Dialecte bergamasque.
  - 3 Dialecte bolonais.
  - 4 Dialecte romagnol.
  - 5 Dialecte piémontais.
- II. 6 Dialecte génois.
- III. 7 Dialecte vénitien.
- IV. 8 Dialecte du Frioul.

B.
- V.
  - 9 Dialecte napolitain.
  - 10 Dialecte calabrais de Cosenza, ou calabrais propre.
- VI. 11 Dialecte sicilien : { calabrais méridional formant un groupe distinct.
- VII.
  - 12 Dialecte sarde méridional.
  - 13 Dialecte sarde central.
- VIII.
  - 14 Dialecte sarde septentrional : { Dial. de Sassari. Dial. de Tempio
  - 15 Dialecte corse.
- IX. 16 Dialecte romain. La première branche n'est autre que la langue italienne ou toscane.

(1) Sur cette famille voyez Biondelli, *Dialetti gallo-italici*, 3 vol. in-8° Milano.

II

COMPARAISON DES DIFFÉRENTS DIALECTES ET SOUS-DIALECTES DE LA SARDAIGNE.

(Voyez page 13).

Voici, d'après les versions éditées par le prince Louis-Lucien Bonaparte, le chapitre II du Cantique des Cantiques en dialecte sarde central, dialecte sarde méridional, dialecte sarde de Tempio et dialecte sarde de Sassari :

1° DIALECTE SARDE CENTRAL.

Su Canticu de sos Canticos de Salamone.

CAP. II.

Eo so flore de su campu, et lizu de sas baddes.

2 Comente unu lizu inter sas ispinas, gasi est s' amiga mia inter sas jovaneddas.

3 Comente est un' aryure de mela inter sas linnas de sa sylvas, gasi est s' istimadu meu inter sos jovanos. Mi so sezzida subta s' umbra de cuddu, qui hapo disizadu : et i su fructu sou dulche ad sa bucca mia.

4 M' hat introduidu in sa dispensa, hat ordinadu in me sa charidade.

5 Mantenidemi cum flores, inghiriademi de melas : proite henzo mancu de amore.

6 Sa manca sua subra sa testa mia, et i sa dextra sua m'hat abbrazzare.

7 Bos iscongiuro, o fizas de Jerusalem, pro sos crabolos, et pro sos chervos de sos campos, non ischidedas, nen seghedas su sustu ad s'istimada mia, finzas qui ipsa querfat.

8 Sa boghe de s'istimadu meu, ecco qui ipse benit alzende in sos montes, passende in sas costas :

9 Simile est s'istimadu meu ad unu crabolu, et ad unu biti de chervos. Ecco ipse istat addaisegus de su muru nostru, abbaidende dai sos balcones, observende dai sas gelosias.

10 Ecco s'istimadu meu faeddat ad mie : Pesa, camina, amiga mia, columba mia, donosa mia, et beni.

11 S'ierru est ja passadu, s'abba est cessada, et si qu'est andada.

12 Sos flores sunt cumpartos in sa terra nostra, su tempus de sa pudera est bennidu : su cantigu de sas turtures s'est intesu in sa terra nostra :

13 Sa figu hat bogadu su crabione sou : sas binzas fiorende hant tramandadu s'odore ipsoro : pesa, amiga mia, donosa mia, et beni :

14 Sa columba mia in sas pelcias de sa pedra, in sas istampas de sas moderinas, ammustrami sa cara tua, benzat sa boghe tua ad sas orijas mias : sa boghe tua dulche, et i sa cara tua gratiosa.

15 Tenidenos sos mazzoneddos, qui arruinant sas binzas : ja qui sa binza nostra hat fioridu.

16 S'istimadu meu ad mie, et eo ad ipse, qui si paschet inter sos lizos,

17 Finzas qui ispuntet sa die, et falent sas umbras. Torra insegus : sias simile istimadu meu, ad su crabolu, et ad su biti de sos chervos subra sos montes de Bether.

2° DIALECTE SARDE MÉRIDIONAL.

Su Cantu de is Cantus.

CAP. II.

Deu seu su flori de su campu, e su lillu de sa vallada.

2 Coment' unu lillu in mesu as is spinas, aici est s'amiga mia in mesu a is piccioccas.

3 Coment' un arburi de mela in dd' unu boscu, aici est su stimau miu in mesu a is giovunus. Mi seu sezzia a s'umbra de cuddu ch' hemu disigiau : e su fruttu suu est stetiu dulci a sa bucca mia.

4 Issu m' hat fattu intrai a s'arrebustu de is binus, e m' hat preparau a s'amori.

5 Susteneimì cun is floris, rinforzaimì cun is fruttus, poita deu torru mancu de amori.

6 Sa manu manca de issu asuta de sa conca mia, e cun sa deretta m' hat abbrazzai.

7 Osi ddu pregu po is crabas, e po is cerbus de sa campagna, o fillas de Gerusalemmi, non ddi scideis a su stimau miu, ne ddi segheis su sonnu finzas ch' issu hat a bolliri.

8 Sa boxi de su stimau miu : eccu ch' issu benit arziendi per is montis, e traversendi is costeras.

9 S'amigu miu est simili a una craba, e a unu crabiolu. Eccu imoi stat a palas de su muru nostu castiendi de is ventanas, osservendi de is arreccias.

10 Eccu su stimau miu mi narat : pesatindi, fai prestu amiga mia, columba mia, bella mia, beni.

11 S' ierru est passau, e no proit prus nudda.

12 Is floris sunti cumpartus in su campu nostu, est arribau su tempus de sa pudera : su cantu de is turturis s'est intendiu in su campu nostu.

13 Sa figu hat postu foras su fruttu : e is bingias in flori

donant su fragu insoru : pesatindi amiga mia, bella mia e beni.

14 O columba mia, mostrami sa facci tua in is aberturas de sa rocca, in mesu a is muntonis de su fabbricu ; chi sa boxi tua arribit a is origas mias : poita sa boxi tua est suavi, e sa facci tua est bella.

15 Acciappainosì is margianeddus chi destruint is bingias : poita sa bingia nosta hat postu flori.

16 Su stimau miu est de mei, e deu seu de issu chi portat a pasci in mesu a is lillus,

17 Finzas a tanti chi fait dì, e ch' arribant is umbras. Torratindi : fai o stimau miu comenti sa craba e su crabiolu asuba de su monti Beter.

3° DIALECTE SARDE DE TEMPIO.

Lu Canticu di li Cantichi di Salamoni.

CAP. II.

Eu socu un fiori di lu campu, e un liciu di li vaddi.

2 Com' è un liciu in mezz' a li spini, cussì è la me' amica tra li fiddoli.

3 Come' e la mela in mezz' a li pianti silvatichi, cussì lu me' istimatu tra li fiddoli. A l'umbra di chiddu, ch' è lu me' disiciu, mi socu pusata, e lu so' fruttu fusi dulci a la me' bucca.

4 M' ha intratu illa cantina di lu vinu, ha uldinatu in me la caritai.

5 Appuntiddetimi cun flori, inghirietimi di meli : palchì dismaju par amori.

6 La so' mani manca supra lu me' capu, e la so' dresta m'ha a abbracià.

7 Vi precu, o fiddoli di Gerusalemmi, pa li caprioli, et li celvi di li campi, chi no fiacchiti lu sonnu, e isciutiti la me' istimata, fiachì n'aghia gana.

8 La boci di lu me' istimatu, eccu chi iddu veni saltendi pa li monti, passendi li coddi :

9 Lu me' istimatu è simiddanti a un capriolu, e a un celvareddu. Eccu chi iddu sta daretu a lu nostru muru, mirendi da li balconi, e osselvendi da li ghilusii.

10. Eccu chi lu me' istimatu mi faedda : Pesatinni, acuitta, o me' istimata, o culumbula mea, dunosa mea, e veni.

11 Giacchì lu 'nvarru è già passatu, lu tempu piuosu è zissatu, ed è scumparsu.

12 Li fiori sò cumparuti supra la nostra tarra, lu tempu di putà è vinutu : la boci di la tulturella s'è intesa illa nostra campagna :

13 La fica ha pruducitu li so' frutti primmaticci : li vigni fiuriti hani mandatu lu so' odori. Pesatinni, la me' amica, dunosa mea, e veni :

14 Culumbula mea, illi bucchi di la petra, ill' abbalturi di la maceria, fammi vidè la to' cara, la to' boci si faccia intindì da li me' arricchi : palchì è dulci la to' boci, e bedda la to' cara.

15 Acchiappetici li macciuneddi, chi ci arruinighiani li vigni : palchì la nostra vigna è già in flori.

16 Pal me lu me' dilettu, ed eu par iddu, chi pasci in mezz' a li lici.

17 Tiachi spuntia la dì, e calini l'umbri. Torra : assimiddati, o me' istimatu, a lu capriolu, e a lu celvareddu supra a li monti di Beter.

4° DIALECTE SARDE DE SASSARI.

Lu Càntiggu di li Càntigghi di Salamoni.

CAP. II.

Eju soggu lu flori di lu campu, e lu lizu di li baddi.

2 Cumenti lu lizu tra l' ilpini, cussì è la me' amigga tra li figlioli.

3 Cumenti la mela tra la legna di li bulchi, cussì è lu me' iltimaddu tra li figlioli. Sottu l'ombra di chiddu, chi abìa disizaddu, mi pusesi: e lu fruttu d'eddu fusi dolzi a la me' bocca.

4 M'intruduzisi in la cantina: uldinesi in me la cariddai.

5 Sultineddimi cun fiori, inghirieddimi di meli: palchì vengu mancu d'amori.

6 La manca d'eddu sott'a lu me' cabbu, e la dretta d'eddu m'abbrazzarà.

7 Vi ilcungiureggiu, o figlioli di Gerusalemmi, pa li crabboli, e li zelbi di li campi, chi no isceddiaddi, nè diltulbiaddi lu sonnu all'iltimadda, finza chi edda voglia.

8 La bozi di lu me' iltimaddu: accò chi eddu veni alzendi pa li monti, saltendi colta colta.

9 Lu me' iltimaddu è simili a un crabbolu, e a un annigiu d'un zelbu. Accò chi eddu iltazi dareddu a lu noltru muru, figgiulendi pa li balconi, e abbaiddendi pa li gilusii.

10 Accò chi lu me' iltimaddu mi fabedda: Pesa, camina, amigga meja, culomba meja, bedda meja, e veni.

11 Già l'inverru è passaddu, l'eba si n'è andadda, e s'è alluntanadda.

12 Li fiori cumparisini in la noltra terra, lu tempu di la puddera è vinuddu: la bozi di la tultura s'è intesa in la noltra terra:

13 La figga pruduzisi li so' crabbioni: li vigni fiurendi desini lu so' odori. Pesa, amigga meja, bedda meja, e veni:

14 La culomba meja in l'iltampi di la peddra, e in li fissuri di li muri vecci, moltrami la to' faccia, sonia la to' bozi in li me' arecci: palchì la to' bozi è dolzi, e dunosa la to' faccia.

15 Acciapeddizzi li mazzoneddi, chi arruineggiani li vigni: palchì la noltra vigna ha fiuriddu.

16 Lu me' iltimaddu a me, ed eju a eddu, chi pasci tra li lizi.

17 Finza chi ilpiccia la dì, e faliani l'ombri. Torra: simili

sii, o me' iltimaddu, a lu crabbolu, e all' anniggiu d'un zelbu sobbra li monti di Beter.

Afin de rendre plus complète la comparaison des dialectes et sous-dialectes sardes, je donne ici, d'après l'*Ortografia* de M. le chanoine Spano, ouvrage auquel on ne saurait trop recourir, l'Oraison dominicale : 1° dans le dialecte méridional ; 2° dans le dialecte septentrional commun, c'est-à-dire celui de Sassari, et dans les sous-dialectes de Tempio et d'Aggius ; 3° dans le dialecte central ou Logudorese et dans quinze sous-dialectes du Logudoro. Je rectifie, en passant, une erreur qui s'est glissée dans la note 1 de la page 64. Les *Canzoni popolari* publiées par M. Spano, ne représentent pas les différents dialectes parlés en Sardaigne, comme je l'ai dit par mégarde, mais les différents sous-dialectes du Logudoro, sous-dialectes dont nous allons donner ici même le spécimen :

I

DIALECTE MÉRIDIONAL COMMUN OU CAGLIARITANO.

Babbu nostu, chi ses in is Celus. Santificau sia su nomini tuu. Bengat a nosu su Regnu tuu. Siat fatta sa voluntadi tua, comenti in su Celu, aici in sa terra. Su pani nostu de dognia di dona nosiddu oi. E perdona nosi is peccaus nostus, comenti nosaturus perdonàus a is depidòris nostus. No nosi lessis arrui in sa tentazioni. Ma liberanosi de totu mali. Aici siada.

Je regrette de ne pouvoir donner ici l'Oraison dominicale dans les différents dialectes du Cagliaritano.

APPENDICE

II

1° DIALECTE SEPTENTRIONAL DE SASSARI

Babbu noltru ch' iltai in lu Zelu, santificaddu sia lu ddo innomu, fatta sia la ddo voluntai com' in lu Zelu cussì in la Terra: lu bani noltru di dugna dì dazzil' oggi e palduneggiazi li noltri peccaddi comu noi paldunemu li noltri inimighi, e no zi lassi a cadì in tentazioni, ma libbereggiazi da dugna mali. Cussì sia.

2° DIALECTE SEPTENTRIONAL DE TEMPIO.

Babbu nòstru chi séi illu Céli, sia santificatu lu so nòmu vénghia a nòi lu so règnu, sia fatta la so' vulintai, come illu Céli, cussì illa Tarra. Lu pani nòstru di dugnia dì deticillu oggi, e paldunetici li nostri piccati, comu noi paldunemu li nostri innimichi e no ci lasseti cadè illa tantazioni, e libaretici da dugnia mali. Cussì sia.

3° DIALECTE SEPTENTRIONAL D'AGGIUS.

Babbu noltru chi se' illu Zelu sia santifigadu lu so nomu, venghia a noi lu so Regnu, sia fatta la so vulintai, come illu Zelu, cussì illa Tarra. Lu pani noltru di dugnia dì detizillu oggi e paldunetizi li noltri piccadi comù noi paldunemu li noltri innimighi e no zi lassedi cadè illa tantazioni e libaretizi di dugnia mali. Amen Gesus.

Sur le dialecte sarde septentrional et ses sous-dialectes, voyez encore l'*Ortografia sarda*, Tome II, p. 121.

III

DIALECTE CENTRAL.

Babu nostru qui stas in sos Chelos sanctificadu siat su nomen tou, benzat a nois su Regnu tou, facta siat sa voluntade tua coment' in su Chelu gazi in sa Terra: su pane nostru de ogni die da nosl'hoe, e pordonanos sos peccados nostros coment' et nois perdonamus sos inimigos nostros, et non nos lasses ruer in tentatione, ma libera nos de ogni male. Amen Jesus.

SOUS-DIALECTES

Bitti.

Babbu nostru qui istas in sos Chelos sanctificatu siat su nomen tuo, benzat a nois su regnu tuo et facta siat sa voluntate tua comente in su Chelu gai in sa Terra : su pane nostru de cata die daze nollu hoe, et perdonannos sos peccatos nostros comente nois perdonamus sos inimicos nostros, et non nos lasses ruer in tentazione ma liberannos de male. Ammen Zezus.

Galtelli.

Babbu nostru istat in sos Chelos, santificadu siat su nomen suo, benzat a nois su rennu suo, siat facta sa voluntade sua comente est in su Chelu est in sa Terra : su pane nostru de cada die dadennollu hoe, et perdonadennos sos peccados nostros comente nois perdonamus sos inimigos nostros, non nos lesset ruer in nissuna mala tentatione, et si no liberadennos de ogni male. Amen Gesus.

Dorgali.

Babbu nostru qui istas in sos Chelos santificadu siat su nomen tuu, benzat a nois su Regnu tuu, facta siat sa voluntado tua comente in su Chelu gasi in sa Terra : su pane nostru de ogni die dannos illu hoe, perdonainnos sos peccados nostros, comente nois perdonamus sos inimigos nostros, non os lasseis ruer in tentatione, ma liberaennos de dognia male. Amen Zesus.

Fonni.

Babu nostru qui stas in sos Helos santificau siat su nomene tuo, venigat a nois s'arreinu tuo, siat facta sa voluntade tua homente in su Helu gasi in sa Terra : su pane nostru de donnia die daennoll' hoe, perdonanosi sos peccados nostros homente nos ateros perdonamus sos depidores nostros, non nosi lessis a ruere in sa tentadhione ma libera nos de male. Amen Gesus.

Gavoi.

Babu nostru qui segis in sos Helos, siat santificadu su nomene tuo, benzat a nois su regnu tuo, siat hacta sa voluntade tua homent' in su Helu gai in sa terra; dadenoll' hoe su pane nostru de donnia die, et perdonadenos sos peccados nostros homente nois ateros perdonamus sos inimigos nostros depidores, et no ci lasseis a rughere in sa tentazione, ma liberadenos de donnia male. Amen Zesus.

Arizzu.

Babu nostu stat in is Celos siat sanctificau su nomene suo, bengat a nos su Regnu suo sia facta sa voluntade sua comente in su Scelu aici in sa Terra: su pane nostu de omnia die donanosiddu hoi, e perdonanos is peccaos nostos comente nos ateros perdonaus a is gepidores nostos, non promintas (*permittas*) nò ruaus in sa tentazione e liberanos de totu male. Amen Gesu.

Baunèi et Triei.

Babu nostru chi stas in is Celus, siat santificau su nomini tuu, bengat a nos su regnu tuu, siat fatta sa voluntadi tua coment' in su Xelu aici in sa terra: su pani nostru de omnia die donanosidd' oe e perdonanosie is peccaus nostrus comente nosatturus e perdonamus is depidores nostros, e non nosi lessis arrui in sa tentazioni, ma liberanosi de totu mali.

Lanusèi.

Babbu nostru qui stat in Celus sia sanctificau su nomini tuu, bengat a nos su reinu suu, sia facta e cumpliа sa voluntadi sua coment' cia su Celu aici in sa Terra. Su pani nostu di omnia di donganosidd' hoi, e perdoninsi is peccaus nostrus comenti nosaturu perdonaus a is depidoris nostrus e non no lessidi orrui in sa tentationi ma liberinosi de totu mali. Amen Gesus.

Osilo.

Babu nostu qui istas in sos Chelos, sanctificadu siat su nomen tou benzat a nois su Regnu tou, facta siat sa voluntade tua asi in sa Terra comente in su chelu. Su pane nostru de ogni die danos lu hoe, et perdona sos peccados nostros comente nois perdonamus sos inimigos nostros, et non nos laxes ruer in tentatione, libera nos de ogni male. Amen Gesus.

Austis.

Babu nostu qui stas in sos chelos sanctificau siat su nomene tuu, bengiat a nos sa Renu tua, sia facta sa voluntade tua comente in su Chelu asi in sa Terra: su pane nostu de omnia die giainosiddu hoe, perdonaenòs sos peccados nostros, comente nos ateros perdonaus a sos depidores nostos, et non permittas qui orruaus in sa tentacione, ma liberaenosi de totu male. Amen Gesus.

Ghilarza.

Babu nostru qui ses in sos Chelos, siat sanctificadu su nomene tou, benzat a nois su Regnu tou, facta siat sa voluntade tua coment' in su Chelu gasi in sa Terra; Su pane nostru de ognia die ja nosiddu hoe, perdona nos sos peccados nostros, comente nois ateros perdonamos sos inimigos nostros, et non nos lasses orruere in sa tentazione ma libera nos de totu male. Amen Gesus.

Buddusò.

Babu nostru qu' stades in sos chelos, sanctificadu siat su nomen bostru, benzat a nois su regnu bostru, facta siat sa voluntade bostra, gazi in su Chelu siat in sa terra: su pane nostru de ogni die daenollu hoe e perdonade sos peccados nostros comente nois perdonamus sos inimigos nostros et non nos lassedas ruer in tentatione, ma liberaenos da ogni male. Amen.

Bono.

Babu nostru qu' istat in sos chelos, sanctificadu siat su nomen sou, benzat a nois su Regnu sou, facta siat sa voluntade sua coment' in su Chelu gasi in sa Terra : su pane nostru de donzi die dadennol' hoe et perdonade a sos peccados nostros, comente nois perdonamus sos inimigos nostros et non nos lassedas ruer in tentatione, ma liberadenos de ogni male. Amen Gesùs.

Nulvi.

Babbu noltru qu'iltas in sos Chelos, sanctificadu siat su nomen tou, benzat a nois su Regnu tou, facta siat sa voluntade tua coment' e in su Chelu, gasi in sa Terra. Su pane nostru de ogni die dannoll' hoe, e peldonannos sos peccados nostros comente nois peldonamus sos inimigos noltros, non nos lasses ruer in sa tentatione, ma liberannos de ogni male e gasi siat.

Ozieri, Ploaghe, Itiri.

Babu noltru qu' iltades in sos Chelos, sanctificadu siat su nomen boltru benzat a nois su Regnu boltru, facta siat sa voluntade oltra coment' in su Chelu gasi in sa Terra : su pane noltru de ogni die dadennoll' hoe e peldonade a sos peccados noltros, comente nois peldonamus sos inimigos noltros et non nos lassedas a ruer in sa tentatione ma liberadennos dai ogni male. Amen Gesus.

III

TEXTES SARDES DES HUITIÈME, NEUVIÈME, ONZIÈME, DOUZIÈME ET TREIZIÈME SIÈCLES.

(Voyez pages 36 et suivantes).

1° LETTRE PASTORALE DE 740.

Je reproduis cette lettre d'après les *Pergamene codici*

e fogli cartacei di Arborea raccolti ed illustrati, de M. Pietro Martini, 2ª dispensa (mai 1864).

— Fugite in aliam pro icussu frades et figios in Jhesu Xpo non po . . . . nen abbo . . . . de acatarimi semper cum vos ki multu est su pobulu et issas berbegues ki debbo pasquiri et pro tantu conserbadillos issos mandamentos meos et tenidevos in ipso amore meu . . . . abbo per vos observados ipsos mandatos de su padre nostru Ihesu Xpo pro cunserbarissi in ipsa fide in ipsos periculos istade constantes in ipsa fide pro ki magnu est ipsu premiu ki hat ad dari in issu chelu Ihesu Xpu unde ipsu naredi et qui metit mercedem accipit in vitam eternam et pro icussu frades. . . . . . . impare pro ipsos figios meos et vestros. . . . . . .
. . . . et infirmos et poberos . . . .
gracias ad deu . . . .
et ad vos naro o figios . . . . . . recordarillos ipsos martirios dae tantos patres tios et tias mugeres et figios et figias in ipsas passadas persecutiones per de usque ad ipsas presentes et semper ipsos Perlados fughiant dae una parti ad satera. . . . . presones. . . . . ad ipsu pobulu et oraciones ipsoro et ipsu Xpanu hat semper triunphadu de issos maumetanos nen hat timore nen ad ipsas ispadas dessos Saracenos nen ad. . . . . . nen ad ipsu foghu nen ischimus ki perunu pastore abbiat . . . . . sas berbegues in ipsos periculos dae intro de XXVIII annos dae ipsa intrada dessos moros nen Sardu ki non collesit assos martirios et abrenunciesit ad ipsa fide ki hamus accolidu in custa Sardinja dae ipsos gloriosos beatos Apostolos Pe.. Paulu et Iac. como ischides et hamus iscriptu. . . . . . ipsos periculos nen persecutiones pro ki est necessariu kissi patiscat in custa vida pro obteniri issa gloria eterna ki naresint issos apostolos et quoniam per multas tribulationes oportet nos intrare

in regnum Dei adcollirillos ipsos martirios pro amore de deu et pro triumpho de ipsa nostra santa religione confundirillos sos barbaros kissu chelu nos hat a dari auxilium. Si no ha . . . sias unde adorari assu santu daessos sanctos ipsu coro vestru hat essiri altari jaki ipsu Saracenu sacrilegu omne istrumesit in ipsa tercia dominica de icustu mense abbo ad beniri pro consolarivos cum ipsa presentia de ateros duos piscobos Gunna. fausan. et Marianu torrit. pro ordinari a philippesu callarit. frade meu pro issa gloriosa morte de felix pro issos Saracenos in ipsa guerra dessos Sardos inhue moresint MD Saracenos et LXXX Sardos in una nocte . . . ad ipsas secretas . . . ncas . judice ipsoro in cussa die pro tantu preparade

. . . .
dae nocte pro qui perunu Saracenu . . . du . . . . .
. . . . omne amore et chari. . . . .
. . . .
. . . . . . missione dae ipsos peccados. . . . set. . . .
. . . . Domini DCCXXXX. . . . .

2° CHRONIQUE SARDE DU NEUVIÈME SIÈCLE.

Cette chronique a été publiée par M. P. Martini, dans son *Testo di due codici cartacei d'Arborea*, in-8°, 1856.

Je donne ici, en regard l'une de l'autre, la reproduction littérale du manuscrit et la restitution du texte par M. Pillitu. Cette restitution très-habile ne peut manquer, à cause de l'extrême incorrection du manuscrit, d'être par fois conjecturale, et ne doit être consultée qu'avec discrétion par les philologues.

APPENDICE

REPRODUCTION DU MANUSCRIT.

Depost tantos affannos et tormentos
Ki abbo substenutu de ipsos infideles
pro tantos annos in loKos
dedos injustos deipa nostra
sancta frire exule de ipsa patria
mea Kma ptea de fambgen
esudi de vorias maculata de
vocios efurit de vcotus profinita
de immundos destructa de nobiles
civitates desbersa de magnas Ecclesias
sofendita de magnos edeficios
fataerma desolata dpplata
lapuete palada s ... ata proh
dolore potereabbo ego describere
ipuki noeplus atorilos
ipuki ipuaju rocesat ipuki
ipamote fugit adrenorcare
xinonhbe bisu omnes dapnos
stos ipamte non esseret
exterrita et recusate et pote scribere
ipsu ki abbo bisum ipamea
jubenale ki ohe ipas magnas
Ciutates non exisan ipsas atigonas
Ecclesies fuctidas et omes
delitos de Sdanja sut comodo
umbras de iposligates fumos de
ps nortes idas dsume
despersas perohipu monacu bastru
et mea gratilade nebikit ipuhorre
et ipu atinu repitete bepostat
ipu time et acceptatipa obediecia
kale ferit enta ad ipa Segina

APPENDICE

RESTITUTION DU TEXTE PAR M. PILLITU.

Depost tantos affannos et tormentos,
ki abbo substenutu de ipsos infideles,
pro tantos annos, in lokos
barbaros inimicos de ipsa nostra
sancta fide, exule de ipsa patria
mea karissima, plena de sambguen,
et furit de victorias, maculata de
vitios, et furit de virtutes, profanata
de immundos, destructa de nobiles
civitates, desbersa de magnas Ecclesias,
spronfundata de magnos edificios,
facta erema, desolata, depopulata,
languente, pallida, snervata, proh!
dolore, potere abbo ego describere
ipsu ki non est plus ante oculos,
ipsu ki ipsu animu recusat, ipsu ki
ipsa mente fugit adrenovare?
Xi non habere bisu omnes dapnos
supradictos ipsa mente non esseret
exterrita et recusante; et potere scribere
ipsu ki abbo bisu in ipsa mea
juventute : ki ohe ipsas magnas
Ciutates non existunt, ipsas antiguas
Ecclesias sunt destructas, et omnes
delicias de Sardinia sunt comodo
umbras de ipsos gigantes, fumos de
ipsos montes, undas de ipsu mare
despersas. Peroh ipsu mandatu bestru
et mea gratitudine binkit ipsu horrore,
et ipsu animu renitente deponet
ipsu timore et acceptat ipsa obedientia;
kale fecit Enea ad ipsa regina

bidoekili recordarit dolore
magnu Et protatu cum ipsos meos
reeds cum ipsu subsidio dessas
iscripciones et alias memorias ki
restant kiregesi parte pro meu
agacioe deligā assercaā et
greca cum adjutorio de ipuebu
Canahim pro ipsa lecione dessas
iscriciones dessos Fenikos et alias
memorias ipsoro comodo fecit ipsu
rege Jaletu bifa tubestru cum Abrahim
bifa tu dessu stu comodo ipsa
scriptura fenika hbe de ebrea
et cum adiutorio de paucos lidros
kissos Sardos liberarunt dipu
socu addestrurabbo ipsas antiquas
civitates dampnificatas et destructas
cum alias cosas particulares ipsoro
et factos principales.
De ipsas civitates ki furunt in magna
fama adnarrareabbo adpo mude
nora prokie ad probe de Karali
capu de ipurepgu bestu et acustu
ciutate furit ipsa pmuete
fura tadenoraxe capu de ipsos
fenikos kiate omnes benirunt
iipa asila protatu deirut
ipsos feikos curpas tabes ipsoro
et biderunt ipsaostra asilabudete
de omne gadedo de
arbs planas erbas mores preciosos
rivos et fontes habundantes et omnes
bestias et quantu dus hatceat
pro ipsos homines Et cum biderint

Didone, ki illi recordarit dolore
magnu. Et pro tantu cum ipsos meos
recordos, cum ipsu subsidio de sas
iscripciones et alias memorias ki
restant, ki legesi parte pro mea
cognitione de lingua affricana et
greca, cum adjutorio de ipsu Ebreu
Canahim, pro ipsa letione dessas
iscripciones dessos Fenikos et alias
memorias ipsoro, comodo fecit ipsu
rege Jaletu bisavu bestru cum Abrahim
bisavu de su supradictu, comodo ipsa
scriptura fenika habet de ebrea,
et cum adiutorio de paucos libros
ki ssos Sardos liberarunt de ipsu
focu, ad descriverabbo ipsas antiquas
civitates dampnificatas et destructas,
cum alias cosas particulares ipsoro,
et factos principales.

De ipsas civitates ki furunt in magna
fama ad narrareabbo ad primu de
Nora, pro ki est ad probe de Karali
capu de ipsu repgnu bestru, et acusta
ciutate furit ipsa primu et est
fundata de Noraxe capu de ipsos
Fenikos, ki ante omnes benirunt
in ipsa insula. Pro tantu benirunt
ipsos Fenikos cum ipsas naves ipsoro
et biderunt ipsa nostra insula abundante
de omne gratia de Deo, de
arbores, plantas, erbas, montes pretiosos,
rivos, et fontes habundantes, et omnes
bestias, et quantu Deus hat creatu
pro ipsos homines. Et cum biderint

tantu donu recolesint gtupostrut
et mtemeliarut et tornarint
ad noraxi ki magus erat
dimbi et cum ipsu hatite
siduta tuadpre sit multos finikos
cuseima ga quantitate et benit
in ipsa iscala et bidit ipsos
potus et ipume et ipsos lokos
et montes preciosos et pastos et campos
et aberes et omebou ad bivendum
et primu fecit capeas et pro
tantu populus crexebat peralbeas
geres ki feibos portarunt de
Tyria et Sidina et de egipto et
pelagos et ipsos bikiros populos
ketarunt inter ipsos pro unufstu
ki fekerunt ipsos egiptos de more
ipsorum et teretonia per tantum
benit ki ipsos egiptos hant binkidu
ipsos de rege Noraxe ki fugirunt ad
ipsu monte cum omni bono ipsorum
Noraxe peroh post de alia guerra
hat requestu ipsa pake et de post
pro timore de albera ilititi cra et
pro desusa et sequitur de ipsu
poplu furant ipsa civitate de
Nora de suo nomen cum bones mos
et tres Et alteros benirunt ad lokum
de Karali et iloe hbisarunt montes
et ipalas et capinat ube sut
kifrinas et sepulkros kino exibestat
ipacita ki htfudatu lolau
de ipsa grecia kili desit nomen
de lolea pro ki contat de ipsas

tantu bonu recollesint quantu poterunt,
et mercimoniarunt, et tornarint
ad Noraxi ki magnus erat
de inibi. Et cum ipsu hat intesidu
tantu, adpresit multos Fenikos
cum se in magna quantitate, et benit
in ipsa insula, et bidit ipsos
portus, et ipsu mare, et ipsos lokos,
et montes pretiosos, et pascos, et campos,
et arbores, et omne bonu ad bivendum :
et primu fecit capannas. Et
pro tantu populus crescebat per alteras
gentes ki Fenikos portarunt de
Tyria, et Sidonia, et de Egipto, et
Pelasgios : et ipsos bikinos populos
kertarunt inter ipsos pro unu festu
ki fekerunt ipsos Egiptios de more
ipsorum et ceremonia. Per tantum
benit ki ipsos Egiptios hant binkidu
ipsos de rege Noraxe, ki fugirunt ad
ipsu monte cum omni bono ipsorum
Noraxe peroh post de alia guerra
hat requestu ipsa pake, et de post
pro timore de altera inimicitia, et
pro defensa et securitate de ipsu
populu, fundarit ipsa civitate de
Nora de suo nomen cum bonos muros
et turres. Et alteros benirunt ad lokum
de Karali, et illoe habitarunt montes
et speluncas et capannas ube sunt
kisternas et sepulkros : ki non existebat
ipsa citate ki hat fundatu Jolau
de ipsa Grecia, killi desit nomen
de Jolea, pro ki constat de ipsas

iscripciones de ipsa imagine de
ipsu ditu Iolau ki est de marmore
ki est in ipsa citate de Torros ki
est quando fugarat ipsos habitantes
de ipsa insula et excitarat ipsos
suos grecos ad guerra cum ipsa sua
voce comodo est in ipsa iscripcione
de ipsa dicta imagine et redu-
xerit ad obedientia sa. Et ipsu
supradictu Noraxe regnarat in
dicta sua citate cum magno amore
et cultos de ipsos suos pedalos
aut pastles et navigat et
multu conienciu fuerlade omebo
de iscala et ipsa citate berit
iniqua polercia et exela pro
ki hat binkidu alteros pedalos de
iscala et amitatist et aprenderunt
multedos de uno populo ad
alterum et fecirunt matrimonia
bona et cum egiptios et Sidones et
plasgos et adreusa et pro tantu
augmentatsi ipsa poplacione et
ipsa religione erat egiptia universale
pro ki erat meliore ad paluos pro
imitacione de ipsos egifios qui erant
in majore quasi etade mta iscala
cum pedaslios ki fuerunt egiptios
et ibi erant etiam icloses et pigates
et ipsu filium de Noraxe khat ipsu
nomen de ipsu patre regnarit de post
de ipsu patre et extesit ipsu dominiu
ad omnes portas de iscalas ki furit
multu ptate et ponit mulos pastes

iscripciones de ipsa imagine de
ipsu ditu Iolau, ki est de marmore,
ki est in ipsa citate de Torres; ki
est quando fugarat ipsos habitantes
de ipsa Insula, et excitarat ipsos
suos Grecos ad guerra cum ipsu sua
voce, comodo est ipsa iscripcione
de ipsa dicta imagine, et redu-
xerit ad obedientia sua. Et ipsu
supradictu Noraxe regnarat in
dicta sua citate cum magno amore,
et multos de ipsos suos populos
erant pastores et navigantes, et
multu comerciu fecerunt de omne
bono de insula. Et ipsa citate benit
in magna potentia et crexerat pro
ki hat binkidu alteros populos de
insula, et amicati sunt et aprenderunt
mulieres de uno populo ad
alterum, et fecirunt matrimonia
bona et cum Egiptios et Sidones et
Pelasgos, et ad re versa: et pro tantu
augmentatsi ipsa poplatione, et
ipsa religione erat egiptia universale,
pro ki erat meliore ad populos; pro
imitatione de ipsos Egiptios, qui erant
in majore quantitate in tota insula
cum Pelasgios ki fuerunt Egiptios :
et ibi erant etiam Ciclopes et Gigantes.
Et ipsu filium de Noraxe, ki hat ipsu
nomen de ipsu patre, regnarit de post
de ipsu patre, et extesit ipsu dominiu
ad omnes partes de insula, ki furit
multu potente et ponit multos pastores

in omnes partes et dete pu
derpu noraxe filiu sutno rakes
kifut inipa insula pro suo nomine
ki erant dpost lokos de oraciones
adsle et sepulkros de ipsos patres
et campos de ipsos pastores et sacerdotes
adme dipos egiptios ki plus erant
egiptios in insula et ipsos norakes
sunt de magna forma et sole decatki
similes abo bisu in ipsa palestra
cum ipsu donumeu et de ipsa forma
ki omnes per queros furut pro ipo
sturege jaletu et ipos patres
suos kini beterut mulos sigos de
ifra delesione egisia ki dictos populos
fecerunt ipsos Norakes pro dicta
ratione et nofeut civitates ki
fecirut apinas ki erant pastores
pro ki na erat civitate de nora in
ta insula ki ad ipao beint in
maga porta ta insula et
stos pastores acusta civitate
de nora habet multos edificios de
magna gloria et turres et muros
templos et amphiteatum ki hat
magu audmejum in ipsu tempus
de ipsos romanos ki ficirunt ipsu
amphiteatrum et magnu templu
drjove adkale beirut omnes
poplos de omnes partes pro magni-
ficencia et vocos isaos ki dep
de ipsu dominu nostru Iesu Xpu
ipu jpate gstaninu fectlu
adaccla dstuephisu mtire

in omnes partes. Et de tempu de
ipsu Noraxe filiu sunt norakes
ki sunt in ipsa insula pro suo nomine,
ki erant de post lokos de orationes
ad sole, et sepulkros de ipsos patres
et capos de ipsos pastores et sacerdotes.
ad more de ipsos Egiptios : ki plus erant
Egiptios in Insula. Et ipsos norakes
sunt de magna forma et soledetate, ki
similes abbo bisu in ipsa Palestina
cum ipsu donnu meu, et de ipsa forma,
ki omnes perquisitos furunt pro ipsu
supradictu rege Ialetu et ipsos fratres
suos, ki imbenerunt multos signos de
ipsa religione egiptia : ki dictos populos
fecerunt ipsos norakes pro dicta
ratione, et non fecerunt civitates, ki
fecirunt capannas, ki erant pastores :
pro ki una erat civitate de Nora in
tota insula, ki ad ipsa obediunt in
magna parte tota Insula et
supradictos pastores. Acusta civitate
de Nora habet multos edificios de
magna gloria, et turres et muros
templos et amphiteatrum, ki hat
magnu augmentum in ipsu tempus
de ipsos Romanos, ki ficirunt ipsu
amphiteatrum et magnu templu
de Iove : ad kale benirunt omnes
populos de omnes partes, pro magni-
ficentia et votos iusanos, ki de post
de ipsu Dominu nostru Iesu Christu
ipsu Imperatore Costantinu fecitlu
ad Ecclesia de Sanctu Ephisu Martire

cum magu solepate de paulo
hoj dlore magu kiplus nest
ho furtu de dedalos et tria nilos
dglatit Et ipsa citate hat habitu
magnos homines et potentes in guerra
ki haberint libros ipas cibares suus
ki multu sudarra ifos clasineos
et romanos pro binkire ipsos noraciens
cum magnos dapnos ipsorum Et eciam
Borate furit de Nora ki fugirit de
ipsas opressiones de ipsu Pretore Albuciu
dp killi dpsit ipsos filios
et ipsa muliere et illis tolexit queueu
haberent et benit ad Simaki ad ipsos
cognatos ki erant in ipsu loku et ipsos
cognatos illuacolerut pro ki erat de
magasacia et illos bikit in ipsa
memoria killi queriant ipadota de
ipsa muliere et illis narrarit peassuus
persequicioes et ditos et etaltavit
cum pathone capu ipsoru et illi
narravit ipsas persecutiones ptatu
pathone ki furit amatu de ipsos romanos
icesit ki Albuciu queriat Borate
et ilucultat et dukit ad etruskula
et deinibi ad Theti et illi desit ipsu
nessu Et cum Borate esseret
gti stat de ipsas memorias
exibat solu ad diversas bias reutas
et tacu vadit ki furit quasi ad ipsos
mores de lliensos ki non cognoskit
et ibi bidit unum romanum mortuu
et de post alteru morente killi narrat
ki furunt predatos de ipsos llienses

cum mgna solempnitate de populo.
Ohi dolore magnu! ki plus non est.
Oh furia de barbaros! et terra non illos
deglutit? Et ipsa citate hat habitu
magnos homines et potentes in guerra,
ki haberint liberas ipsas citates suas,
ki multu sudarunt ipsos Cartaginesos
et Romanos pro binkire ipsos Noracienses
cum magnos dapnos ipsorum. Et etiam
Borate furit de Nora, ki fugirit de
ipsas opressiones de ipsu Pretore Albutiu,
de post killi despersit ipsos fillios,
et ipsa muliere, et illis tollexit quantu
haberent et benit ad Simaki ad ipsos
cognatos, ki erant'in ipsu loku : et ipsos
cognatos illu acollerunt, pro ki erat de
magna scientia, et illos bikit in ipsa
memoria killi queriant ipsa dote de
ipsa muliere : et illis narrarit ipsas suas
persequtiones et dapnos, et amicavit
cum Pathone capu ipsoru, et illi
narravit ipsas persecutiones. Pro tantu
Pathone, ki furit amatu de ipsos Romanos,
intesit ki Albutiu queriat Borate,
et illu occultat, et dukit ad Etruskula,
et de inibi ad Theti et illi desit peu
necessariu. Et cum Borate esseret
contristatu de ipsus memorius
exibat solu ad diversas bias remotas,
et tantu vadit, ki furit quasi ad ipsos
montes de Iliensos, ki non cognoskit :
et ibi bidit unum Romanum mortuu,
et de post alteru morente, killi narrat
ki furunt predatos de ipsos Ilienses,

comodo perderint ipsa bia ki porta-
rint sagitas et Borate illa narrat
bene hant factu ipsos Ilienses et fake-
rent illu eciam ad Albucium bestu
fame ptore eccu more kes suu
valude dno psmo et bidit ki
ipsu romanu queriat dare illu de manu
et pro tantu Borate datli ipsu berutu
in ipsa testa et vadit et bidit inter
adores una teca et ilapit et birit
multas sagetas et illas recollesit et
cum varitfoas demente benirunt
Ilienses et illu hant presidu et pro ki
erat Sarduno illukirut et portarunt ad ipsu capu ipsorum kerat
dranke et illi requirit ipsa patria et
ipsu nomen cum boame et comodo
beniret et pro ki Borate erat afiliu
ila traditu notimeas pkissos
Ilienses nofedut ipos eraces
in sas bias et plus ilogduget
pro ki ipsa gente mea hat inpas
veas ifusaludet genosu dipos
trjaos illos timeant pos
suplos dominatores ki querunt
ilasdomiare et colore fa librari
iporu killis esseret multudu
ki bides iloe ipsos horfeos defas
birias bedisos nostros patres
decatos sclos de ipsas sagetas
ki tu portas kus ad hbe ipsu
justu preciu de me hant habere ipsa
morte ipsos tales romanos maduca
pcatu et p has ad referre mij

comodo perderint ipsa bia ki porta-
rint sagitas, et Borate illi narrat —
bene hant factu ipsos Ilienses et fake-
rent illu etiam ad Albutium bestru
infame Pretore, et tu more, ki es servu
malu de domino pessimo — et bidit ki
ipsu Romanu queriat dare illu de manu:
et pro tantu Borate datli ipsu berutu
in ipsa testa, et vadit et bidit inter
arbores una teca, et illa aperit, et bidit
multas sagetas, et illas recollesit : et
cum vadit foras de mente benirunt
Ilienses, et illu hant presidu, et pro ki
erat Sardu no illu okirunt et portarunt ad ipsu capu ipsorum, ki erat
Dranke : et illi requirit ipsa patria et
ipsu nomen cum bono amore, et comodo
beniret; et pro ki Borate erat aflictu
illi hat dictu, — no timeas pro ki issos
Ilienses non offendunt ipsos errantes
in sas bias, et plus illos condughent,
pro ki ipsa gente mea hat in ipsas
venas ipsu samben generosu de ipsos
Trojanos : illos timeant ipsos
superbos dominatores, ki querunt
illas dominare et tollere ipsa libertate
ipsorum : ki illis esseret multu duru,
ki bides illoe ipsos trofeos de ipsas
bictorias de ipsos nostros patres
de tantos seculos : de ipsas sagetas
ki tu portas ki has ad habere ipsu
justu pretiu : de me hant habere ipsa
morte ipsos tales Romanos : manduca
pro tantu, et post has ad referre mij

ipsos tuos factos et si queres dormire
dorme in domo mea cum secudetute et
cras illos has ad narrare et haberehas
ipsu preciu de ipsas tuas sagetas et
socios pro bia sillos queres Et post
kena Borate ki furit securu de bonme
et ajode drake illi narrat ipsa
patria sua ipsu nomen et ipsas perse-
cuciones de Albuciu et comodo fugit
et denit adcimaki et ad etruscula
et ad theti et omne alteru ki fegit
et hat bisu et cuta tui tesit
drake narrat cum furia et orrire debo-
keoro maos subbos indignos defu-
secuben denca sociu de patres nostros
ala croes pfros tacue inipu
aju bestru ipsa suberpia et
dslarut de donimare a p adquirere
glorgas pro rapinas melius et
pbexaciones meufecit ipuenca
o Borate xite queres bidi arede ipsos
romanos ego et ipsa gente mea est presta
damus illis ipsa morte et spoliemus
illos ki est nostru ipsu ipsorum et eciam
ipsos chi sunt de parte de ipsos romanos
desbertamus illos ista nocte dorme et
cras bidemus ipsos superbos Et Borate
illi narrat o generosa progenie de ipsos
Trojanos ki in acustas spelun hant
servatu ipuaju forte et litu
magnu est ipsodeume uadiput timaos
et plus forte est ifa turaki addo de
vos porino quero pavere ipsa bita
vestra pro me iposdos illosat

ipsos tuos factos, et si queres dormire,
dorme in domo mea cum securitate, et
cras illos has ad narrare et habere has
ipsu pretiu de ipsas tuas sagetas, et
socios pro bia si illos queres — Et post
kena Borate, ki furit sccuru de bono amore
et animo de Dranke, illi narrat ipsa
patria sua, ipsu nomen et ipsas persecutiones de Albutiu, et comodo fugit
et benit ad Simaki, et ad Etruscula
et ad Theti, et omne alteru ki fegit
et hat bisu. Et cum tantu intesit
Dranke narrat cum furia et orrore de hoke
— o Romanos superbos indignos de ipsu
samben de Enea sociu de patres nostros!
A! latrones perfidos, tantu est in ipsu
animu bestru ipsa superbia et
desideriu de dominare, no pro adquirere
glorias, pro rapinas melius et
pro bexationes : no iteu fecit ipsu Enea.
O Borate xi te queres bindicare de ipsos
Romanos, ego et ipsa gente mea est presta,
damus illis ipsa morte, et spoliemus
illos, ki est nostru ipsu ipsorum, et eciam
ipsos chi sunt de parte de ipsos Romanos,
desbertamus illos, ista nocte dorme et
cras bidemus ipsos superbos — Et Borate
illi narrat, — o generosa progenie de ipsos
Trojanos, ki in acustas spelunkas hant
servatu ipsu animu forte et liberu,
magnu est ipsu odiu meu ad ipsos Romanos;
et plus forte est ipsa cura ki abbo de
vos, pro ki non quero ponere ipsa bita
vestra pro me : ipsos deos illos hant

satigare El Dranke illi narrat
iposdos cledes pleges ad ipsos
romanos etipos nostros dos etipos
hmes quermos bidita pro iustia
peatu Dranke clamat iposcajos
dei fosili ensers et illis desitorbane
de ad vellere et fakare armare ipas
geces iporum psatanocte et
ad iposcras Dranke fecitma festu
et jokos gricos et catus cum saltos
adbocaet et codobirit keral
forte depcona illidat Mhmes
et ficit satiritios cum ipsos satroces
iporum et magnuplaidium
et ifacu Dranke recordarit
ipsas glorias de ipsos Trojanos et ipsos
factos ipsorum et ipsa guerra ki
fecirum ad ipsu flamen de tsu
et borate illi renovat ipsas bictorias
de ipsos Noranienses et alteros factos
dessos Pretores iniquos et barbaros
Et cum ipsa gente dessos Ilienses
esseret cum ipsas armas in magno et
tersidili exercitu de bantaM
Dranke dae nocte destedel de ipsos
montes cum trode cum ipsa gedelfua
et cum ipsu Borate ki fuit homine
forte et de destplna militare et vadit
ad diversas terras et esuam civitates
bikias et okirunt et spoliarunt multos
romanos in magno numero et
etiam sardos devotos ad ipsos romanos
et magna furit bindicta de Borate
super ipsos romanos et incendiarunt

castigare. — Et Dranke illi narrat —
ipsos deos crudeles protegent ad ipsos
Romanos, et ipsos nostros deos et ipsos
homines querimos bindicta pro iustitia —
Pro tantu Dranke clamat ipsos capos
de ipso Ilienses, et illis desit ordine
de adcollere et fakere armare ipsas
gentes ipsorum, pro sa atera nocte : et
ad ipso cras Dranke fecit magnu festu,
et jokos grecos, et cantus cum saltos
ad Borate : et comodo bidit ki erat
forte de persona, illi dat mille homines,
et fecit sagrificios cum ipsos sacerdotes
ipsorum, et magnu prandium :
et infra tantu Dranke recordarit
ipsas glorias de ipsos Trojanos, et ipsos
factos ipsorum, et ipsa guerra ki
fecirunt ad ipsu flumen de Tirsu :
et Borate illi renovat ipsas bictorias
de ipsos Noranienses et alteros factos
de ssos Pretores iniquos et Barbaros.
Et cum ipsa gente de sos Ilienses
esseret cum ipsas armas in magno et
terribili exercitu de baranta mille,
Dranke dae nocte descendet de ipsos
montes cum terrore cum ipsa gente sua,
Et cum ipsu Borate, ki fuit homine
forte et de disciplina militare : et vadit
ad diversas terras et etiam civitates
bikinas, et okirunt et spoliarunt multos
Romanos in magno numero et
Etiam Sardos devotos de ipsos Romanos :
et magna furit bindicta de Borate
super ipsos Romanos, et incendiarunt

bineas olibetos et silbas et paskuos
et domos ipsorum et furat destuas
in magna quante et armas et quantum
poterunt de amottargueno et
ptarut ad montes cum multos
Ilienses et codo intensitaldu dusiu
tantu dapnu beit cuipu exercitum
ad illas partes et Borate kilu
cogfit stacoculu et clama do
et imocando adipu patre sdu
ili promisit ipsas armas de Albucium
et ferit adipuabasium de ua
sageta ki paucum illofferdut
et fugit ocultum ad medium deiposili
ne seste fecit magna guerra cum
desteplita comodo si esseret boad
exercitum et pro tantu Dranke
furit lancadu de Albusiu ki ipsos
Ilienses prendunt de presto de manus
de Albusium pro ki Albusium
okirit duos fratres ki unu furit sponsu
de Fana filia de Dranke et morirunt
pro ipsa bona opera et gloriosa Et
dp de magna guerra cumuleoda
pro de ambas partes et pro ki
benirunt alteros homines de alteras
civitates cum diversas artes degu
raet defudes fugirunt ipsos
Ilienses fakendo similes artes ad ipsos
romanos deusque ad ipsos montes
ipsorum ube erant presto ipsos homines
pipadefusione de ipsos
lokos et thesauros kiadcossi rint
de ante ki nopostint itre ipos

bineas, olibetos, et silbas, et paskuos,
et domos ipsorum, et furant bestias
in magna quantitate, et armas, et quantum
poterunt de auro et argento : et
portarunt ad montes cum multos
Ilienses. Et comodo intesit Albutiu
tantu dapnu, benit cum ipsu exercitum
ad illas partes : et Borate ki
illu cognoskit stat ocultu, et clamando
et invocando ad ipsu Patre Sardu
illi promisit ipsas armas de Albutium :
et ferit ad ipsu Albutium de una
sageta ki paucum illu offendet,
et fugit ocultu ad medium de ipsos
Ilienses, et fecit magna guerra cum
disciplina, comodo si esseret bonu ad
exercitum. Et pro tantu Dranke
furit lanzadu de Albutiu ; ki ipsos
Ilienses prendunt de presto de manus
de Albutium, pro ki Albutium
okirit duos fratres, ki unu furit sponsu
de Fana filia de Dranke, et morirunt
pro ipsa bona opera et gloriosa. Et
de post magna guerra cum multo
dapno de ambas partes, et pro ki
benirunt alteros homines de alteras
civitates, cum diversas artes de guerra
et de fraudes, fugirunt ipsos
Ilienses, fakendo similes artes ad ipsos
Romanos, deusque ad ipsos montes
ipsorum, ube erant presto ipsos homines
pro ipsa defensione de ipsos
lokos et thesauros ki adcollirint
de ante ; ki non porerunt intrare ipsos.

romanos pipas petras et sagetas
de ipsos Ilienses Etpipuaju
de Borate Dranke moriente illi dbat
ipapte da ipos ppolios killa
recusat de animu magnu et illi
dicit bestant pro me ipsas mortes et
dapnos de ipsos romanos de ipsa manu
mea acusta est ipsa parte mea
ipsa bindicta tuos sunt ipos ppolios
et de ipsos tuos homines fortes et
ptatu aju Dranke il idoit
ipa filia sua Fana et dpmte
de Dranke pfa scecia militare
de Borate ipsos ilienses ilu fekirint
capu ipsorum pro ki perdiderunt
solum M homines et de Borate
et Fana est naskidu ipsu magnu Thete
ki multas bias hat triumphatum de
ipsos nomaos pro ipsa disciplina de
ipsu patre et in tempus de ipsu pretore
Atiu Balbu fecit ipsa pake cum
ipsos romanos et benit ad ipsa civitate
de Karali cum bona amicitia Et eciam
Nora hait homines doctos inter ipsos
kales Norseno ki furit magistru de
gramatica Phocenu ki fudi poeta et
discipulu de Enniu et ipsu
gloriosu et honoratu Tigelium
ki eciam furit poeta et cantatore
et sonatore ki furit consideratum
kale orpheum de ipsu Cesare
et de Otavianum proki furit
ipsa imbidia de ipsos poetas
dearoma et haet binkitu

Romanos pro ipsas petras et sagetas
de ipsos Ilienses. Et pro ipsu animu
de Borate Dranke moriente illi dabat
ipsa parte de ipsos ispolios, ki illa
recusat de animu magnu, et illi
dicit — bastant pro me ipsas mortes et
dapnos de ipsos Romanos de ipsa manu
mea, acusta est ipsa parte mea,
ipsa bindicta : tuos sunt ipsos ispolios
et de ipsos tuos homines fortes. Et
pro tantu animu Dranke illi donarit
ipsa filia sua Fana et de post morte
de Dranke pro ipsa scientia militare
de Borate, ipsos Ilienses illu fekirint
capu ipsorum, pro ki perdiderunt
solum mille homines. Et de Borate
et Fana est naskidu ipsu magnu Thete,
ki multas bias hat triumphatum de
ipsos Romanos pro ipsa disciplina de
ipsu patre : et in tempus de ipsu Pretore
Atiu Balbu fecit ipsa pake cum
ipsos Romanos, et benit ad ipsa civitate
de Karali cum bona amicitia. Et etiam
Nora hait homines doctos; inter ipsos
kales Norseno ki furit magistru de
gramatica, phocenu ki fudi poeta et
discipulu de Enniu; et ipsu
gloriosu et honoratu Tigelium,
ki eciam furit poeta et cantatore
et sonatore, ki furit consideratum
kale Orpheum de ipsu Cesare
et de Octavianum, pro ki furit
ipsa imbidia de ipsos Poetas
de a Roma, et haet binkitu

ipsu Horasiu deate de Orcolate
in ipsu argumentu forte de ipsa
natura deiposdos ki semper
esserent fortes ipsos argumentos
de Tigeliu et de ipsa injusticia
de Iunone hat persequtu ipsos
Trojanos ossos kales sut
insdinia ipos dscendes de
usque ad acustu tempus ki
fuit de ipsos cciam Hospitone
et Tigeliu hat cantatu sas
primas bictorias de ipsos Sardos
super ipsos romanos et ipsa
gloria de Corelio et ipsa
forcia ki furit bisitu pro
fraude in ipsu tempus de
Tiberiu kidoetsi ipsa
morte dipa mau pro
ki ipu sbu no desitli et
hat demonstratu ipsa fraude
de ipsos scriptores romanos pro
ki tacent ipsas glorias de
ipsos sardos pro laude ipsorum
comdoe inipas suas sagetas
et multu scripsit contra ipsu
Cicerone de lingua acuta et
falsa contra ipsu et ipsos
Sardos Et in tempus de Dominu
Nostru Ihu Xpu furit in
Nora unu homine sanctu kabit
nomen Inatiu ki depost furit
nominatu pro sua magna doctrina
et bonitate de opera episcopu de
Anthiochia et in acusta citate

ipsu Horatiu de ante de Mecenate
in ipsu argumentu forte de ipsa
natura de ipsos deos (ki semper
esserent fortes ipsos argumentos
de Tigeliu) et de ipsa injusticia
de Iunone hat persequtu ipsos
Trojanos, de ssos kales sunt
in Sardinia ipsos descendente de
usque ad acustu tempus : ki
fuit de ipsos eciam Hospitone.
Et Tigeliu hat cantatu sas
primas bictorias de ipsos Sardos
super ipsos Romanos et ipsa
gloria de Corelio et ipsa
forcia, ki furit binkitu pro
fraude in ipsu tempus de
Tiberiu : ki donesitsi ipsa
morte de propria manu pro
ki ipsu serbu no desitli : et
hat demostratu ipsa fraude
de ipsos scriptores Romanos, pro
ki tacerent ipsas glorias de
ipsos Sardos pro laude ipsorum;
comodo est in ipsas suas satiras :
et multu scripsit contra ipsu
Cicerone de lingua acuta et
falsa contra ipsu et ipsos
Sardos. Et in tempus de dominu
Nostru Iesu Christu furit in
Nora unu homine ki habit
nomen Inatiu, ki depost furit
nominatu pro sua magna doctrina
et bonitate de opera episcopu de
Anthiochia : et in acusta citate

de Nora at ipsa morte ipsu
Sanctu Ephisu ki Noranienses
habent veneratu et tra node
glutit ipsos barbaros Etiam
furit de akista citate ipsu
famosu Timena ki pro ipsu
magnu consiliu suu salvarit
ipsa patria de ipsu furore de
Silla et fecit cognoskere ad
ipsos populos kipa fena de
Silla erat ja facta et ki
ipsu Pretore Quintu Anthoniu
inimicu de Silla debiat perdere
comodo successit secundu ipsu
consiliu suu et ipsa citate
fuit contra de Quintu Anthoniu
cum alteros populos et omnes
civitates ki bisitarat ipsu
Timena cum ipsu filiu Marone
Sextu amicu magnu de
Quintu Tulliu Cicerone ki
melius narrarabo in ipsa parte
de Olbia et cum ipsu modu
salvarit etiam ipsa patria sua
et alteras civitates quando benit
in ipsa ipola Marcu Emiliu
Lepidu ki queriat bendikaresi
contra G. N. Popeu ipsu ki
fecit ipsu amphitecra de kli
animando ipsos populos et
civitates ad ipsa guerra ki
Timena opponetsilli et hatli
dictu ki adprecarisiat dessos
suos factos xiquriat the

de Nora hat ipsa morte ipsu
Sanctu Ephisu, ki Noranienses
habent veneratu. Et terra non
deglutit ipsos barbaros! Etiam
furit de akista citate ipsu
famosu Timena, ki pro ipsu
magnu consiliu suu, salvarit
ipsa patria de ipsu furore de
Silla, et fecit cognoskere ad
ipsos populos, ki ipsa fortuna
de Silla, erat ja facta et ki
ipsu Pretore Quintu Anthoniu
inimicú de Silla debiat perdere,
comodo successit secundu ipsu
consiliu suu, Et ipsa citate
fuit contra de Quintu Anthoniu,
cum alteros populos, et omnes
civitates ki bisitarat ipsu
Timena cum ipsu filiu Marone
Sextu, amicu magnu de
Quintu Tulliu Cicerone, ki
melius narrarabo in ipsa parte
de Olbia. Et cum ipsu modu
salvarit etiam ipsa patria sua,
et alteras civitates, quando benit
in ipsa insula Marcu Emiliu
Lepidu, ki queriat bindikaresi
contra Gneu Pompeu, ipsu ki
fecit ipsu amphiteatru de Kalari,
animando ipsos populos et
civitates ad ipsa guerra : ki
Timena opponetsilli, et halli
dictu, ki ad pentire si hat dessos
suos factos, xi queriat turbare

ipa tqullibate de ipos
paulos sdos catu modestacos
dipos reanos et de bexaciones
et desbras et ad ipsos populos
hat dictu ki Marcu Emiliu
Lepidu erat inimicu dripsart
dulica et magnu dapnu
benirit ad ipsos sardos sillu
seguirent ki ante benirent
contra ipsu comodo fuit factum
et etiam contra de ipu lepatu
fuu Ppea benirunt ipsos
Noranienses et alteros populos
ki dp dipamte de
Marcu Emiliu Lepidu ipu
legatu kafirit rebelait et
pro magnu consiliu et espritua
dicimea inipa gura furit
bikitu ipu ladat et fubatu dripos
sdos cuagu daptu suu
et quasi habirit ipamte de
maus dipu Timena
Comodo arista vodile dreade est
unu monte de petra unu
sepulchru de martires unu
padulu de ipu foru kajbad
bocatu anumisu
residiu dessa tbelisat de fos
artenos pkipos sdos de
ipsas civitates bicinas fugirunt
ad akista pre lupiu et salbincitu
magnu furit ipsu timore et pfurit
maga ipagstina in
rebitencia pki Saturios

ipsa tranquillitate de ipsos
populos sardos, tantu molestatos
de ipsos Romanos et de bexaciones
et discordias : et ad ipsos populos
hat dictu, ki Marcu Emiliu
Lepidu erat inimicu de ipsa
repubblica, et magnu dapnu
benirit ad ipsos Sardos si illu
seguirent : ki ante benirent
contra ipsu, comodo fuit factum,
et etiam contra de ipsu legatu
suu Perpenna benirunt ipsos
Noranienses et alteros populos,
ki deppost de ipsa morte de
Marcu Emiliu Lepidu, ipsu
Legatu keriat rebellari : et
pro magnu consiliu et experientia
de Timena in ipsa guerra furit
binkitu ipsu Legatu et fugatu de
ipsos Sardos cum magnu dapnu suu,
et quasi habirit ipsa morte de
manus de ipsu Timena.
Comodo akista nobile citate est
unu monte de petra, unu
sepulchru de martires unu
pabulu de ipsu focu ki illa
hat devoratu, unu miseru
residuu dessa crudelitate de ipsos
Saracenos : pro ki ipsos Sardos de
ipsas civitates bicinas fugirunt
ad akista pro refugiu et salvamentu,
magnu furit ipsu timore et plus furit
magna ipsa constantia in
resistentia, pro ki sos Saracenos

plus fos icidiarnt ipa citate
et totos bnsmometos et psidiu

Turrium-ipsa citate secunda ki
furit in parte destructa de ipsos
barbaros furit Turres et fudit
magna et hornata de magnas
turres et magnas domos de
spedire kipu primu fundatore
furit unu Hercule filiu de
ipsu Patre Sardu de ipsa Lybia
et non furit Deu Hercule de ipa
fadulas ki furit homine debicatfa
nosu digura kat bikalu
ipsos egiptios et grecos et
ht doniatu ipsos poplos adobedicit
fuacu gumena du ipu dominu
dipu patre acusta citat
hat eciam magnos homines et
fortes de mente et de aju bno
ad ipa gura Ube est ipsu
templu de ipsa fortuna et ipsu
templu de Benus nominatu
dripos arckipcepios Ube est ifu
platium magnu de delictos
dipu regerkule et ifu
amphatru et capotolinm et
alteras malifictas pho dole
comodo restant ipsas petras et
pacas domos et paucas tres
ki plus fut spilanas in ipsos
montes de tatos edisios solu
restant ipu pote difro crominos
kin poterunt stuare

plus feros incendiarunt ipsa citate
et tantos bonos monumentos et presidiu.

Turrium-Ipsa citate secunda, ki
furit in parte destructa de ipsos
barbaros, furit Turres, et fudit
magna et hornata de magnas
turres et magnas domos de
splendore : ki ipsu primu fundatore
furit unu Hercule filiu de
ipsu patre Sardu de ipsa Libya,
et non furit Deu Hercule de ipsas
fabulas ; ki furit homine de beritate
famosu de guerra, ki hat binkidu
ipsos Egiptios et Grecos, et hat
dominatu ipsos populos ad obedientia
sua, augmentandu ipsu dominiu
de ipsu patre. Acusta citate
hat eciam magnos homines et
fortes de mente et de animu bono
ad ipsa guerra. Ube est ipsu
templu de ipsa Fortuna, et ipsu
templu de Benus nominatu de
ipsos architeptos? Ube est ipsu
Palatium magnu de delicias de
ipsu rege Herkule, et ipsu
amphiteatru et capitolium et
alteras magnificentias? Proh dolore!
Comodo restant ipsas petras et
paucas domos et paucas turres,
ki plus sunt speluncas in ipsos
montes. De tantos edificios solu
restant ipsu ponte de ipsos Romanos
ki non poterunt strumare

ipsos Saracenos quado flrut
respucos sos Sacenos usque ad
mare et solu restat pro memoria
de ipsu magnu patre Sardu
ipsa statua sua ki ipsa
pietate de ipsos pastores de
fraxa de tempus de ipsos
badalos hant portatu dipu
templu suu ad ipsa citate de
Turres ki lu venerabant etiam
ipsos antiquos Turrenses pro
amore de Hercule filiu suu ki
pro ipsos badalos ipsos pastores
non poterunt benire in ipsa citate
de Tarrhos patria mea kmu

Tarrhos — Ohi dolore magnu o misera
patria mea tu es ipsa tercia
civitate ki multos dapnos hat
recibitu et destruxiones de sos
dedalos ipsa citat at facu
maga residecia ad ipsos
badalos et furit bictoriosa ohi
citat ipa plus bella et deviciosa
ki furit fundata de ipsa famosa
Tarrha muliere de Inova ki
furit multu deviciosa de dinarios
et destias et terras supra ipsos
poplos de ipsos fenikos et
egiptios ki ndolerunt
obedire a ipsu rege Iolao
ki primu fugirunt et habitarunt
in speluncas et capannas de
Sinjs et de Noraxe becinu et

ipsos Saracenos, quando furunt
respintos sos Saracenos usque ad
mare, et solu restat pro memoria
de ipsu magnu patre Sardu
ipsa statua sua, ki ipsa
pietate de ipsos pastores de
Fraxa, de tempus de ipsos
Bandalos, hant portatu de ipsu
templu suu ad ipsa citate de
Turres : ki lu venerabant etiam
ipsos antiquos Turrenses pro
amore de Hercule filiu suu : ki
pro ipsos bandalos ipsos pastores
non poterunt benire in ipsa citate
de Tarrhos patria mea karissima.

Tarrhos — Ohi! dolore magnu, o misera
patria mea! Tu es ipsa tercia
civitate ki multos dapnos hat
recibitu et destruxiones de sos
Bandalos. Ipsa citate hat factu
magna resistentia ad ipsos
Bandalos et furit bictoriosa. Ohi!
citate ipsa plus bella et deviciosa,
ki furit fundata de ipsa famosa
Tarrha muliere de Inova, ki
furit multa deviciosa de dinarios
et bestias et terras supra ipsos
populos de ipsos Fenikos et
Egiptios, ki non bolerunt
obedire a ipsu rege Iolao,
ki primu fugirunt et habitarunt
in speluncas et capannas de
Sinis et de Noraxe bikinu : et,

depost septem annos ki Iolao
erat in dominiu tranquillu
fecirunt ipsa citate de Tarrho
et benirunt cum pake cum
ipsos poplos kimbenirunt in
ipsu dictu loku de Norakes
et sunt factos fortes et sapientes
et de magno comercio et de
omnes meliores artes perfectas pro
ipsas fabricas de omne genere
ki bi haviant pro omne usu
pro ki furit psclos indicipente
de ipsa Iolea ki hoj est Carali
et eciam de Olbia hoje Fausania
et alias civitates de Iolao Ube
est ipsu magnu templu de ipsos
Egiptios et ipsu templu de Minerva
de ipsos Romanos ube est ipsu
magnu foru et amphiteatrum
sunt montes de petra Ohi dolore
renovatu ube est patria mea
ipsa gloria tua quando has
acolitu ipsu bonu Patre
Sardu ipsu bonu patre pro
ipsu gubernu et amore ad
ipsos suos populos et bonas leges
et artes ki dedili et magistratos
et scientias et dsceplias de
more et docina ube est ipsa
gloria tua in bisitare ipsu
templu de ipsu Patre Sardo et
ipsu magnu palaciu de fraxa
ube est ipsa memoria de ipsa
magna turre fabricata de ipsos

depost septem annos ki Iolao
erat in dominiu tranquillu
fecirunt ipsa citate de Tarrho,
et benirunt cum pake cum
ipsos populos ki imbenirunt in
ipsu dictu loku de Norakes;
et sunt factos fortes et sapientes
et de magno commercio et de
omnes meliores artes perfectas pro
ipsas fabricas de omne genere,
ki ibi haviant pro omne usu :
pro ki furit pro seculos indipendente
de ipsa Iolea, ki hoi est Karali,
et eciam de Olbia hoja Fausania,
et alias civitates de Iolao. Ube
est ipsu magnu templu de ipsos
Egiptios et ipsu templu de Minerva
de ipsos Romanos? Ube est ipsu
magnu foru et amphiteatrum?
Sunt montes de petra. Oh! dolore
renovatu. Ube est, patria mea,
ipsa gloria tua, quando has
accollitu ipsu bonu patre
Sardu, ipsu bonu patre, pro
ipsu gubernu et amore ad
ipsos suos populos, et bonas leges
et artes ki dedilli, et magistratos
et scientias et disciplinas de
more et doctrina? Ube est ipsa
gloria tua in bisitare ipsu
templu de ipsu patre Sardo, et
ipsu magnu Palaciu de Fraxa?
Ube est ipsa memoria de ipsa
magna turre fabricata de ipsos

Tarrhenses patres nostros psos
sigos ki fakirent in ipsu
magnu festu de ipsa memoria
de ipsu Patre Sardo et dribjspreposu
ad ifuplaciu de fraxa
cum gaulumaru p bejas ad
ipu fesu iposdaos poduros bikiros
et amicos de ipsa memoria de ipsu
magnu patre kinomebescarat ipsas
civitates idependentes kiegt
amarat cum amicitia et attoplarut
poplos suas bonas led es et mates
ohdle eciam ipsa turrest
stmata kalegidaote Reparato
fratres Tarrhenses ipsas turres et
ipas domos bestras et edelisios et
picturas et figuras de pictores et
artefices ki romanent conservate
ipsas memorias dadegutat
de ipsos fratres de ipsos pios de
sos gloriosos patres bestros comodo
ipsos mos adstros hant repatu
ipsos paukos dapnos de sos badalos
et skemus et hamus scriptu pro
libros et petras ki ipsos plus
antiquos tharrenses repararunt
ipsos dapnos de ipsos Cornenses
quand pigafocia et traone de
ipsu rege ipsorum Numila fuit
binkita ipsa Tarrho et in magna
parte damnificata et acustos
avos bestros bdikut ipsos dapnos
super de ipsos Cornenses inipo
loku bekinu de pekenorio

Tarrhenses patres nostros pro sos
signos, ki fakirent in ipsu
magnu festu de ipsa memoria
de ipsu Patre Sardo, et de ibi pro
responsu ad ipsu palatiu de Fraxa
cum gaudiu magnu, pro benire ad
ipsu festu ipsos duos populos bikinos
et amicos de ipsa memoria de ipsu
magnu patre, ki non molestarat ipsas
civitates indipendentes, ki e contra
amarat cum amicitia; et acceptarunt
populos suas bonas leges et mores?
Oh dolore? Eciam ipsa turre est
strumata kale gigaute. Reparate
fratres Tarrhenses ipsas turres, et
ipsas domos bestras, et edificios, et
picturas et figuras de pictores, et
artefices, ki romanent: conservate
ipsas memorias de antiquitate
de ipsos fratres, de ipsos pios de
sos gloriosos patres bestros, comodo
ipsos avos nostros hant reparatu
ipsos paukos dapnos de sos Bandalos:
et sckimus et hamus scriptu pro
libros et petras, ki ipsos plus
antiquos Tarrhenses repararunt
ipsos dapnos de ipsos Cornenses, quando
pro ipsa ferocia et traicione de
ipsu rege ipsorum Numila fuit
binkita ipsa Tharro e in magna
parte damnificata, et acustos avos
bestros bindikarunt ipsos dapnos
super de ipsos Cornenses in ipsu
loku bekinu de Pechenoriu ;

quasi incendiarunt ipsa citate
dpXL. annos et reparate
ipsa citate nostra et muros et
arcos et turres reipumut foras
ipsa citate pro honore de ipsa
patria bestra ki dp karali
nhat altera deviciosa et
accollite alteras iscripciones et
monumentos pro memoria de-
benturos et studio ipsorum

Ube est ipsa famosa citate de
Agrilla ki eciam est Gorilla et
Osilla est petra est fumu sunt
inibi batuor pastores miseros cum
magno lutu ohi dolore magnu
ohi ferocia de sara ... os ki
incondrant pro bindita pas
citates fesispetas ohi misera
citate ki furit fundata de ipsa
colonia greca dessos athenienses
benide ... pe cum ipodico
lolao itplus et multa dstate
dipu mede al biapprohi biti
oe de Iolao kesset
bikia khbet nomen de Orillo
ipsu capu ipsorum ohi citate
superba pro amicitia et dam
abolencia et ga de Alexandru et
pro ipsos natales de Alene famosa
regina ipsorum pro ipsas leges
et guerras et studios et jokos
et artes poeta et magistra de
iscriptos multas snnt ipsas tuas

quasi incendiarunt ipsa citate
depost XL annos. Et reparate
ipsa citate nostra et muros et
arcos et turres. Reparate fratres
ipsa citate pro honore de ipsa
patria bestra, ki depost Karali
non hat altera deviciosa : et
accollite alteras iscripciones et
monumentos, pro memoria de
benturos et studio ipsorum.

Ube est ipsa famosa citate de
Agrilla, ki eciam est Gorilla et
Osilla, est petra est fumu : sunt
inibi batuor pastores miseros cum
magno lutu. Ohi dolore magnu !
obi ferocia de Saracenos, ki
incendiant pro bindicta ipsas
citates resistentes ! Ohi ! misera
citate ki furit fundata de ipsa
colonia greca dessos Athenienses
benidos umpare cum ipso dicto
Iolao, intra plus et multa distante
de ipsu mare de Olbia, pro
prokibitione de Iolao ki esseret
bikina, ki habit nomen de Orillo
ipsu capu ipsorum. Ohi ! citate
superba pro amicitia et benevolentia,
et gratia de Alexandru, et pro
ipsos natales de Alene famosa
regina ipsorum, pro ipsas leges
et guerras et studios et jokos
et artes, poeta et magistra de
iscriptos : multas sunt ipsas tuas

menetas et iscripciones grecas ki
sunt ictatas interpetras et îpsu
flumen ki pro ipsu horrore et
dolore nhat plgag uas comodo
ki plangit deamalubont
exsikat ipsas latruam et acusta
regina furit amata de Nixo de
olbia kili misit ipsos sophetos
pro illa require depponsa ki
ausiu icesit Philone magu de
Agrilla descendente umpe de
orillo ki quercat Alene et ipsa
Alene hatilu recusatu pro tantum
Nixo fecit cum suos talentos de
auro multas gentes et multos de
ipsa citate de Agrila cotr... put
et fecit guerra cum Philone
per sex annos ki poplus de
agrilla nque rit ad ipsu Philone pro
ipsa superbia et pro antiquas
amicitias inter duos poplos
independentes ohi errore magnu
Pro tantu Philone ersurat
quasigi gated magna
forcia hat ktatu cum Nixo
ki furit feritu de lancia magna
de Philone et pmicessoe
de Alene et pro amicitia de
ipsos patres non furit mortu
et Philone intrat in ipsa
Civitate pro consensu de ipsos
Olbienses et fecit ipsa pake
cum Nixo et remitit ipsos
inimicos suos degillat et

monetas et iscripciones grecas, ki
sunt ictatas inter petras et ipsu
flumen, ki pro ipsu horrore et
dolore non hat plus aquas, comodo
ki plangit de amaritudine
exsikat ipsas lacrimas. Et acusta
rigina fuit amata de Nixo de
Olbia, ki illi misit ipsos Sophetos,
pro illa requirere de sponsa : ki
acustu intesit Philone magnu de
Agrilla descendente umpare de
Orillo ki quereat Alene, et ipsa
Alene hatilu recusatu. Pro tantum
Nixo fecit cum suos talentos de
auro multas gentes, et multos de
ipsa citate de Agrilla corrumpsit,
et fecit guerra cum Philone
per sex annos, ki populus de Agrilla
non querit ad ipsu Philone pro
ipsa superbia et pro antiquas
amicitias inter duos populos
independentes. Ohi errore magnu!
Pro tantu Philone ki furit
quasi gigante, et de magna
forcia, hat kertatu cum Nixo,
ki furit feritu de lancia magna
de Philone, et pro intercessione
de Alene et pro amicitia de
ipsos patres non furit mortu,
Et Philone intrat in ipsa
civitate pro consensu de ipsos
Olbienses, et fecit ipsa pake
cum Nixo, et remitit ipsos
inimicos suos de Agrilla, et

ponsat Alene comodo id si
legit in ipsa iscripcione Et
Nixo dabat ipsu tributu a
Philone de mille talentos
trekentos boves et quinbentas
bervekes et tantas pelles
ohi errore magnu de una
Citate libera ipsi fecit serva
et ipsa citate de Agrilla pro
iantu potente et superba
dp de bantanos
queriat habere dominiu
supra de Olbia procurando
alteru tributu et queriat
dare leges ad ipsa Olbia pro
ki no esseret libera et ipsos
de Olbia proculsa de sos satres
ipsorum ppa uka substinut
ptme de Taqueore
rege de Agrilla ki furit
multu forte et tyranu Et
pmte de ipu ipsos
poplos de olbia queriant ipsa
libertate antiqua et ipsas leges
ipsorum Et ipsu famosu karanthe
ponetsi ad ipsa testa et rebelat
ipsos Olbienses et castigat cum
secretu ipsos ki furunt inimicos
de ipsa patria et ostinaruntsi et
queriant obedire ad ipsos de Agrilla
pro ipsos donos kirtabirent de Phaso
filiu de Tarkinore Et factum est
ki Phaso pro evitare ipsa
guerra ki esseret magna pro

sponsal Alene, comodo id si
legit in ipsa iscripcione. Et
Nixo dabat ipsu tributu a
Philone de mille talentos,
trekentos boves, et quinbentas
bervekes, et tantas pelles.
Ohi errore magnu! De una
Citate libera ipsi fecit serva.
Et ipsa citate de Agrilla pro
tantu potente et superba
depost de baranta annos
queriat habere dominiu
supra de Olbia, procurando
alteru tributu, et queriat
dare leges ad ipsa Olbia pro
ki non esseret libera : et ipsos
de Olbia pro culpa de sos patres
ipsorum pro paucu substenirunt,
pro timore de Tarquenore
rege de Agrilla, ki furit
multu forte et tyrannu. Et
post morte de ipsu ipsos
populos de Olbia queriant ipsa
libertate antiqua et ipsas leges
ipsorum. Et ipsu famosu Karanthe
ponetsi ad ipsa testa, et reballat
ipsos Olbienses, et castigat cum
secretu ipsos ki furunt inimicos
de ipsa patria et ostinaruntsi et
queriant obedire ad ipsos de Agrilla,
pro ipsos donos ki recibirent de Phaso
filiu de Tarkinore. Et factum
est ki Phaso pro evitare ipsa
guerra, ki esseret magna, pro

ipsa iusticia de ipsos olbienses et
pro ipsas rationes killi narrarunt
ipsos sophetos killi miserunt ipsos
poplos de Olbia desistit de omne
dominiu super de ipsa citate et
amittesintsi de ono ipsas duas
civitates et fuut et beiast
comodo soes et filia ut isapake
comodo it si legit in altera
iscripcione Et ipsa magna et
famora Sardara furit destbonte
de ipsa Aleno multu denourosu
de didari et destras et furit ipota
de Lesithe filiu de orbe des kaete
de Iolao et ipa be itadi paspcos
do loleaki est de kalasia dipu
speu suu et fudaru
mileos locos uberant capa uacet
secirut domos et bineas et
campos et signa roe tmines
et eciam fundarunt ipsu mansu
pdelicos ipsorum ad probe de
kalari et alios lokos de usque ad
Sardara ktfuno men et
donarunt omne necessariu ad ipsos
habitantes pro ipsa cultura de
ipsos campos et etiam ipsas destras
pare et ponirunt eciam
multos sastes pbo casto
Et cum beirt unu annu
decitisat et desamen pro
privacione de fructos de ipsa terra
haillit . . steitu ipuiicusu et
bestias prepans ine ipsorum

ipsu iusticia de ipsos Olbienses et
pro ipsas raciones killi narrarunt
ipsos Sophetes, killi miserunt ipsos
populos de Olbia, desistit de omne
dominiu super de ipsa citate : et
amicasintisi de novo ipsas duas
civitates et fuerunt et benirunt
comodo sorores, et fecerunt ipsa
pake, comodo it si legit in altera
iscripcione. Et ipsa magna et
famosa Sardara furit descendente
de ipsa Alene, multu divitiosa de
dinari et bestias, et furit sponsa
de Lesithe filiu de Orhe descendente
de Iolao : et ipsa benit ad ipsas
partes de Iolea, ki est de Kalari,
ad ipsu sponsu suu, et fundarunt
meliores lokos, ube erant capannas,
et fecirunt domos et bineas et
campos et signarunt termines, et
eciam fundarunt ipsu mansu
pro delicias ipsorum, ad probe de
Kalari, et alios lokos de usque ad
Sardara ki hat ipsu nomen, et
donarunt omne necessariu ad ipsos
habitantes pro ipsa coltura de
ipsos campos, et etiam ipsas bestias
pro arare, et ponirunt eciam
multos pastores pro bono caseo.
Et cum beniret unu annu de
sicitate et de famen, pro
privacione de fructos de ipsa terra,
hat illis ministratu ipsu triticu
et bestias pro reparacione ipsorum,

et pro arare pro ki sardos illis
fecia pro ipsa matrimonia
ipsorum alteros et iscripciones
ki sunt in ipsos diversos lokos et
melius in ipsu platiu de ipsu
masu ki furit strumatu de ipsos
barbaros qui sunt de literas mediu
fenikas et legitsi in lingua
greca pro ipsa mextione de
gentes qui deirunt nap alta et
confusione de linguas
et literas et eciam alteras de
ipsa forma abbo bisu ki multu
furit ipsu adjutoriu de ipsu
ebreu canahim pro acustu ki
simile fecit ipsu supradictu
abrahim de supra ipsas
iscripciones et alteros monumentos
de egiptios et fenikos ki
recollesit ipsu bouu rege Ialetu
cuipos fres suos ki hoi dolore
multos dp dbos dspsunt
et hoe imbenimus paukos perbias
dibsas ki totu erat in ipu
palatiu de rege Ialetu comodo
id si legit in ipsu libru suu
ki furit salvatu pro ipsos monakos
de Sanctu Floro in ipsas speluncas
dek asery cuguacu potint
dbos libros et omne alteru
bonu cum alteros bonos homines
et pios monakos de Sanctu
Luxorio de post morte de ipsu
rege Jaletu .

et pro arare : pro ki Sardos illis
fecirunt, pro ipsa memoria
ipsorum, altares et iscripciones, ki
sunt in ipsos diversos lokos et
melius in ipsu palatiu de ipsu
Masu, ki furit strumatu de ipsos
barbaros; ki sunt de literas mediu
fenikas et legitsi in lingua
greca pro ipsa mextione de
gentes, ki benirunt una post
altera, et confusione de linguas
et literas. Et eciam alteras de
ipsa forma abbo bisu, ki multu
furit ipsu adiutoriu de ipsu
ebreu Canahim pro acustu, ki
simile fecit ipsu supradictu
Abrahim de supra ipsas
iscripciones et alteros monumentos
de Egiptios et Fenikos, ki
recollesit ipsu bonu rege Ialetu
cum ipsos fratres suos, ki, ohi dolore!
multos depost barbaros disperserunt,
et hoe imbenimus paukos per bias
diversas : ki totu erat in ipsu
palatiu de rege Ialetu, comodo id
si legit in ipsu libru suu, ki
furit salvatu pro ipsos monakos
de Sanctu Floro in ipsas speluncas
de Kalari cum quantu poterunt
de bonos libros, et omne alteru
bonu, cum alteros bonos homines
et pios monakos da Sanctu
Luxoriu, depost morte de ipsu
rege Ialetu . . . .

3º PROCLAMATION DE SALTARO JUGE DE GALLURA DU ONZIÈME SIÈCLE.

— Donnu Saltaru iskides ki como fachit accusa a Graciadeus Serra fuydu — k'hat intratu in i cussu repgnu mercantias et non comparit perunu K'illu deffendat. K'appat comparire unu in issa corte intro dae IIII dies dae hoe.

(Pergamene, 2ª disp.; p. 181.)

4º POÉSIE SARDE DE BRUNO DE THORO DU DOUZIÈME SIÈCLE.

CANZONE.

I

Me has lanzadu amore (1)
Cum frizza *penetrante* :
Pero d'esser amante
Non l'happo a dishonore.

II

Una rosa, unu flore
De colore perfectu
M'hat *apertu* issu pectu,
Ee lea*du* m'hat su coro cum dolore.

III

Et pro te cara rosa,
Donna dei custu coro,
Dae quando eo t'adoro,
Vida bivo penosa.

IV

Ka issa bida amorosa
Est martiriu et turmentu;
Però suffro cuntentu
Omne martiriu et pena dolorosa.

(1) Les mots ou parties de mots en italique sont des restitutions proposées par M. Pillitu pour combler les lacunes du manuscrit.

APPENDICE

V

Piango ne isco comente,
Ne su piantu appo a noja :
Pro ki est piantu de gioia,
E non de coro dolente.

VI

Pro qui tengo presente
Ki sto bene pagadu ;
E rosa o flore amadu
Pro tantu amore tou m' olto issa mente

VII

Et gosi . . . . du
In ssu a . . . .
Pro ki c . . . .
Dae . . . . . so istimadu

VIII

Ma si non so amadu,
Eo morio d'affanno:
Però dae tale danno
Dae te Amore so istadu liberadu.

(*Pergamène*, 2ª disp., p. 137.)

5° PROCLAMATION D'OTTOCCORE JUGE DE GALLURA DU TREIZIÈME SIÈCLE.

— Pro parte daessu Sepgnore judice et rege Donnu Othocori de Gunali — Ki daede posteras omne homine dae XVIII annos ad sos LX debbiat istari cum issas armas in issa manu in issu campu de corti pro comptari ipsas gentes de pee et de caddu.

(*Pergamène*, 2ª disp., p. 185.)

IV

POÉSIES ITALIENNES DU DOUZIÈME SIÈCLE.

(Voyez page 86, note 4).

1° POÉSIES DE LANFRANCO DE BOLASCO.

Je reproduis ces poésies d'après le texte publié par M. Pillitu : *Poesie italiane del secolo XII appartenenti a Lanfranco de Bolasco*, in-8°, Cagliari 1859.

CANZONE.

Lo non poder di mente in me trovato
    Da labore disgrato,
Che fuor onne valere, e anco volere
Meglio cherlo l' uom disapprestato,
    Da esso delivrato.
Niente tenando un giorno eo in calere,
    Onde trovar piacere,
Nel vostro orto verduto entrai, Signore;
    Che mi fu certo a cuore.
Fiori galdenti, e alberi giojosi,
    E di frutti gustosi,
Di grande valimento e di dolciore,
    Non fur certo sì cari,
Nè galdenti e gradivi, a meo viso,
    Quelli del Paradiso.
Ma di gran stato un albero, dispari
Di valimento tutti in sua semenza
    Tegneva quasi senza
A grossi pomi, più via aitri frutta
    In quantitate tutta
Di nomero e misura, ad occhio vedo.
    Acciocchè eo non credo

Di qual guisa li pomi reggia appresso,
　　Ma l' occhio meo già fesso
Vedendo tutto albero abbondante
　　Che di sue pome mante
Cento alberi e via più adorneria,
　　Forse già non saria
Di tal gravezza quel di Paradiso,
　　Che como a Deo fu viso,
Morte ha portato al primo genitore,
　　Che fuocoso nel core,
Lo pomo già da Deo vetato suto,
　　Como fo deceduto
De la engegniata forte sua moliere
　　Che lo pomo i offere,
Ello pronto comede, e spine, e sprocchi,
　　E miserie, e trabocchi,
Ed amari trocischi, e anco la perta
　　Della vita fu aperta,
Saria di valer somma ed eternale,
　　Vita for onne male.
Ahi, Donna disaccorta! Ahi sedutta!
　　Vostro dolciore frutta
Inver noi mortal eternal danno,
　　Che mai sarà affanno.
Ma fesso già l' occhio vedento tutti
　　Menti tracarchi frutti
In un albero sol ove è possanza,
　　Un pensiero s' avanza
Di sì gran guisa voi l' albero assembra;
　　Nè da vertà dissembra.
L' albero già voi siete, (e più via or trovo
　　Che a voi l'a assembro, e provo),
Di manti frutti boni e sorbondanti,
　　Plusor gradivi e santi.

Ed essi son vostre virtù, tuttore
　　Abbellan vostro core,
Che gioj prende tuttor esse ad ovrare;
　　Nè mai già può finare
Di esse pascendo esso fuor paraggio;
　　Che voi dan padronaggio
De li omeni. Al mondo raro certo
　　Non è quel pomo certo
Raro inver l' orto, e sì di valimento.
　　Onde eo porto argomento
Che siccomo quel' albero tragrande
　　Che in ver l' orto pande
Poria vestir altri alberi, e più via
　　Altri orti formeria
Di sui frutti; così le virtù vostre,
　　Già sufficiente mostre,
In persone partite, come pare,
　　Poriano allumare
Manti homini al mondo, e fare dotti,
　　Onde i laidi motti
Disusar, ma lo bon seguir a dritto
　　Fuor onne rio delitto.
Donque, Signor, voi sta catun desia,
　　E partito saria;
E tutto in solo voi è padronanza.
　　E solo donque usanza
Tegnete a manti in bene ovrar giocondo,
　　Como lo sol a mondo.
Ed uno stae : ed uno voi, Signore.
　　È a voi onne lausore
E tutto merto. Poi legate stanno
　　Voi vertù, che danno
Che voi recriate ; nè sono in possanza
　　Da voi mutare stanza,

Esser disamorose e snaturate,
　　Siccome a voi create,
E loro voi. Ahi! prezioso dono
　　Fuor cui nullo è bono,
Ne dive vale, e vostro oro e grandezza,
　　Vestri beni e prodezza
Di proc guerrier pugnate in ver Comono
　　Disvale a suo parraggio,
　　Poi esse lo coraggio,
E la mente, non corpo, è forte ornare,
　　E ver' onranza dare.
Ma quali son este virtudi? Ahi lasso!
　　Che ver mente le passo
A gran stante, ma trar fuore non audo:
　　Si non conto che laudo.
Poi in voler s' accontran tutte insembre,
　　Nè valgo le membre.
Como da angusta buca acqua scende
　　Da vaso giuso pende;
O como ancor da augusta porta escire
　　Val popol periglioso:
A chi desia primero è deredano;
　　Aitro si pugna in vano,
O resta anciso, o for miser remane,
　　Ed ir dove non sane;
Sì in me valor non posa tutte dire
　　Vostre virtù si mire.
M' alcone già mi pugnerò contare
　　(Non tutte nomerare)
Infra quelle che alluman più non face.
　　Ahi! fama già non tace
Vostro Savere d' onne bon radice,
　　Ch' onque voi non sdice
Inver ver procedendo a detto a fatto,

D' altro maggio non stratto,
E del popol cherendo onne cherere
  Onde acconciar podere;
E d' onne la ragion, comenza, et fine;
  E a sapienze divine
Anco scendendo nell' umano core
  Onde tener sentore;
Che bono sentitor sete e saccene.
  E voi rival non mente,
Ma sui pensier son conti a lo valere
  De lo vostro savere;
Che ove esso non bon diritto conta
  Vostra ragion dismonta,
E altroi diritto ha in priso, e ragion pesa
  Ove è giusta pretesa.
Magna è vostra Giustizia disascosa,
  Certo maravigliosa.
Che mia gente e parenti erano in mani
  Di Mercanti pisani,
Ed a poder lor cose, ed anco legno,
  Vostro diritto degno
A lo contrar Comon tolle la perta,
  E la mia gente merta:
Che lo meo Comon voi è legato,
  E dritto poi fo dato
A mercantar insembre in Arestano,
  Primer nè deretano.
In non calere avrò vostra Umiltate,
  Che divinal sembrate,
A cui teneste voi in saver neente,
  E in poder non possente,
E nullo in ver altroi, catun tragande?
  Ma la virtù già pande.
Nè ascosa già reman vostra Prudenza

Quando Pisa a potenza
Porge corrotto al vostro Giudicato,
   Fuor giusto ricercato
A mercantar primer in vostro loco:
   Non menomando foco
Lo dive e d'Aristano Barasone,
   Che fuor onne ragione
Elena recherea vostra germana,
   Di bealtate soprana,
Di sui vizj dispar fuor onne guisa,
   Che virtù sol ha prisa.
Ma a vostro valer parvene bono,
   Nè addimora el Comono
A poder forte di vostre tenzoni,
   Non d'armi, ma ragioni:
Che lo popolo a voi è amoroso,
   E voi lui gracioso;
Non fer a malvestate, o mal servaggio,
   Ma ammollando coraggio;
Non rampognando forte ignoranza,
   Ma tornando a leanza
Con argomento tutto a bon maniere,
   Como a bon se rechere.
Ahi! Clemenza voi pare chi hae?
   Certo a Tito sorstae,
E voi maggio a gran valer ragiono;
   Quando addutto a perdono
Da voi vostro Comita voi rebello
   A desider non bello
Fior benignanza, vostra ira smuntando,
   Ma la plebe ammollando
Ch'esso teneva priso e a morte addutto,
   Voi creendo sedutto.
Ma valente e più via Mansuetudo,

D' ira brutale scudo,
E dolcioso dolcior, coral amanza,
    Vostra è valente usanza;
Quando vedendo già Comita a prova
    Suo desider non trova
Fuor regno sede, voi sennato e gente.
    Che deletto è neente
Di regnare, lo bacolo a Comita
    Adduceste : che vita
E bon stato del popolo voi cale,
    Fuor cui regno disvale :
Che chi a poder sangue regge abbrama,
    Suo popolo non ama.
Ahi! Temperanza, tu che laidi freni
    Piacenti moti, e tieni
Lo core in calma, e corpo pure salvi,
    E menori fai calvi,
Tu aggradiva foste, e più piacente
    Al meo Signor goldente.
E tu più via, Carità soprana,
    Virtù che prossimana
Tegni creatura tutta a creatura,
    Como de Deo figura,
E leghi pur a lacci tradolciosi,
    E aitori penosi;
Voito di luce allumi, e tutti a Deo
    Ne adduci, come creo.
Insomma tutte in voi virtudi sono,
    Siccome eo ragiono,
Tutta Deo stagion a l' uom dar degna
    Poi a lui ne vegna,
Esse ad ovrar con prode pro fermando,
    Fior non disusando.
E certo prode foste esse ad ovrare

E a dir, e a fare,
Bono tutto seguendo, vizio fuore,
　E misfacente amore.
E me vostre virtudi ovraste forte
　Tollendo a crudel morte.
Donque è ragion, da voi bon recevendo,
　Se voi laudare apprendo
Mante cantando vie vostro lausore
　Al mondo in tal tenore.
E se lo meo cantar ch' è disvalente,
　Nè trovator valente,
Vostra virtude offende ch' onque laude
　Da uom tener non gaude,
Ma sol da Deo che onne bono merta
　A providenza certa,
Mercede chero se audo oltra pensieri
　Di voi trovare veri:
A conoscenza sì lo cor mi spinge,
　E vostra amanza, e bon usar mi stringe.

SONNET.

Amico, flor non vene desiato,
E spera transe poi tante more.
Da che scende, ahime! ch'onque gran stato
Di fede el fango gaude dolciore.

　Ahi! Di vertate flor (malvagio more,
E mai brutto ch'· in campio fidato)
Uom non accontra, ed amanza: peggiore;
Ma sovente galear, et mal usato.

　Onde eo flor penar non vo lo dono,
Chende mal tornerìa, en convenera
In desianza morir fuor onne bono.

Ch'el voler dell' amico, dispar era,
Anzi sempre stagion fidato sono
Che se calia for d'onne maniera.

2° POÉSIES DE BRUNO DE THORRO.

SONNETS.

I.

Se di mia, perdon, fralezza chieggio,
Che frale falla uom spesso in amore,
Perchè lo sdiate non maniera veggio:
Ma spera regna nel mio cor tuttore.

Esso spera da voi: chè a vostra onore,
Dibonare, e piacente, è plusor meggio
Solver grave fallanza, e a lo rigore
Prudenza acconcia: chende sperar deggio.

Solver anco me poi in la bealtate,
Me ferente, che tanto, e fuor parraggio,
Non è flor di ver a flor d'estate.

Perdon, donque, mercede. Al meo corraggio
Che umile ve rechere, amor donate,
E fedel te convente vassallaggio.

II

O donna se ver ver vostro dire vane,
Como pertene a donna di bonare,
Pari a spermento che lo spirto dane;
Fermar vi savra bon el adovrare.

Dite me amar, ma son proteste vane,
Che di vento non è fumo a sbuffare.
Poi pensier onne slungiato stane
Di me, men calo presto sia a finare.

Ah! che ingegnar me voi, via tutto saccio,
Chè ad altri duo amador, tutto di mene

Men sian, parasti rete et hamo e laccio.

Che ne morraggio è ver d'affanno e pene:
Ma te traita verrò pianger avaccio:
Chè chi due levri corre nullo tene.

III

Como lo sole in mirar ristae,
Se non, dimagra viso, occhio mortale,
Ed a corrotto, tutto pugni, vae
Esso vedendo, e flor veder non vale:
Si li miei da li tuoi, che lo sac
Tutt' amante, di luce ferti tale
Luciosa, ohime lasso! chende stae
Orbo lo corpo e la mente disvale.

Orbo lo corpo: chè a mirar possanza
Non voi non abbo altroi donna piacente:
Sì a ferir di luce vai in usanza.

Con tali mirador disval la mente:
Chè inteso alla vostra innamoranza
Tutt'obrio e di stolto ho lo parvente.

(Pergamene, 2ª disp., p. 133.)

CANZONE

I

El fellone Amore,
Amore guerria,
Far di sè posanza
A esto mio core.
Fugge ogni mattia,
Che essa all'amanza
Sorstae. Che amore?

II

Gioia bella fugge,

Pace fore, strutto
Ogni core fane,
Ogni vena sugge,
Spirto ammorta tutto.
Si mene non hane
Decedente amore.

III

Non alcona cosa,
Che di quanto diva
Essa è, prendo amando:
Che amor me non cosa
Sua falsia nociva.
Non bono mirando
Me non vale amore.

IV

Donca Amore reo
Ti slogna, mercede.
Chè ad amar me tegno
Solo bono Deo,
Te incarnar non cede.
Esso fu lo segno
D'onne meo Amore.

V

Ah! se visa mia
Fusse generale
Amore terreno
Croio di falsia,
Fonte d'onne male,
Uomo nè più nè meno
Te varrebbe Amore.

VI

O meò bono spera
Dolcioro ed aitoro,
Non te non altro amo,
Sci carità sincera.
Donca te solo adoro,
Ed esto solo abbramo,
Caluh te ami Amore.

V

Ainsi qu'on vient de le voir, la plupart des textes sardes que je viens de citer dans le § IV ont été commentés par M. Pietro Martini, qui a déjà publié les plus importants et qui va les publier tous.

Doué d'une imagination aussi vive que brillante, savant et laborieux comme un bénédictin, poète à ses heures, publiciste aussi incisif que judicieux, M. le C. Pietro Martini est un des hommes qui, par son caractère et par ses œuvres, honorent le plus la Sardaigne. Esprit libéral, suspect d'abord pour ses opinions, et, plus tard, récompensé pour leur persévérance et leur modération par la confiance publique et par le mandat de député, il a, sur toutes les grandes questions qui intéressaient son pays et qui devaient en changer la face : la réforme du gouvernement et de l'administration, la constitution de la propriété, l'union avec le Piémont, dit au moment opportun le mot juste et décisif. Du fond de son île et loin des bruits du monde, il a porté sur les révolutions qui ont agité l'Europe depuis 1815 jusqu'à nos jours un jugement aussi éclairé qu'indépendant et d'autant plus digne d'être médité, que sans se désintéresser ni du présent ni de l'avenir, ayant ses passions, ses espérances et ses vues particulières, il ne voit ni à travers la même éducation, ni à travers les mêmes souvenirs ni à travers les mêmes intérêts que nous. Chargé de la direction de la bibliothèque de Cagliari, il l'a complétement réorganisée, l'a considérablement augmentée, en a fait connaître les richesses par la publication de sa *Bibliothèque sarde* et de son *Catalogue de livres rares* et en ouvre les trésors à tous les curieux avec l'empressement le plus obligeant et aux savants avec une libéralité presque sans exemple. Mais quelle que soit la valeur de ses travaux comme bibliophile, comme politique, comme littérateur, le titre principal de M. Martini, ce sont ses histoires : son *Histoire ecclésiastique* est le digne complément comme son *Histoire de la Sardaigne jusqu'en 1815* est la digne continuation de l'œuvre classique et populaire du baron Manno. Son *Histoire des invasions arabes en Sardaigne* a éclairé d'un jour nouveau une époque jusqu'alors pleine d'obscurité. Enfin ses études sur quelques-uns des manuscrits acquis par la bibliothèque de Cagliari de 1845 à 1863, manuscrits dont nous avons fait ressortir l'importance dans la première partie de ce volume, lui ont permis de dissiper la plupart des doutes et de combler la plupart des lacunes que présentait encore l'histoire de la Sardaigne depuis la chute de l'Empire romain jusqu'au quinzième siècle. Nous attendons impatiemment que M. Martini ait publié la série complète de ces manuscrits avec les commentaires nécessaires. Cette publication est commencée et deux livraisons ont déjà paru (*Pergamene, codici e fogli cartacei d'Arborea*, grand in-4°, Cagliari. Tip. Timon).

Voici, d'après M. Martini que je traduis, la liste complète des *Pergamene, codici e fogli cartacei*. Cette liste ne paraîtra pas inutile aux savants et aux critiques :

PERGAMENE.

I. Poëme latin dans lequel Deletone de Cagliari célèbre le bonheur que procura à la Sardaigne la conquête de son indépendance en 687, l'élévation de Gialeto à la royauté, et l'établissement de ses trois frères Nicolò, Torcotorio et Jnerio comme juges des trois provinces de Gallura, de Torres et d'Arborea.

II. Palimpseste contenant dans les caractères primitifs un fragment d'une chronique latine du huitième siècle relative aux premières invasions des Sarrazins dans l'Ile, et dans les caractères superposés, un autre fragment en prose mêlée de vers, attribué au douzième siècle.

III. Poésies italiennes, les unes entières, les autres mutilées, et poésie sarde de Bruno de Thoro de Cagliari, de la première moitié du douzième siècle.

IV. Fragment d'une lettre latine de l'historiographe sarde du treizième siècle George de Lacon à son neveu Pierre, dans laquelle il lui trace le plan d'un poëme en l'honneur de Comita IV juge d'Arborea.

V. Trois lettres latines du jurisconsulte et poëte du quatorzième siècle Torbeno Falliti à Mariano IV juge d'Arborea, dans lesquelles se trouvent insérés plusieurs anciens documents sardes et entre autres la lettre pastorale adressée en 740 au clergé et aux fidèles de son diocèse par Isidore évêque de Foro-Trajano; différentes poésies sardes du susdit Falliti; et une poésie italienne de François Carau de Cagliari.

VI. Note relative à la publication de la Bulle d'une croisade; et acte de concession d'un terrain, consentie le 31 juillet 1405 par l'archevêque d'Oristano, Jacques, en faveur de Don Louis Castelvi.

VII. Note relative au prieuré de saint Saturnin de Cagliari; et poésie sarde adressée par Guantino ou Costantino de Tola à son beau-frère Michel.

VIII. Fragment d'une chronique latine relative aux invasions des Arabes.

CODICI CARTACEI.

I. Harangue latine adressée vers l'an 682, par les députés de Torres, de Figulina et d'autres villes frontières, à Etienne, duc et préfet de Sardaigne, avec les commentaires de Severino de Cagliari, plus tard moine au couvent de Saint-Fulgence.

II. Fragment de mémoires latins relatifs aux actes de Valens évêque de Cagliari; il s'y trouve un fragment de la défense de Valens contre les accusations dirigées contre lui par Marcello, préfet de l'île, qui plus tard s'étant fait roi, fut tué dans la révolution Cagliaritaine de 687 d'où sortit l'indépendance de la Sardaigne.

III. Chronique latine du susdit moine Severino, contenant les événements mémorables de l'histoire de Sardaigne, de l'an 777 à l'an 813.

IV. Fragment d'une chronique en langue sarde d'Antoine de Tharros, relative aux villes détruites ou ruinées en partie par les Sarrazins au huitième et au neuvième siècle.

V. Courte histoire en dialecte sarde des invasions de Museto, tirée de la grande histoire de l'île du susdit Georges de Lacon. Anonyme.

VI. Histoire des trois frères Costantino I, Comita III et Ouroco d'Arborea, fils du juge Gonnario, écrite en langue sarde par le notaire Cola de Simagis qui vivait entre la fin du douzième et le commencement du treizième siècle.

VII. Fragment d'une chronique anonyme d'Arborea en langue sarde. Cette chronique traite des événements qui se sont passés aux dixième et onzième siècles non-seulement dans le judicat d'Arborea mais dans l'île entière.

VIII. Fragment d'une autre chronique anonyme en langue sarde, relative aux événements du judicat d'Arborea au douzième siècle.

IX. Fragment d'un abrégé anonyme de l'histoire déjà citée de Georges de Lacon, partie en latin, partie en sarde.

X. Poëme sarde en quatre chants, dont le héros est Ugo V, juge d'Arborea. Peut-être le poëme est-il l'œuvre du susdit Torbeno Falliti du quatorzième siècle.

XI. Vie, en langue sarde, d'Éléonore, juge d'Arborea, écrite au quinzième siècle par Jean Cubello.

XII. Ce manuscrit a deux parties. L'une contient différentes poésies italiennes des quatorzième et quinzième siècles relatives principalement aux événements de la maison d'Arborea, et enrichies d'un commentaire de Gavino di Marongio de Sassari, en italien barbare, qui porte la date de 1414. La seconde est un fragment d'une chronique latine relative à l'histoire de l'île au neuvième siècle.

XIII. Règlements donnés, en 1438, au port et à la douane de Castelgenovese, aujourd'hui Castelsardo, par Nicolas Doria, comte de Monteleone et de Castelgenovese : et chronique de Ploaghe de François Decastro.

XIV. Protocole du notaire Michel Gilj, avec les feuilles annotées du quinzième siècle.

FOGLI CARTACEI.

I. Fragment de vers latins attribués au poëte sarde des temps romains, Tigellius.

II. Abrégé en langue catalane des inscriptions funéraires placées dans l'ancienne Torres, sur la tombe de Marone Sesto et de Flavia Sibilla, sa femme, contemporains de Tigellius.

III. Relation où il est question de quatre pasteurs sardes qui improvisèrent, dans le palais de Marcus Ticinus, préfet de l'île sous l'empereur Dioclétien, avec une de ces improvisations en langue sarde.

IV. Document latin rappelant la grande fête nationale célébrée dans l'église de S. Gavino de Torres, pour remercier Dieu de l'expulsion définitive des Sarrazins en 777 ou 778.

V. Poésie sarde de Gitilino Corya d'Ollolai.

VI. Poésie latine de Michel Cancelliere.

VII. Mémoire des premières années du onzième siècle, dans lequel Humbert, archevêque de Cagliari, donne des instructions à l'envoyé sarde à Gênes et à Rome, touchant les secours qu'il était chargé d'adresser pour mettre l'île à l'abri d'une invasion qu'on redoutait de la part de Museto.

VIII. Poésies italiennes du douzième siècle, de Lanfranco de Bolasco de Gênes.

IX. Mémoire latin relatif a la fondation des villes grecques qui existaient dans l'île.

X. Autre mémoire latin relatif à la fondation des villes de Calmedia et de Carbia.

XI. Consultation latine du jurisconsulte cagliaritain François Carau.

XII. Lettre en catalan de Jean Virde de Sassari au susdit Michele Gilj, en date du 27 février 1497.

N'ayant pas vu tous ces manuscrits, et ne connaissant le texte que de quelques-uns, je dois suspendre mon jugement sur l'authenticité de ceux que je ne connais pas.

VI

Pour faire mieux comprendre quels changements a subis avec le temps le dialecte sarde et quelle affinité il a avec le latin, je donne ici, d'après M. Martini (*Pergam.*, 2ª d., p. 209), afin qu'on puisse les comparer au texte de la lettre de 740, reproduite page 294, la traduction de cette lettre : 1° en dialecte logudorese ; 2° en dialecte cagliaritain ; 3° en latin.

1° DIALECTE LOGUDORESE.

... fugite in aliam : pro cussu, frades et fizos in Jesu Christu non poto nen hapo medios de agataremi semper cum bois ; proite qui meda et su pobulu, e i sas berveghes, qui depo paschere ; et pro tantu cunservadelos sos cumandamentos mios, et tenidebos in s'amore meu. . . . hapo pro bois observados sos preceptos de su habbu nostru Jesu Christu pro bos conservare in sa fide : in sos perigulos istade constantes in sa fide, pro qui grande est su premiu qui hat a dare in su chelu Jesu Christu quando qui ipse narat, et qui metit mercedem accipit in vitam æternam, et pro cussu frades. . . . .
. . . . umpare pro sos fizos mios et bostros. . . . .
. . . . et infirmoset poveros . . . .
. . . . . gratias ad Deu. . . . .
et ad bois naro o fizos. . . . .
ammentadelos sos martirios de tantos habbos, tios et tias, mu-

zeres, et fizos et fizas, in sas passadas persecutiones finas ad sas presentes : et semper sos Prelados fuiant da una parte ad s'atera. . . . . presones. . . . .
. . . .
. . . . . ad su pobulu, et orationes ipsoro; et i su christianu hat semper triumphadu dai sos Maumetanos, nen hat timoro, nen ad sas ispadas de sos Saracinos, nen ad . . . nen ad su fogu : nen ischimus qui perunu pastore hapat abbandonadu sas berveghes in sos perigulos, intro de XXVIII annos dai s'intrada de sos Moros : nen Sardu qui non accogliesit sos martirios, et renuntiesit ad sa fide qui hamus arregoltu in custa Sardigna dae sos gloriosos beatos Apostolos Pedru, Paulu, et Jagu comente ischides, et hamus iscriptu . . . . sos perigulos nen persecutiones : pro qui est necessariu, qui si patat in custa vida pro obtennere sa gloria eterna : qui naresint sos Apostolos, et quoniam per multas tribulationes oportet nos intrare in regnum Dei : accoglidelos sos martirios pro amore de Deu, et pro triumphu de sa nostra santa religione : confundidelos sos barbaros, qui su chelu nos hat a dare auxiliu. Si non hazis ecclesias, ue adorare su santu de sos santos, su coru bostru hat essere altare, ja qui su Saracinu sacrilegu totu destruesit in sa terza dominiga de custu mese hapo a bennir pro bos consolare, cum sa presentia de ateros duos piscamos, Gunnariu fausaniesu ; et Marianu turritanu, pro ordinare a Philippesu kalaritanu frade meu, pro sa gloriosa morte de Felix per mesu de sos Saracinos, in sa guerra de sos Sardos, inue morzesint MD Saracinos, et LXXX Sardos in una nocte. . . . . . .
. . . . ad sas secretas ispeluncas . . . .
. . . . juighe ipsoro : in cussa die pro tantu preparade. .
. . . .
de nocte pro qui perunu Saracinu. . . . .
. . . . totu amore et charidade.

. . . . remissione de sos peccados . . . .
. . . cabidanni. . . . . de su Segnore
DCCXXXX. . . . .

2° DIALECTE CAGLIARITAIN.

. . . fugite in aliam : po cussu, fradis e fillus in Gesù Cristu, non pozzu, nè tengu medius, de agataimi sempri cum bosaturus; chi meda esti su populu, e is brebeis chi depu pasciri : e po tantu conservaiddus is cumandamentus mius, e manteneiosi in s'amori miu. . . hapu po bosaturus osservau is precettus de su babbu nostru Gesù Cristu po osi conservai in sa fidi, in is perigulus siais constantis in sa fidi, poita mannu est su premiu chi hat a donai in su celu Gesù Christu : candu chi issu narat, et qui metit mercedem accipit in vitam æternam : e po cussu fradis. . . . . impari po is fillus mius e bostus. . . . . e maladius e poberus. . . . . gratias a Deus. . . . . e a bosaturus nau o fillus. . . .
. . . . regordaiddus is martirius de tantus babbus, zius et zias, mulleris, et fillus et fillas, in is passadas persecuzionis finas a is presentis : e sempri is Prelaus fuiant de una parti a s'atera. . . . . presones. . . . . a su populu, e orazionis in soru; e su cristianu hat sempri triumphau de is Maumetanus, nè bat timori, nè de is ispadas de is Saracenus, nè de. . . . nè de su fogu; nè iscieus chi nisciunu pastori hapat abbandonau is brebeis in is perigulus, a intru de XXVIII annus de sa intrada de is Morus : nè Sardu chi no hat arriciu is martirius, e rinunziau a sa fidi, chi heus arregortu in custa Sardigna de is gloriosus beatus Apostulus Perdu, Paulu, et Giacu, comenti iscieis, et teneus iscrittu. . . . . . . is perigulus nè per-

secuzionis poita est necessariu, chi si patat in custa vida po ottenniri sa gloria eterna : chi hauti nau is Apostulus et quoniam per multas tribulationes oportet nos intrare in regnum Dei ; arriceiddus is martirius po amori de Deus, e po triunfu de sa nostra santa religioni : confundeiddus is barbarus, chi su celu nos hat a donai aggiudu. Si no teneis cresias, aundi adoraisu santu de is santus, su coru bostu hat essiri altari giachi su Saracenu sacrilegu totu hat destruiu. In su terzu dominigu de custu mesi hapu a bèniri po osi consolai, cun sa presenzia de aterus duus obispus, Gunnariu fausaniesu e Marianu turritanu, po ordinai a Filippesu calaritanu fradi miu, po sa gloriosa morti de Felis po mesu de is Saracenus in sa gherra de is Sardus aundi funti mortus MD Saracenus, e LXXX Sardus in una notti. . . . . a is secretas gruttas. . . . . giugi insoro; in cussa di po tantu preparai . . . . de notti po cbi nisciunu Saracenu. . . . .

. . . . totu amori e caridadi. . . . .
. . . . remissioni de is peccaus. . . . . settembre. . . . . de su Signori DCCXXXX. . . . .

3º LATIN.

.... fugite in aliam : propterea, fratres et filii in Jesu Christo non possum ; nec habeo media remanendi semper cum vobis; quia multus est populus, et verveces, quas debeo pascere : et ideo servate illa mandata mea, et tenete vos in amore meo. . . . . pro vobis observavi mandata patris nostri Jesu Christi ad servandos vos in fide : in periculis estote constantes in fide, quia magnum est præmium quod dabit in cœlo Jesus Christus : unde ipse dicit, et qui melit mercedem accipit in vitam æternam et ideo fratres. . . . .

. . . simul pro filiis meis et vestris. . . . .
. . . . . . et infirmis et pauperibus. . . . .
. . . . . gratias Deo. . . . . et vobis
dico o filii. . . . . recordamini
illa martyria tantorum patrum, thiorum et thiarum mulierum
et filiorum et filiarum, in præteritis persecutionibus usque ad
præsentes : et semper Prælati fugiebant de una parte ad aliam
. . . . carceres . . . .
. . . . ad populum, et orationes ipsorum; et christianus semper triumphavit de Maumetanis, nec habet timorem
nec ensium Saracenorum, nec . . . . . nec ignis : nec scimus quod aliquis pastor dereliquerit verveces in periculis, intra XXVIII annos ab ingressu Mororum : nec Sardus qui non
collegit martyria, et renuntiavit fidei quam accepimus in hac
Sardinia a gloriosis beatis Apostolis Petro, Paulo, et Jacobo,
uti scitis, et habemus scriptum. . . . . pericula nec
persecutiones : propterea quod est necessarium ut patiatur in
hac vita pro obtinenda gloria æterna : quia dixerunt Apostoli,
et quoniam per multas tribulationes oportet nos intrare in
regnum Dei : colligite illa martyria pro amore Dei, et pro
triumpho nostræ sanctæ religionis confundite illos barbaros,
quia cœlum nobis dabit Auxilium. Si non habetis ecclesias, ubi
adorare sanctum sanctorum, cor vestrum erit altare, ex quo
Saracenus sacrilegus omne destruxit. In tertia dominica hujus
mensis veniam ut consoler vos, cum præsentia aliorum duorum episcoporum, Gunnarii fausaniensis, et Mariani turritani,
ad ordinandum Philippesum calaritanum fratrem meum, propter gloriosam mortem Felicis per Saracenos in bello Sardorum,
ubi mortui sunt MD Saraceni, et LXXX Sardi in una nocte . . .
. . . . ad secretas speluncas. . . .
. . . . judice ipsorum : in illa die idcirco
præparate. . . . .
. . . . in nocte ut nullus Saracenus . . . . .
. . . . omni

amore et charitate. . . . .
. . . . remissione
peccatorum. . . . . septembris. . . .
. . . . Domini DCCXXXX. . . . . .

FIN.

TABLE DES MATIÈRES

LE DIALECTE SARDE.

I. Évolutions des langues. — Régularité de ces évolutions constatée à la fois dans la grammaire et dans le vocabulaire. — Formation des mots dans les langues dérivées. 4

II. Naissance des langues romanes. — Multiplicité des dialectes. — Distribution des dialectes par familles. — Apparition des langues littéraires. — Les langues romanes comparées entre elles. — Les causes de leurs analogies et de leurs différences. — Influence des invasions germaniques sur leur formation.. 6

III. Le dialecte sarde. — A quel point de vue il doit être étudié. — Importance de l'étude des dialectes pour tout ce qui se rapporte à l'origine des langues. — Dialectes principaux de la Sardaigne. — Multiplicité des sous-dialectes. — Place du dialecte sarde dans la famille des dialectes italiens. — Ses analogies avec le latin. — Cinq cents mots à la fois sardes et latins. — Formation des mots sardes. — Rôle de l'accent latin dans cette formation. — Difficulté de remonter aux radicaux. — Lois de permutation des lettres dans la formation des mots sardes. — Deux tendances opposées. — Tendance novatrice — Tendance conservatrice. — Sons des dialectes sardes étrangers au latin. — D'où ils viennent. — Influence de l'euphonie et de l'analogie dans la permutation des lettres. — Grammaire du dialecte sarde. — Sa ressemblance et ses différences avec la grammaire des autres idiomes romans. — L'article. — Les cas. — Les nombres. — Les auxiliaires plus nombreux en sarde que dans les autres langues romanes. — Particularités relatives au futur. 10

IV. Le dialecte sarde formé en dehors de toute influence directe ou indirecte des invasions germaniques. — Preuves historiques et philologiques. — Les textes sardes sont les plus anciens textes romans connus. — Texte de 740. — Chronique du neuvième siècle. — Textes publiés ou inédits des onzième, douzième, treizième, quatorzième et quinzième siècles. — Étude comparée de ces textes. — Lumières qu'ils jettent sur la formation des langues romanes. — Part de l'influence germanique dans cette formation. — De l'infiltration germanique dans les patois latins. 33

V. Histoire du dialecte sarde. — Son immobilité. — Influence de l'espagnol sur le dialecte méridional de la Sardaigne. — Part du grec dans la formation du vocabulaire sarde. — Caractères du dialecte sarde. — Ouvrages écrits dans ce dialecte. 42

CHANTS POPULAIRES DE LA SARDAIGNE.

Caractère général de ces chants. — La religion en Sardaigne. L'amour en Sardaigne.

I. CHANTS RELIGIEUX. — La poésie religieuse en Sardaigne. Son expression littéraire, son expression populaire. — Histoire de Joseph. — Les processions en Sardaigne. — Invocations. — Adoration des Mages. — Cantiques. — La légende et le miracle en Sardaigne. — L'idée de l'enfer en Sardaigne. — La Madone. — Prière du soir de l'enfance. — La femme et la Vierge. — Défauts de la poésie religieuse en Sardaigne. — La poésie religieuse des Hébreux. — Influence de la persécution sur la Poésie religieuse. — Le Christ et les scènes évangéliques. — Utilité morale de la poésie religieuse en Sardaigne. — L'art religieux en Sardaigne. — La Poésie religieuse et le caractère du peuple sarde. . . . 59

II. CHANTS HISTORIQUES ET CHANTS DE GUERRE. — Causes de la rareté des chants historiques en Sardaigne. — L'épopée en Italie. — Chant de la guerre de l'indépendance en 1848. — L'amour de la guerre chez les peuples germaniques et chez les races latines. — Chant de guerre contre la féodalité. 89

III. LA POÉSIE DOMESTIQUE EN SARDAIGNE. — Les fêtes champêtres. — Le Ballu tundu. — Les bergers poëtes. — Sérénade. — Le communisme dans la chanson. — Le Voyageur et la Fortune. — La Senora et le manant. 107

IV. CHANTS D'AMOUR. — L'amour en France, l'amour chez les peuples du Nord, l'amour en Sardaigne. — Préludes et superstitions de l'amour; la jeune fille et le coucou. — La beauté. — La déclaration. — L'hyperbole et la passion. — L'indifférence. — La plainte. — L'incertitude. — La subtilité en amour. — Les premiers gages d'amour. — Caractère de l'amour à ses débuts. — L'amour et le peuple. — L'amour et la chevalerie. — L'inquiétude et le reproche. — L'amour et l'argent. — L'amour et la grande dame. — Les caprices en amour. — La résignation. — La vanité et l'amour. — L'amour mutuel. — Les rêves et l'impatience de l'amant. — L'amant timide. — L'amant qui s'enhardit. — Les faveurs et les désirs. — L'amant audacieux. — Le dénouement. — L'amour heureux. — Les serments d'amour. — Les bonnes fortunes. — La fidélité. — La brouille. — Les envieux. — Déclin de l'amour. — La jalousie et son aiguillon. — La jalousie et ses souffrances. — La jalousie en Sardaigne. — La vendetta. — Le bandit et sa maîtresse. — Le départ. — Les premiers effets de la séparation. — La colombe et le message amoureux. — La douleur et l'amour. — La trahison. — La femme délaissée. — Les souvenirs d'amour. — L'abandon et la mort. — L'amour dans l'Inde, en Grèce, en Turquie. — L'amour chrétien. — L'amour dans la poésie populaire et dans la poésie littéraire, en Sardaigne. 121

V. La Satire et le Burlesque dans les Chants populaires de la Sardaigne. — La femme et le mariage. — Les petits profits du mariage à trois. — Les femmes en quête de maris. — Les prêtres en quête de femmes. — Le clergé sarde. — Le clergé napolitain. — Les confesseurs confessés par un faux pénitent. . 187

VI. La Poésie pastorale en Sardaigne. — La poésie pastorale aux époques de décadence. — L'idylle aux champs. — Les cérémonies du mariage en Sardaigne. — La poésie dans la vie. — La brebis, idylle populaire. — Le berger qui ne se contente pas de tondre, qui mange ses brebis. — L'idylle dans Théocrite, Virgile et Meli. — Les improvisateurs en Sardaigne. — Le métier d'improvisateur. — Le progrès et son revers. 201

VII. La Mélancolie dans les chants sardes. — Les aspirations de l'homme et ses désillusions. — Le besoin d'aimer. — L'amour. — L'amitié et ses mécomptes. — La tristesse chez le peuple. — La tristesse chez les poëtes populaires. 215

VIII. Ninnias. — Chants réservés aux femmes. — Chants des nourrices — Les rêves des mères. — Ninnias corses. — Nannarismata de la Grèce. — Ninnias du petit Jésus ou Noëls. 225

IX. Attitidos. — Les attitadoras sardes et les proficæ. — L'oraison funèbre en Sardaigne. — Epicedio. — La poésie de la mort en Sardaigne, en Bretagne. — Formes différentes de l'attitido. — Attitido d'une jeune fille, d'un évêque. — L'attitido et le drame. — L'attitido profane et l'attitido religieux. — La vengeance et le meurtre en Sardaigne. — Les mœurs en France au seizième siècle. . . . 285

X. Les Bandits. — Le banditisme et ses causes. — Le bandit et la prison. — Le point d'honneur du bandit. — Les femmes et le bandit. 251

XI. Une représentation dramatique en plein air. — La passion de la poésie en Italie.—L'importance des chants populaires en Sardaigne comme étude de mœurs. — La difficulté de recueillir les chants populaires. — Les chants populaires commentés par le peuple. — Les difficultés et les défauts des traductions. 257

XII. Caractères généraux de la poésie populaire. — Caractères particuliers aux chants sardes. — Absence de l'élément fantastique et historique. — Pas de légendes et pas de souvenirs historiques. — Pas de chants anciens; conséquences.— La forme dramatique dans les chants populaires de la Bretagne et de la Grèce. — La forme lyrique dans les chants sardes. — Les chants domestiques de la Sardaigne comparés aux chants du Nord. — Le style des chants sardes. — Leur charme et leurs défauts. — De l'influence espagnole sur la poésie sarde. — Les mœurs sardes comme commentaire des chants sardes. 265

APPENDICE.

I. Classification des dialectes italiens. 281

II. Comparaison des différents dialectes et sous-dialectes de la Sardaigne. 282

III. Textes sardes des huitième, neuvième, onzième, douzième et treizième siècles. 293

IV. Poésies italiennes du douzième siècle. 344

V. Pergamene, codici e fogli cartacei d'Arborea; manuscrits de la bibliothèque de Cagliari, publiés par M. P. Martini. . . . 355

VI. Traduction d'une Lettre sarde de 740, en dialecte logudorese, en dialecte cagliaritain et en latin. 361

www.ingramcontent.com/pod-product-compliance
Lightning Source LLC
Chambersburg PA
CBHW050547170426
43201CB00011B/1591